本书属于国家社科基金重点项目"技术审判原理下的刑事卷证本体与制度研究"(13AFX013)最终结项成果,等级"优秀"。

国家社科基金丛书
GUOJIA SHEKE JIJIN CONGSHU

我国刑事卷证本体与制度研究

Research on the criminal case file identity and system in China

牟军 著

人民出版社

责任编辑：洪　琼
版式设计：胡欣欣

图书在版编目(CIP)数据

我国刑事卷证本体与制度研究/牟军 著. —北京：人民出版社，2023.3
ISBN 978－7－01－025430－2

Ⅰ.①我… Ⅱ.①牟… Ⅲ.①刑事诉讼-证据-研究-中国
Ⅳ.①D925.213.4

中国国家版本馆CIP数据核字(2023)第028578号

我国刑事卷证本体与制度研究

WOGUO XINGSHI JUANZHENG BENTI YU ZHIDU YANJIU

牟军　著

人民出版社 出版发行
(100706 北京市东城区隆福寺街99号)

北京中科印刷有限公司印刷　新华书店经销
2023年3月第1版　2023年3月北京第1次印刷
开本：710毫米×1000毫米 1/16　印张：16.5
字数：260千字

ISBN 978－7－01－025430－2　定价：69.00元

邮购地址 100706　北京市东城区隆福寺街99号
人民东方图书销售中心　电话 (010)65250042　65289539

版权所有·侵权必究
凡购本社图书，如有印制质量问题，我社负责调换。
服务电话：(010)65250042

目 录

前 言 ……………………………………………………………… 001

第一章 刑事卷证的基本构成和实践运用分析 ……………… 001

第一节 刑事案卷材料的一般概念和范畴 ………………… 001

一、案卷的一般概念 ……………………………………… 001

二、刑事案卷的概念和分类 ……………………………… 003

三、侦查案卷与刑事卷证 ………………………………… 005

四、刑事卷证在诉讼中的地位 …………………………… 006

第二节 刑事案卷制度的发展轨迹与刑事卷证的作用 …… 007

一、刑事案卷制度的发展与内容 ………………………… 007

二、刑事卷证在诉讼中的作用 …………………………… 011

第三节 当代刑事卷证的实践样态 ………………………… 012

一、当代刑事案卷的基本结构 …………………………… 012

二、我国刑事卷证的形式和构成 ………………………… 014

三、刑事案卷中的其他材料构成 ………………………… 017

第四节 刑事卷证实践运用的初步分析 …………………… 021

一、刑事诉讼对卷证的依赖 ……………………………… 021

二、刑事审判对侦查程序的认可 …………………………………… 024

　　三、刑事卷证实践运用的总结 …………………………………… 028

第二章　刑事卷证的本体论分析 ………………………………… 031

第一节　文字：一种历久而弥新的知识谱系 ………………………… 033

　　一、文字的外部特征 ……………………………………………… 034

　　二、文字的叙事功能 ……………………………………………… 037

第二节　刑事卷证：文字的集合体及证据价值 ……………………… 039

　　一、当代我国刑事审判案卷笔录中心主义成因的学界观点 …… 039

　　二、刑事卷证的外部特征及对卷证证据价值的影响 …………… 042

　　三、刑事卷证的内部特征及与证据价值的关系 ………………… 045

　　四、支撑刑事卷证可信度和有效性的制度因素 ………………… 051

第三节　刑事卷证的困局：局限性及其对审判的影响 ……………… 054

　　一、文字自身产生的卷证局限性 ………………………………… 054

　　二、裁判者运用卷证的局限性 …………………………………… 056

　　三、卷证方法对刑事审判产生的不利影响 ……………………… 059

第三章　卷证材料合理性构建的历史及启示：以晚清司法为基础的考察 ………………………………………………………… 062

第一节　卷证材料运用的基础：文字的属性 ………………………… 063

　　一、文字统一语言的功能 ………………………………………… 063

　　二、文字通俗与严谨的属性 ……………………………………… 064

第二节　晚清地方司法中卷证材料合理性构建的实践 …………… 066

　　一、卷证中被告人供述材料的不可或缺性 ……………………… 066

　　二、案卷中言词证据的语言样式由文言向白话文的转变 ……… 067

　　三、卷证中言词材料官方语言的标准化要求 …………………… 068

四、卷证中的言词材料内容叙事的严格性要求 …………… 070
第三节　晚清卷证材料合理性构建的基础和保障 …………… 072
　　一、书吏和差役的专业化、技术化特质和标准 …………… 073
　　二、卷证制作的严格规范化程序 …………………………… 075
　　三、县官对书吏负有的道德和非制度性责任 ……………… 076
第四节　晚清地方司法中卷证材料构建风险的基本认识及其
　　　　 防范 ………………………………………………………… 077
　　一、口头陈述转变为书面陈述可能存在风险的认识 ……… 078
　　二、书吏思想动机、道德品质等主观因素对口供材料制作风险的
　　　　认识 ………………………………………………………… 080
　　三、晚清地方书吏口供材料制作的风险防范 ……………… 082
第五节　晚清地方司法卷证材料合理性构建的启示 …………… 085
　　一、突破案件事实认定在证据要求上的传统理念 ………… 085
　　二、言词证据材料正式文书属性的形成 …………………… 086
　　三、言词证据材料内容的适当加工和整理 ………………… 087
　　四、卷证材料制作者的专业化和技术化要求 ……………… 088

第四章　卷证的审判：经验抑或技术的取向 ………………… 090
第一节　口证方式：经验的审判 ………………………………… 090
　　一、语言与经验的关系 ……………………………………… 091
　　二、口证方式与经验的审判 ………………………………… 092
第二节　卷证方式：技术的审判 ………………………………… 093
　　一、卷证方式与技术的审判 ………………………………… 093
　　二、卷证的运用与技术审判效果 …………………………… 095
第三节　经验与技术审判的决定要素及评价 …………………… 103
　　一、大陆法系的技术审判决定要素 ………………………… 103

二、英美法系的经验审判决定因素 ……………………… 105
三、技术审判与经验审判的评价 …………………………… 107

第四节 我国卷证的运用：被异化了的技术审判 ……………… 109
一、我国刑事审判存在一种过度依赖卷证材料的倾向 ……… 110
二、我国审判运行缺乏司法职业者群体及技术标准的支撑 … 112
三、我国尚欠缺对卷证运用的程序性制约机制 ……………… 113

第五节 刑事卷证规制的可行性：从技术到制度 ……………… 115
一、刑事卷证本身的可用性问题 …………………………… 116
二、刑事卷证运用的合理性问题 …………………………… 117
三、刑事卷证的运用与正当法律程序并行不悖的问题 ……… 118

第五章 我国刑事卷证运用理论与实践的悖反 ……………… 122

第一节 刑事卷证的运用：立法的基本路线 …………………… 122
一、有关检察机关移送案件制度的规定 …………………… 123
二、卷证中的言词材料和侦查笔录在庭上的运用不受限制 … 125
三、卷证中证言材料的庭上运用依然畅行无阻 …………… 126

第二节 刑事卷证运用的司法结构性缘由 ……………………… 129
一、公检法机构体制上的同一性形成的相互认同 ………… 131
二、我国刑事诉讼的职权主义结构 ………………………… 134
三、刑事司法的政策导向 …………………………………… 136
四、我国刑事司法组织体制和活动方式的行政化 ………… 137

第三节 刑事卷证运用的理论之争及其消解 …………………… 140
一、刑事卷证材料固有的不可靠风险 ……………………… 141
二、刑事卷证材料偏向性产生的审判不公 ………………… 143
三、刑事卷证材料运用对被告人对质询问权的损害 ……… 145
四、刑事卷证材料运用导致裁判者的预判 ………………… 148

目 录

第四节 两大法系卷证材料运用的排斥及其基本认识 ……… 151
 一、刑事卷证运用的制度性约束 ……… 151
 二、英美法系刑事卷证运用的适当空间 ……… 153
 三、大陆法系刑事卷证运用的实用主义立场 ……… 155
第五节 当代中国刑事卷证运用的真实困境 ……… 160
 一、刑事卷证理论研究导向的偏差 ……… 161
 二、刑事卷证法律规范体系的缺位 ……… 167

第六章 我国刑事卷证证据能力及文本的规范 ……… 178
第一节 刑事卷证形成机制和文本制作规范 ……… 180
 一、刑事卷证制作主体的规范 ……… 180
 二、刑事卷证形成与制作程序的规范 ……… 191
第二节 刑事卷证运用所受非法证据排除规则的调整 ……… 203
 一、非法证据排除规则适用于人证调查形成的卷证材料 ……… 206
 二、非法证据排除规则适用于物证调查形成的卷证材料 ……… 216
第三节 刑事卷证文本形式和内容的基本规范 ……… 220
 一、人证笔录材料内容的规范 ……… 221
 二、人证笔录材料形式的规范 ……… 223
 三、整体卷宗形成的方式 ……… 224

结 语 ……… 227

参考文献 ……… 232

前　言

长期以来,在我国司法实践中,公安司法机关普遍存在依赖刑事卷证推进诉讼活动的固有倾向,尤其在刑事审判活动中法庭主要围绕刑事卷证的宣读、出示和运用开展证据调查和对案件事实的认定。有学者将我国主要运用刑事卷证的审判方式,称之为案卷笔录中心的裁判模式。① 从刑事诉讼法的发展变化过程看,也突出地印证和支持了刑事审判的这一模式。1979年刑事诉讼法第100条规定,人民检察院认为犯罪嫌疑人的犯罪事实已经查清,证据确实、充分,依法应当追究刑事责任的,应当作出起诉决定,按照审判管辖的规定,向人民法院提起公诉。虽然该法没有明确规定检察机关向法院提起公诉应将案卷材料移送人民法院已备庭前审查和庭审事实调查之用,但该法第108条又规定人民法院决定开庭审理的案件必须是事实清楚、证据确实充分的案件,否则应将案件退回人民检察院补充侦查。这表明人民法院对公诉案件实行实质审查原则,这一审查需建立在全面阅卷的基础之上,由此可以认为检察机关向人民法院提起公诉实行案卷材料移送方式,尤其需保证卷证材料(案卷材料中的证据卷)移送给人民法院。1996年修改后的刑事诉讼法虽然对人民检察院移送案件方式改采移送证据目录、证人名单和主要证据的复印

---

① 参见陈瑞华:《刑事诉讼的中国模式》,法律出版社2008年版,第109页。

件及照片的"复印件移送方式",但在司法实践中却因审判法官阅览有限的案卷材料导致庭审准备不足,难以驾驭庭审过程,甚至存在实体裁判结果不可靠的现实风险,因而人民法院普遍要求检察机关移送全案卷宗,即使庭前不移送也要求庭后移送。并且庭后移送案卷材料的做法也得到最高司法机关的认可。① 2012 年修改的刑事诉讼法第 172 条规定,人民检察院认为犯罪嫌疑人的犯罪事实已经查清,证据确实、充分,依法应当追究刑事责任的,应当作出起诉决定,按照审判管辖的规定,向人民法院提起公诉,并将案卷材料、证据移送人民法院。2018 年再次修改的刑事诉讼法第 176 条对检察机关这一案卷材料移送制度又加以明确保留。

与此同时,我国刑事诉讼法没有确立体现排拒刑事卷证于庭审之外的传闻证据排除规则,相反,却在刑事诉讼法及相关的司法解释等规范性法律文件中明确规定对非法证据的排除。② 从排除的非法言词证据来看,主要是侦查

---

① 1998 年,在全国人大常委会法制工作委员会的主持协调下,"六部委"通过了带有立法解释性质的规范文件,允许检察机关在法院开庭审理结束后三日内移送全部案卷材料。随后,这一新的起诉方式被吸收进最高法院和最高检察院颁行的司法解释之中。参见陈瑞华:《案卷移送制度的演变与反思》,《政法论坛》2012 年第 5 期。

② 从非法证据排除规则发展变化的过程来看,已经形成一系列的法律规范。1998 年最高人民法院《关于执行<中华人民共和国刑事诉讼法>若干问题的解释》第 61 条规定,凡经查证确实属于采用刑讯逼供或者威胁、引诱、欺骗等非法的方法取得的证人证言、被害人陈述、被告人供述,不能作为定案的根据。1999 年最高人民检察院《人民检察院刑事诉讼规则》第 265 条规定,以刑讯逼供或者威胁、引诱、欺骗等非法的方法收集的犯罪嫌疑人供述、被害人陈述、证人证言,不能作为指控犯罪的根据。2010 年最高人民法院、最高人民检察院、公安部、国家安全部、司法部《关于办理刑事案件排除非法证据若干问题的规定》第 1 条规定,采用刑讯逼供等非法手段取得的犯罪嫌疑人、被告人供述和采用暴力、威胁等非法手段取得证人证言、被害人陈述,属于非法言词证据。其第 2 条规定,经依法确认的非法言词证据,应当予以排除,不能作为定案的根据。在此基础上,2012 年修改的刑事诉讼法第 54 条规定,采用刑讯逼供等非法方法收集的犯罪嫌疑人、被告人供述和采用暴力、威胁等非法方法收集的证人证言、被害人陈述,应当予以排除。收集物证、书证不符合法定程序,可能严重影响司法公正的,应当予以补正或者作出合理解释;不能补正或者作出合理解释的,对该证据应当予以排除。与此同时,2017 年最高人民法院、最高人民检察院、公安部、国家安全部、司法部《关于办理刑事案件严格排除非法证据若干问题的规定》,2017 年最高人民法院《人民法院办理刑事案件排除非法证据规程(试行)》,2019 年最高人民检察院《人民检察院刑事诉讼规则》,2021 年最高人民法院《关于适用〈中华人民共和国刑事诉讼法〉的解释》等均对非法证据排除的实体和程序规则做了具体规定。

机关非法讯问获取的口供笔录,以及非法询问获取的证人证言和被害人陈述等笔录,这些言词类的证据材料均是刑事卷证中的核心组成部分。也就是说,如果上述证据材料合法正当获取,并满足证据材料的基本属性特征,就可被法庭所采纳。言词类非法证据排除规则的确立和运用实际上间接反映出刑事审判对卷证材料的重视和依赖的特征。

然而,在我国学界,由于受英美传闻证据排除规则和起诉状一本主义原则所决定的审判正当法律程序价值的影响,对于侦查阶段形成和制作的卷证材料在审判阶段的阅览、宣读、印证和使用的做法,即以运用刑事卷证为主的书面审理方式始终抱有排斥的态度。其中,陈瑞华教授较早提出对案卷笔录中心主义的反思问题,[①] 其他学者也相继开展对刑事卷证问题的讨论和研究。[②] 尽管学者们对于在我国刑事审判卷证运用的具体看法和观点尚有一定区别,但大都对刑事卷证在审判阶段的运用持否定或倾向排斥的态度。[③] 2014年党的第十八届四中全会通过的《关于全面推进依法治国若干重大问题的决定》中有关司法改革方案明确提出推进以审判为中心的诉讼制度改革,审判中心的核心理念在于庭审活动对案件处理的最终把关和对庭前程序的制约作用,

---

① 陈瑞华教授代表性论著包括:《案卷笔录中心主义——对中国刑事审判方式的重新考察》,《法学研究》2006年第4期;《案卷移送制度的演变与反思》,《政法论坛》2012年第5期;《刑事诉讼的中国模式》,法律出版社2008年版;等等。
② 仇晓敏:《我国刑事公诉案件移送方式的弊端与选择》,《中国刑事法杂志》2006年第5期;郭华:《我国案卷移送制度功能的重新审视》,《政法论坛》2013年第3期;孙远:《卷宗移送制度反思之改革》,《政法论坛》2009年第1期;龙宗智:《书面证言及其运用》,《中国法学》2008年第4期;刘根菊《刑事审判方式改革与案卷材料的移送》,《中国法学》1997年第3期;等等。
③ 有学者提出彻底废除卷证运用的观点,认为应从卷证运用的源头进行治理,杜绝检察机关提起公诉时移送案卷材料;有的认为不排斥刑事卷证向法院的移送,也不排斥法院庭前接触和阅览卷证材料,但应保证庭审过程直接言词原则的推行,而不在庭上宣读和引证卷证材料;有的认为法院庭审过程可以对重要或关键案件事实的调查采用口证和卷证并用方式,确定相应的主辅运用关系;有的认为庭审中不排斥卷证材料的运用,但需避免裁判的做法建立在直接运用卷证的基础之上;也有的认为卷证运用与否不是规制重点,只要允许卷证的移送庭前已有心证倾向,关键在于庭审活动体现正当程序精神的制度设计需完善,如庭前证据开示、控辩平等对抗、对质询问权的机制以及有效律师辩护制度等;还有的提出通过传闻证据排除规则的适用确立卷证材料原则排除之外,规定相应的卷证材料运用的例外情形;等等。

坚持庭审的实质化方向。因而这一诉讼制度改革的要求似乎又为学界对于审判阶段排斥刑事卷证的运用提供了支撑。

应该认为,学界对刑事卷证在审判阶段运用的排斥态度,确有看似正当的理由和依据:在检察机关案卷材料移送制度推行的条件下,法官庭前阅卷导致对案件事实的判断先入为主,这一事实预断使得庭审流于形式,可能产生不可靠裁判的风险;法官庭前阅卷和庭上用卷使得审判活动成为对侦查活动的审查和确认程序,审判的独立价值和对审前活动的制约功能无法实现;审判阶段接触和运用的卷证材料大多属于控方的证据材料,也可能在事实判断上产生对被告人的偏见而影响审判的公正性;庭审运用卷证材料的审判方式损害了被告方的对质询问权和有效辩护权,审判程序的公正性也难以实现等。1996年刑事诉讼法将检察机关移送案件的方式改为主要证据的复印件移送方式也是基于上述理由。

上述对刑事卷证不同认识和态度的现状,实际上表现出理论反对实践,政策与立法相悖的两种不同倾向,暂且不论学术界对刑事卷证排斥的"理性"判断和分析是否公允,[①]这一现象实际上为学界提出了严肃而又必须首先解决的课题:为何刑事卷证在司法实践中得以被依赖,其根本性的原因是什么？只有解决这一问题才能真正理解刑事卷证在中国司法实践运行的真实面相,进而把握其价值取向和对刑事审判的实际影响。在此基础上才可对其采取相对合理的态度和行动:在中国刑事司法中对待刑事卷证是破旧立新,还是在承认的前提下对其因势利导的改革？如果说刑事卷证在当代中国司法中的运用不可避免的话,对刑事卷证依赖性或不受控制的运用倾向对刑事审判带来的不确定性风险和后果又如何避免,刑事卷证的制作、移送、阅览和运用等一系列的制度和规则如何确立和完善？

然而,令人遗憾的是,从对刑事卷证已有的基本认识和理论研究来看,对

---

① 对于学界普遍排斥刑事卷证运用的观点和理由,本著作第四章将进行针对性回应。

前　言

其在实践中普遍运用的理由归为一般客观条件和技术性因素的层面,[①]难以切中要害。由于缺乏本体角度和相关诉讼内在结构条件支撑因素的分析,导致刑事卷证实践运用的解释力不足。正是基于此,本著作立足于从刑事卷证本体的角度展开分析,试图解决长期困扰我国理论和实务界存在的有关刑事卷证运用的对立和冲突的局面,更为理性地看待和解决刑事卷证存在的各种问题。具体而言,本著作围绕刑事卷证的运用主要解决以下几个基本问题：

第一,从本体论角度,卷证与口证的证据价值需要客观审视和评估。长期以来,理论界对卷证运用的排斥主要在于作为书面证据材料制作过程中缺乏必要的监督和制约以及制作者的条件或限制性因素等可能存在的信息固定和传递不可靠的风险,而在证据价值的判断上更为倾向于口证材料。然而,对两种证据价值的这一认识,均是人们从经验和制度设计环境的角度进行的分析,而具有实质意义的判断更应该是从本体角度的判断。本著作试图从两种证据载体的文字与语言的比较分析中,揭示刑事卷证在信息的保存和传递的全面性、完整性和叙事能力等方面所具有的独特价值。

第二,对运用卷证的审判方式加以明确界定。与庭审口证为主导的经验审判不同,以文字为载体的刑事卷证在审判阶段的运用决定了刑事审判的技术性特质。刑事审判阶段法官对卷证的普遍运用甚至出现的依赖现象,不仅是法官长期使用卷证的习惯使然,而且更为重要在于卷证运用所形成的技术审判风格对于提高审判效率、降低诉讼成本,实现实体公正有益,而且在某种程度上对庭审的对质调查、辩护权有效行使等程序正义价值的实现也有促进

[①] 陈瑞华教授将 2012 年刑事诉讼法将案件移送方式改回过去的全卷移送方式的原因概括为：庭前移送案卷制度的恢复,可以保证法官庭前全面阅卷,从而进行全面的审判准备。其次,庭前案卷移送制度的恢复,可以有效地保证辩护律师查阅、摘抄、复制案卷材料,充分地进行辩护准备活动。最后,庭前案卷制度的恢复,可以避免"庭后移送案卷制度"的负面效果。对于制约案卷笔录移送制度的深层因素则总结为：法官主导证据调查的司法传统；以案卷笔录为中心的审判方式；在法庭之外形成裁判结论的司法文化；建立在阅卷基础上的复审制度。参见陈瑞华：《案卷移送制度的演变与反思》,《政法论坛》2012 年第 5 期。

作用。

第三,深刻揭示刑事卷证实践运用的实质原因,回应理论界对卷证运用的不当评价。以文字为载体的刑事卷证在本质上决定了这一证据形态所具有的特点和优势,与其实际运用所形成的技术审判特质相结合,是当代中国刑事卷证实践中受到重视并广泛运用的内在原因和动力。而中国刑事司法体制和诉讼结构又对刑事卷证运用的上述特点起到进一步固化作用,成为推动刑事卷证在实践中有效运用的结构性因素。基于上述刑事卷证运用的深层原因和现实诉讼结构的因素,刑事卷证在当今中国司法实践中的运用具有现实意义。从刑事卷证本体属性和所决定的技术审判特征来看,刑事卷证的运用并非如学界所担心的那样存在对审判实体和程序公正产生根本冲击的倾向。

第四,刑事卷证的制度规范。从本体角度认识的刑事卷证证据价值及所决定的刑事审判的技术特征,均表明刑事卷证可以发挥其具有的证据价值和优势,在推动刑事审判实体和程序公正上起到积极而独特的作用,但这又需建立在一定条件之下,即刑事卷证文本的形成是理性的、规范的而非任意的,刑事卷证运用不仅是有限度的,而且也是讲究规范和制约的。党的十八届四中全会提出的推进以审判为中心的诉讼制度改革,应该也包括刑事卷证制度改革,也就是如何通过相关刑事卷证制度的改革实现审判中心的基本诉讼价值。所以,刑事卷证最终合理、有效和规范的运用,确保刑事卷证对刑事审判实体和程序公正,推动审判中心基本价值的实现所具有的促进作用,需要对刑事卷证的形成与制作、移送与阅览以及庭审具体运用过程加以必要的制度和程序规范。

本著作所呈现的最终成果具有重要的学术价值和实践意义。一方面,该研究成果的学术价值:一是,从文字与语言比较的视角,深刻揭示刑事卷证固有的内在和外在属性所决定的卷证独特的证明价值,并对历史和实践的分析中澄清对刑事卷证价值存在的偏见认识,从而在整体上重新审视和评价专门机关所制作的书面证据材料的可用性。二是,刑事卷证文字叙事的特点和外部属性决定了卷证对刑事审判技术特质和风格的影响,并揭示这一技术审判风格有着追求实体公正、重视审判效益的固有特点。由于这一技术审判风格并不排斥运用口证的经验审判,反而有利于促进口证审判方式的落实,对于扭转运用卷证的传统书面审理方式给人留下的庭审流于形式、被追诉人诉讼权利保障不力的印象有着积极意义。三是,对我国实践中刑事卷证普遍甚至依赖性运用的原因,从本体论以及相关的诉讼结构等因素加以阐释,不仅分析视角独特,而且揭示了这一现象的本质原因,明显增强了这一问题的解释力。从理论贡献上看,拓展了刑事卷证理论研究的视角,促进了与之相关的刑事审判理念、理论等的发展。

另一方面,该研究成果的实践意义:一是,在法律规范建设上,有利于推动刑事卷证制度的确立和发展。该成果旨在填补刑事卷证制度构建的空白,对涉及刑事卷证的制作、运用以及卷证证据能力等制度和规则的建立与完善均提出了一系列的观点和建议,对于刑事卷证制度和规则的系统性立法具有重要的参考和运用价值。二是,从司法实践的需要来看,该项研究成果所提出的一整套刑事卷证制度和规则的方案,对于公安司法机关以及监察委员会在犯罪侦查(调查)、提起公诉和审判阶段刑事卷证的制作、阅览、引证和运用等活动或环节均有着系统而具体的指导和参照价值,也可为司法系统和监察机关出台刑事卷证制度和规则的司法规范性文件和实施办法提供重要的参考依据。

本著作的基本研究思路在于:在对刑事卷证文本的结构和实践运行情况分析的基础上,揭示以文字为载体的刑事卷证固有属性所体现的证据价值特性,以及刑事卷证的运用对刑事审判技术风格产生的影响,两大法系主要法治国家刑事卷证运用的基本情况和存在的主要差异对我国的启示,当代刑事卷证的理论认知与实践运用冲突和矛盾现象以及理论阐释,提出我国刑事卷证运用不可回避的现实条件下,如何通过刑事卷证制作、阅览、运用等一系列制度和规则的构建,确保卷证在刑事审判中正当、合理和有序地运用,以实现公正审判的诉讼目标。

　　本著作除前言和结语部分外,主要内容分为六章。其中第一章至第五章是有关刑事卷证文本及有关基础理论的本体和结构问题的分析,第六章是对刑事卷证制度和规则构建问题的分析。

　　第一章为刑事卷证的基本构成和实践运用分析。刑事案卷,是公安司法机关依照刑事诉讼各阶段的职能,收集、固定和运用的司法文本的集合,是对涉嫌犯罪的刑事案件进行国家追诉的卷宗材料,是以案号为分辨方式的案件文本化及法律化的形式。我国刑事案卷的种类可分为侦查案卷、起诉案卷和审判案卷三种类型。侦查案卷中的证据卷实际上属于本文所称卷证的主要形式。新中国成立以来我国司法实践已开始普遍运用刑事卷证,1979年制定的刑事诉讼法以及此后历次修改的刑事诉讼法所确立的各类证据材料也是刑事卷证的法定形式。从当前司法实践情况看,侦查案卷中证据卷(刑事卷证)主要有三类证据材料:一是人证材料,包括讯问(询问笔录)或自书材料、鉴定意见、辨认笔录、指认或确认笔录等;二是侦查机关物证调查及其他专门调查的笔录等材料,包括勘验检查笔录、侦查实验笔录、指认或确认笔录、搜查笔录、查封扣押笔录、有关物品的销毁笔录以及侦查或固定证据拍摄的照片、图画、物品清单等;三是书证材料,主要指犯罪实施过程及前后所形成的以文字形式表现的原始或复制材料。这类材料在经济犯罪中较为普遍,种类比较庞杂。在当前司法实践中,侦查机关对证据的收集和固定,检察机关对犯罪的起诉均围绕卷证手段的运用而展开,而人民法院审判阶段则集中表现为对侦查阶段形成和制作的刑事卷证加以审查和确认的过程。

　　第二章刑事卷证的本体论分析。在对知识的传播和接纳以及在此基础上做出决断有着较高要求的特定领域,文字所具有的记录性、形象性、稳定性和可传递性等外部特征以及内部文法特有的叙事功能,使得文字材料在上述领域运用的优势凸显出来。人们得以较为便利、经济、准确、完整和有效地接受文字所表达的思想和信息。刑事卷证作为文字表现的载体形式具有视觉形象、信息储存、信息传递等方面的外部特征和卷证信息叙事性的内部特征,使得卷证的证据可用性突出,法官对卷证及其所传递信息产生一种自然的信赖,这种信赖实际上是对文字的信赖。案卷的官僚属性所产生的材料可信度、规范化,以及由此形成的阅读习惯又是支撑其文字叙事力,进而产生信赖感的制度性因素,成为刑事卷证得以最终运用的外部条件。然而,刑事卷证的运用又存在以下困局:一是,文字自身产生的卷证局限性;二是,裁判者运用卷证可能忽视乃至排斥某些信息,或者对卷证产生依赖性;三是,刑事卷证的运用导致审判方式书面化的若干弊端。总之,刑事卷证的运用虽然赋予了裁判者审判的便利方法,但这种审判方法如果掌控不当可能使裁判者既迷失于审判,也迷失于自我。

第三章卷证材料合理性构建的历史及启示:以晚清司法为基础的考察。晚清地方司法中以口供材料为代表的卷证材料运用取决于对文字属性的把握:一方面,运用统一文字,消除清代各地区域性方言、族语、俗语等对案情信息传递、理解和接受所带来的障碍。另一方面,在晚清卷证材料的形成和制作中,强调卷证书写的白话文风格,使卷证材料成为一种公共知识的载体,同时又以官文的正式形式呈现,以保持案卷材料的正统性和严肃性,并保证正确传达文意。晚清地方司法言词材料生成和制作的合理性构建,不仅表现为口供材料作为卷证核心材料的不可或缺性,而且体现在以口供为代表的言词材料形式和内容上的严格规范化和统一性的要求,从而使得案件信息的传达、接受和理解,可能更为通达、便捷、准确和有效。书吏和差役的专业化、技术化特质和标准,卷证制作的严格规范化程序,县官对书吏负有的道德和非制度性责任等,为晚清卷证材料合理性构建提供了重要保障。从晚清地方卷证材料制作的固有规律和官僚体制运行特点来看,言词材料构建的合理性与材料制作过程可能存在的不可靠风险,又可加以合理解释,进而存在规避或化解材料不可靠风险的可能。晚清地方司法以严格规范化和统一性为特征的言词材料合理性构建,为当代我国刑事卷证材料生成方式的转变提供了以下重要启示:案件事实认定在证据要求上传统理念的转变；言词证据材料形成中文字统一性和规范化要求，以及内容的适当加工和整理；卷证材料制作者的专业化和技术化要求等。

　　第四章卷证的审判：经验抑或技术的取向。由于采用传闻证据排除法则和起诉状一本主义原则，英美法系较为严格排斥案卷材料在审判阶段的运用，各类人证的提供者需以口头方式在庭上陈述并进行相应的调查和质证，因而英美法系的刑事审判可称为一种口证的审判方式。这种审判方式体现的审判风格正是一种经验主导的审判，而语言的运用与这一经验审判方式密切相关。在我国以及大陆法系主要法治国家刑事审判仍是以卷证为基础的审判。由于以文字为载体的卷证叙事的严密性和条理性，以及卷证所产生的"知识积累"效果，卷证的运用更可能使裁判者趋于理性而褪去个性化和情绪化的色彩，运用卷证的审判方式属于一种技术的审判。无论大陆法系以卷证为基础的技术审判，还是英美法系以口证为形式的经验审判，并不能得出两大法系各自审判方式价值的优劣或高低的结论。在大陆法系主要法治国家，职业司法人员或技术官员对于技术审判风格的形成和维系具有至关重要的作用。英美法系的经验审判主要不是以专业的司法技术人员为支撑，而更多需要建立严密的证据制度和规则来维系。由于我国实践中过度依赖卷证，真正意义的司法职业者群体及相应的技术标准也未形成等原因，我国以卷证为基础的审判则属于异化了的技术审判。对于卷证本身及其技术审判存在的缺陷，实际上需解决刑事卷证的三个重要环节：一是，刑事卷证本身的可用性；二是，裁判者对刑事卷证合理而有效的运用；三是，刑事卷证的运用与刑事审判正当程序价值及运行规律的并行不悖。这些问题仍需通过刑事卷证制度的建设加以解决。从刑事卷证本体的角度看，文字自身的缺陷和文字运用与接受的不当又可能产生刑事卷证功能上的局限性及其对审判的不利影响。因而仍然需要推动刑事审判技术的制度化建设。

　　第五章我国刑事卷证运用理论与实践的悖反。在当代中国刑事审判阶

前　言

段,实际存在一种以卷证笔录为中心的裁判模式。作为对我国现实司法状况的回应,刑事诉讼法以及其他司法规范性文件确立了刑事卷证移送制度,并对卷证材料庭审证据能力不作限制性规定,刑事卷证在整个审判阶段(庭前和庭审)的运用具有刚性特点。对于刑事卷证的这一立法和司法运用现象,可以从公检法机构体制上的同一性形成的相互认同、刑事诉讼的职权主义结构、刑事司法的政策导向和刑事司法组织体制及活动方式的行政化等寻找原因。然而,学界对卷证在审判阶段的出现和运用多持否定态度,其基本理由在于,刑事卷证材料固有的不可靠风险;刑事卷证材料偏向性产生审判不公;刑事卷证材料运用对被告人对质询问权的损害;刑事卷证材料运用导致裁判者的先入为主;西方主要法治国家从制度上排斥卷证材料在审判阶段的运用等。学界的上述观点缺乏客观性和合理性论据的支撑,而且对法律规范的进一步完善可以消解刑事卷证运用可能产生的消极影响。当代我国刑事卷证运用的真实困境在于我国学界对刑事卷证理论研究导向的偏差以及刑事卷证制度本身的缺位所引发的问题。总体上看,学界对英美法系排斥书面证据材料的制度和规则缺乏具体深入分析,有以偏概全之嫌,而对大陆法系主要法治国家有关案卷材料移送和庭审运用的立法、实践和理论缺乏全面、系统和具体的分析和研究。其所产生的负面影响在于,相反的观点、看法或灵活性、多样性的论点可能难以生成和获得有力支持,同时抑制了案卷制度及运用规范的研究。我国四部法律规范有关刑事卷证材料制作和运用上的制度建设仍有较大缺陷,刑事卷证的立法主要是一种概括性、零散性和附属性的立法,难以对卷证材料的实际运用起到应有的指引和规范作用。

第六章刑事卷证的证据能力及文本基础性规范。一是,刑事卷证形成机制和文本制作规范。从刑事卷证制作的主体规范上看,除了法律有特别规定外,刑事卷证制作主体应为担负案件侦查职能或相应诉讼活动职能的公安司法人员。从刑事卷证形成与制作程序的规范来看,讯问犯罪嫌疑人、询问证人和被害人笔录形成和制作主体不得少于两人,笔录制作需与讯问或询问过程在时间和地点上保持一致性,制作笔录的内容与讯问或询问中回答的内容一致,具体规定人证调查中的录音录像制度。物证调查笔录主要应对笔录的签名和盖章、制作时间、见证人制度等加以规范。二是,刑事卷证运用所受非法证据排除规则的调整。从非法证据排除规则适用于人证调查形成的卷证材料来看,根据刑事诉讼法和相关司法解释性文件的规定,对于采用刑讯或变相刑讯方法使犯罪嫌疑人遭受剧烈疼痛或者痛苦做出的口供,以及采用暴力、威胁等非法方法收集的证人证言、被害人陈述,由此形成的笔录材料应该予以排除。对于采用威胁、引诱、欺骗等非法方法取得的上述言词类证据材料,这类证据的初步真实性是否受到实质性影响可以作为排除的重要考量因素。从对刑事卷证严格规范、程序正当化及卷证审判阶段运用可靠性的有效保障看,对于程序性违法取得的言词类笔录材料在一定条件下也应纳入排除范围。从非法证据排除规则适用于物证调查形成的卷证材料来看,对于勘验检查笔录、辨认笔录和侦查实验笔录等材料,在制作和形成过程由于主观或客观原因违反法律规范将损害笔录材料的品质,从而影响材料运用的正当性和合理性,因而需要将其纳入排除的视野。三是,刑事卷证文本形式和内容的基本规范。对刑事卷证笔录材料的语言表达形式、笔录结构和内容、笔录材料形式以及整体卷宗形成的方式等进行规范。

本著作主要采用以下几种研究方法:第一,从本体论的角度,运用文字和语言学的基础理论和思想,在探寻刑事卷证所体现的文字形成、表达和运用的固有规律基础上,揭示刑事卷证证据价值的特性和所具有的优势。第二,通过卷证与口证运用的比较分析,揭示卷证文字叙事的特点和证据价值的独特性,以及两大法系经验和技术审判的不同风格和特点以及对我国的启示。第三,通过查阅案卷、旁听审判、个别访谈等实证调研方法,了解和把握我国刑事诉讼中卷证的形态、结构、特点、价值以及实际运行情况,从中总结刑事卷证对审判产生的实际影响。第四,根据类型学和控制学理论,对我国刑事卷证在属性和功能上进行划分,提出刑事卷证形成、制作和运用不同环节的证据制度及规则。

第一章　刑事卷证的基本构成和实践运用分析

第一节　刑事案卷材料的一般概念和范畴

一、案卷的一般概念

我国古代将官署薄书谓之"中",类似于文书,而司寇断庶民讼狱之"中",则成为各类案件诉讼的档案集合。[①] 文书集合成卷或档案的类型,体现了文书所具有的年代、制作者、案由、问题、地区等特征。以卷为单位的文本集合体,强调文本结构的共同点,反映案情的全貌及案件处理的逻辑框架,是对一定时期立法和司法活动记录的载体,是一个案件的"法律文书"。案卷应符合法律写作内容和顺序要求,通过对案卷结构的格式化梳理,将案卷与其他文本和档案区别开来。案卷文本化的建构需要在书写的方式下对判断事实和运用法律进行解释。国家法治背景下的案卷运用,是遵循实体与程序法的原则和基本制度,呈现以法律关系为基础的案件事实及案件处理流程的司法活动,是对实体法中"有名称的关系"的现实印证。

---

① 参见郭树银、杨继波:《"档案"一词考略》,《图书情报知识》1984年第4期。

案卷是根据不同时期案卷形式和内容的不同要求，根据相关机构职能需求，通过对案卷制作施以一定的"治理技术"，①由制作标准形成的文本集合体。司法文本是具有法律名称的文书，文书所具有的名称，是区别文本内容和效力的标志。不同名称的文本，意味着独立的文书格式和内容要求，尤其是该文书发生法律效力的规范性和实践性要求，文本所传达的信息构成了案件是否具有法律属性，文本的名称决定了文本是否具有权威性。

案卷是由具有法律意义或者为了实现法律效果的若干文本组成的对案件形成和处理过程的记录。从一定意义上说，文本是作为表达工具存在的，无论是主要发挥程序性作用的文书类材料，如关于采取强制性措施的决定、立案通知书、权利义务告知书、举证通知书、开庭通知、扣押通知、查封冻结财产裁定书、搜查决定书等；还是对实体问题进行表达的文本，如起诉书、答辩状、陈述词、代理词、辩护词、举证材料、证据卷等；抑或是职能主体制作的程序性文书，如庭审笔录、阅卷笔录，最终做出有关案件裁判的文书，如判决书、调解书、裁定书等，表现出制作文本的主体对案件及诉讼活动的法律关系陈述的行为，其根本目的在于，通过诉讼过程法律事实及法律关系的呈现，诉讼主体对自身权利或权力的主张，以及对惩罚或赋予他人权利的权威表达等。

马克斯·韦伯指出，"近代的职务运作乃是以原本草案形式保留下来的文书档案，以及由幕僚与各种书记所组成的部门为基础的。"②这里，韦伯揭示了文书档案对于官僚体制运作所起的基础作用。职务运作的部门之间依靠文书档案实现国家结构治理，同级和上下级之间的文书传递往来，是实现控制的主要手段。马克斯·韦伯理论中的"科层制"体制是近现代国家治理的主要结构，文书档案成为科层制结构中表现权威的形式。司法活动同样以这样的

---

① 参见左卫民：《中国刑事案卷制度研究：以证据案卷为重心》，《法学研究》2007年第6期。
② ［德］马克斯·韦伯：《韦伯作品集Ⅲ：支配社会学》，康乐、简惠美译，广西师范大学出版社2004年版，第23页。

治理手段为主要特征,"法律就是在案卷制作、整理、装订等等这样的琐事中完成了它的想象的统一性,……法律对案件程序、实体、证据的合法性要求,最终落实为案件制作的合法性要求……这种策略的目的在于获得上级和整个法律体制的认可"。[1]

二、刑事案卷的概念和分类

刑事案卷,是公安司法机关依照诉讼各阶段的职能,收集、固定和运用的各类司法文本的集合体,是对犯罪嫌疑人进行国家追诉而形成的诉讼文本材料的统一体,是以案号为分辨方式的案件文本化及法律化的形式。

我国刑事案卷文本规范系统是刑事案卷内涵与外延、内容与形式相结合的规范统一体。刑事案卷文本生成制作的实质和形式要求、程序性条件属于文本规范系统的主要内容,而刑事案卷的界定则是对案卷内涵与外延的确定,实际上是对刑事案卷性质和范围的限定,因而成为刑事案卷文本规范系统的基础部分。

在我国理论研究和司法实践中,刑事案卷的用语本身并不统一,除称为"案卷"外,还有诸如"卷宗"、"诉讼文书"、"卷证"、"案卷笔录"、"书面证据"等称谓。卷宗的称谓比较宽泛,不仅可适用于诉讼活动,也可用于一般国家机关的文书或档案管理,容易产生歧义;"诉讼文书"的称谓语义表达又过窄,仅代表公安司法机关诉讼行为的法律依据,而不包括具有重要价值的书面证据材料,显然与案卷的属性不符;而"卷证"、"案卷笔录"、"书面证据材料"等又限于专门机关收集的证据材料,不包括反映诉讼行为的法律文书及其他诉讼材料,不具有材料的综合性和全面性的特点。总体上看,"案卷"这一用语具体涵盖了证据材料和文书的基本内容,也具有一定的周延性,可以涵括司法尤其是侦查中的一些特殊形式材料。此用语表达符合一般司法习惯,比较全面

---

[1] 赵晓力:《关系/事件、行动策略和法律的叙事》,载王铭铭、王斯福主编:《乡土社会的秩序、公正与权威》,中国政法大学出版社1997年版,第538页。

和灵活，而且与我国刑事诉讼法及相关司法解释的表述较为一致，因而在立法和实际运用中可作统一使用。

从案卷立法和运用规范性考虑，刑事案卷可定义为，公检法三机关依照法定的条件和程序，在各自的诉讼职能范围内制作并在刑事诉讼进程中流转和使用的，解决案件事实认定、诉讼程序、公安司法机关内部案件管理及其他诉讼事项等的以卷宗为形式的书面材料（包括以电子文档呈现的案卷材料）。根据这一定义，刑事案卷的基本特征或构成要素可以明确限定为：案卷的生成场合只能是立案后的诉讼过程中，排除了案件的初查阶段及生效裁判的执行阶段形成的非正式书面材料；案卷的制作者为公安司法机关，在某些案件中，如行政机关在行政执法和查办案件中收集的符合刑事诉讼法证据类型的证据形式，在刑事诉讼中可以作为证据使用。案卷的合法性则强调案卷制作、运行和使用须符合法律规定的条件和程序，凸显了案卷在不同诉讼阶段的法律效力和对诉讼过程及结果可能产生的影响。

从刑事案卷内涵的界定看，我国刑事案卷的种类可分为侦查案卷、起诉案卷和审判案卷三种类型。[①] 侦查案卷是指公安机关和检察机关在侦查阶段制作的案卷，包括正式侦查和补充侦查中制作的案卷；起诉案卷系检察机关向法院起诉时移送的全部案卷，既包括检察机关在审查起诉阶段制作的案卷（起诉书、证据目录、证人名单以及自行补充侦查的案卷材料），也包括公安机关随案移送和检察机关自侦形成的侦查案卷；审判案卷则指一审、二审普通审判程序中法院制作的庭审案卷，死刑复核程序和再审特殊程序中制作的案卷。当然，从广义上讲，审判案卷还包括检察机关移送的起诉案卷。这三类刑事案卷在现行法律中都有明确规定，属于法定的刑事案卷范畴，可以随案移送和为受案机关在解决诉讼实体和程序问题中使用。但在这三类刑事案卷中，侦查案卷无疑占据核心地位。

---

① 从严格意义上讲，刑事案卷包括监察委员会职务犯罪调查形成和制作的案卷材料。

三、侦查案卷与刑事卷证

侦查案卷是专指刑事诉讼活动中,具有法定侦查职权的机关,根据法律规定的条件和程序,对查明案件真相开展的全部侦查活动而制作的案卷材料总和。侦查案卷的制作产生于侦查活动之中,其受制于我国宪法、刑事诉讼法以及与刑事诉讼有关的司法解释对侦查权限的相关规定。从司法实践来看,侦查案卷分为"侦查卷宗(正卷)、侦查工作卷宗(副卷)和秘密侦查卷宗(绝密卷)"。[①] 案件侦查终结,移送检察机关审查起诉的案卷即是与本案有关的侦查卷宗(正卷),正卷在刑事诉讼中具有推进刑事诉讼进程的作用,但又与副卷或秘密卷的功能不同。

侦查卷宗(正卷)包括侦查诉讼文书卷和证据卷两类主要形式,文书卷是侦查机关在诉讼活动中依法行使职权或开展侦查活动的法定书面依据,它涉及犯罪嫌疑人的到案方式、羁押方式以及履行职能过程中的各种法定的审批程序文本。证据卷是以刑事诉讼法规定的各项证据材料为内容,围绕刑事追诉活动展开,证明犯罪嫌疑人是否涉嫌犯罪以及涉嫌何种犯罪的证据材料,实际上属于本书所称卷证的主要形式。因而,刑事卷证是这样一种证据形态:由侦查机关制作、起诉机关补充制作和移送并由法院审查和运用的,以文字为载体并以卷宗为形式的书面证据材料。刑事卷证除了侦查卷宗中的证据卷外,也包括检察机关审查起诉阶段制作的补充证据卷,甚至包括法院审判阶段庭外调查制作的证据卷,只是侦查卷宗的证据卷是刑事卷证最重要的组成部分。

侦查案卷是整个起诉和审判的基础,从诉讼进程和定案依据看,检法机关制作的起诉和审判案卷则是前者的必要补充,其所发挥的作用主要是认定起诉和审判活动合法性并作为这两种活动运行过程记录的依据。需指出的是,从法律角度明确对起诉和审判案卷进行定位,并界定其法律效力和诉讼中的

[①] 左卫民:《中国刑事案卷制度研究——以证据案卷为重心》,《法学研究》2007年第6期。

功能以及与侦查案卷的相互关系,对规范刑事审判乃至整个诉讼活动具有重要意义。

从司法实践来看,公检法三机关办案过程中实际生成的案卷类型又有自身的特点。由于中国司法浓厚的行政化色彩,三机关办案中所涉及的完整案卷都包括内卷和外卷两类,两种案卷还可作具体分类,这种分类在公安机关和检察机关的侦查案卷中尤其典型。现行法主要对外卷作了规制,内卷的使用并无规定,从实践看内卷涉及的调查报告以及审批程序等材料对解决诉讼程序和职能行为的责任归属乃至司法管理和操作问题仍有重要意义,显然不能完全排除在法律规范之外。

四、刑事卷证在诉讼中的地位

刑事诉讼法第175条规定,人民检察院审查起诉阶段,对于侦查机关移送审查起诉的案件,人民检察院可以进行补充侦查;该法第170条规定,对于监察机关移送起诉的案件,必要时可由人民检察院补充侦查。该法第204条、第205条还规定,在法庭审理中,检察人员对于公诉案件有提出退回补充侦查的建议权。2016年最高人民法院、最高人民检察院、公安部、国家安全部、司法部联合发布《关于推进以审判为中心的刑事诉讼制度改革的意见》,在坚持和维护三机关的"分工负责、互相配合、互相制约"的诉讼原则下,提出"严格按照法律规定的证据裁判"要求。侦查机关侦查终结移送起诉和人民检察院提起公诉应当按照裁判的要求和标准收集、固定、运用证据,人民法院应当按照法定程序认定证据,依法作出裁决。同时,最高人民法院颁布的《关于全面推进以审判为中心的刑事诉讼制度改革的实施意见》强调"要充分发挥审判程序的职能作用,确保侦查、审查起诉的案件事实证据经得起法律的检验"。我国刑事诉讼活动是以刑事卷证运用为中心的活动,刑事卷证由于阶段性运用的需要,分别服务于侦查、起诉和审判。无论侦查机关开展的侦查活动,还是人民法院最终进行的审判活动,实质上都是围绕对案件证据收集和事实认定的基本要求展开的,而案件事实认定所依据的证据材料主要是各类书面卷证材料。由于刑事诉讼中具有证据价值的案卷材料主要形成于侦查阶段,使得刑事诉讼具有了以"侦查为中心"的特征。刑事案件进入法院审判阶段,法院对待公诉的基本态度是:检察机关提起的公诉只要符合法定条件的,均应当受理。至于审前和审判程序关系的协调,则强调配合模式下的诉讼衔接,即三机关分工负责的基础上,相互配合发挥各自的职能作用,同时,作为裁判机关的法院应从中立的角度,发挥其在刑事卷证运用中的重要作用。然而,我国当下运用刑事卷证所推进的诉讼活动,不能否认对以审判为中心的诉讼理念和格局产生了负面影响。

第二节 刑事案卷制度的发展轨迹与刑事卷证的作用

一、刑事案卷制度的发展与内容

刑事案卷制度是刑事诉讼过程中书面卷证和诉讼文书等案卷材料的收集、制作和运用为主要内容的制度规范。因此,刑事案卷制度的发展轨迹,是与刑事案卷有关的法律规范演变过程相一致的。

1951年9月,《人民法院暂行组织条例》的颁布是新中国审判制度规范化和正规化实践的开端。县级人民法院为一审法院,省级人民法院为基本的二审法院,实行两审终审制。审理重要或疑难案件,应由审判员3人组成合议庭审判,审判委员会对于重要或疑难案件的处理提供政策上或原则上的指导。实行人民陪审员制,推行就地调查、就地审判和巡回审判制。该条例规定了审检机关工作关系:第一,人民检察署公诉制度及参与制,即公诉案件由检察人员以国家公诉人(原告)资格参加;非公诉案件,检察人员亦得参加,执行检察职务可向人民法院调阅案卷;第二,重新检察或补充检察制,即法院受理公诉案,若认为必要时,可将原案送回检察署进行重新或补充资料的检察制;第三,抗诉制,即检察署对其起诉或参加的案件,如认为法院违法或不当,得提起抗诉,由原审法院连同抗诉及案卷送上级法院审判。[①]"调阅案卷"、"补充资料"、"案卷移送",反映了刑事诉讼过程中公检法三机关案卷材料(包括刑事卷证材料)的流转和运用的具体情况,对于顺利完成刑事追诉任务有着重要作用。我国在20世纪80年代之前,正本和副卷卷宗管理制度未建立的背景下,卷宗目录主要涉及"审判笔录、合议笔录、审委会通知、阅卷笔录、审判庭笔录、合议庭笔录、审判委员会决定、复核请示报告"等文书内容,实行的是与案件有关的文书材料都一并归于"诉讼卷宗"的制度。

从立法上正式确立刑事案卷制度则始于1979年颁行的刑事诉讼法。该部刑事诉讼法共有4编164条,涉及总则,立案、侦查和提起公诉,审判和执行四编。对与刑事诉讼活动有关的组织制度、管辖制度、证据制度、辩护制度,以及侦查、起诉和审判及执行程序做出了具体规定,确立了我国刑事诉讼制度的基本结构。根据1979年刑事诉讼法的规定,涉及有关刑事案卷的基本内容有:与追诉犯罪相关的证据制度,与刑事追诉机关行使职责、履行职责有关的证据材料运用制度,以及公检法三机关司法活动的文书制度等。

根据1979年刑事诉讼法中规定的证据制度和法律文书制度的相关内容,以及1984年最高人民法院、国家档案局颁发的《人民法院诉讼文书立卷归档办法》,我国开始推行正、副卷分别订立的做法,建立了一套以证据材料和法律文书作为正卷,以内部批示、请示、移交函转交书等作为内卷以及秘密卷的案卷制度。由于刑事案卷运用的正本和副本(内部卷)的双轨模式,公检法三机关通过正本中的各种诉讼文书和证据材料,形成正卷和副卷分立的做法。副卷文本的运用,由于具有不公开性,从其地位上看,服务于正卷卷证的运用,发挥了影响正卷卷证使用活动的作用。综合过往和现行刑事诉讼法律规范的

---

① 参见张培田:《法与司法的演进及改革考论》,中国政法大学出版社2002年版,第93—94页。

第一章 刑事卷证的基本构成和实践运用分析

规定,我国刑事卷证制度主要有以下两方面内容:

第一,刑事卷证的形式及其法律规制。根据现行刑事诉讼法第50条规定:可以用于证明案件事实的材料,都是证据。证据包括:物证;书证;证人证言;被害人陈述;犯罪嫌疑人、被告人供述和辩解;鉴定意见;勘验、检查、辨认、侦查实验等笔录;视听资料、电子数据。相较于1979年、1996年的刑事诉讼法,现行刑事诉讼法对于"证据"属性定位发生了变化。从证据是"证明案件真实情况"的真实说,转变为证据是用以证明案件事实为目的的司法材料;从证据的分类上,也表现出我国立法对于证据类型分类更完备,增加了电子数据,将物证与书证分立,将鉴定结论改为鉴定意见,使得证据运用更符合各类证据的特征。侦查活动是获取证据第一手材料的主要诉讼阶段,人民检察院的公诉活动以对侦查中制作的正卷移送为基础,而人民法院庭前的案件审查和庭审中的证据调查及案件事实的认定又以正卷中的卷证运用为主。

对于刑事卷证的取舍,适用非法证据排除规则。根据刑事诉讼法第56条的规定,对犯罪嫌疑人的刑讯逼供,对证人、被害人的暴力、威胁等非法方法获取的相关言词类证据应加以排除,不得作为起诉意见、起诉决定和判决的依据。而对于卷证中的物证、书证的排除,则以违反法定程序,严重影响司法公正,并不能补正或做出合理解释为条件。当前司法实践活动中,基于以上问题的查实,要求侦查人员出庭作出陈述,已经成为解决某些非法证据问题的主要手段。因此,根据法律规定,公安司法机关形成和制作的卷证,是刑事案卷中的主要部分,对其合法性审查是判断其证据能力的关键要素。

第二,辩护人的阅卷权及与刑事卷证有关的其他权利。在刑事诉讼活动中,辩护人主要通过阅卷的形式,行使相应的辩护权。辩护人能否及时和有针对性地行使辩护权,与其所了解的控方卷证材料的程度密切相关。我国辩护人阅卷权行使的时间、阅卷范围、对阅卷材料的运用等,经历了逐渐发展变化的过程,即由审判阶段享有阅卷权,变为移送审查起诉阶段享有阅卷权的过程,辩护人对案件提供辩护观点或意见的实践活动提前。从侦查阶段犯罪嫌疑人有权委托辩护律师开始,辩护人通过口头或书面方式,向办案机关了解案件和提出意见等,同时,我国刑事诉讼法第161条规定,在侦查活动中,辩护律师的辩护意见应被记录或附卷,将辩护人在办理案件过程中的实际工作全程留痕,并从侦查阶段开始对侦查提出异议。根据刑事诉讼法第173条的规定,在检察机关审查起诉期间,同样赋予辩护人提出意见的权利,将口头意见记录在案,并将书面意见附卷。辩护人基于诉讼中的特殊地位,提出对被告人有利的建议和对司法机关违法或不当行为提出申诉或控告,实现对诉前阶段基于案卷文本形式的证据收集和法律适用的监督和制约。现行刑事诉讼法要求将辩护人在各诉讼阶段中所提出的辩护意见附卷的规定,一定程度上完善了刑事案卷制度。

1996年刑事诉讼法第35条赋予了辩护人提出证明犯罪嫌疑人、被告人无罪、罪轻或者减轻、免除其刑事责任的"材料"的权利。这包含两层含义:一是,辩护人有收集证据材料的权利。二是,辩护人收集的证据材料在符合证据三性的前提下,能够作为证据使用。该法第37条赋予了辩护人向有关单位、个人收集证据的权利。显然,此类证据主要表现为言词类证据的形式。根据现行刑事诉讼法第41条的规定,辩护人认为在侦查、审查起诉期间公安机关、人民检察院收集的证明犯罪嫌疑人、被告人无罪或者罪轻的证据材料未提交的,有权申请人民检察院、人民法院调取。该类证据材料属于在侦查阶段、审查起诉阶段被公安机关、人民检察院所获取,但在相关的案卷移送活动中,没有依法随卷移送,因此,卷宗材料不完备,属于遗漏对犯罪嫌疑人、被告人有利的无罪或罪轻证据的情形。该类证据材料,不限于言词类证据,也包括书证和物证材料。同时,现行刑事诉讼法第42条规定了辩护人应当将其掌握的有关犯罪嫌疑人不在犯罪现场、未达到刑事责任年龄、属于依法不负刑事责任的精神病人的证据提交给办案机关。

虽然辩护人收集证据的权利受到限制,且收集的证据不具有当然的证据效力,然而,从辩护律师介入诉讼阶段的提前,到阅卷权行使的提前和范围的扩大、辩护意见的附卷和辩护材料收集权利的规定,表明案卷制度中有关辩护权行使与运用案卷活动的展开,是刑事卷证制度的重要组成部分。

二、刑事卷证在诉讼中的作用

刑事诉讼活动反映了不同专门机关之间移送、阅览和使用卷证材料的过程,刑事卷证承载和表达的案件信息正是记录和反映专门机关诉讼活动的主要方式,也是司法权运行的主要形式。

第一,刑事卷证是刑事诉讼启动和结束的载体。卷证是司法活动的载体,只有被卷证记载的司法活动才能实现诉讼裁断的功能。诉讼各阶段的进程需要通过卷证来确认,对案件的审查依赖于对卷证的核实。我国刑事卷证包括事实信息和法律信息,司法权行使的合法性体现在"以事实为依据,以法律为准绳"的诉讼裁断活动中。卷证不是信息的简单堆砌,而是司法机关根据法律规定,行使司法权并表达司法权的载体。卷证的制作、移送和运用即是司法活动流程法律规定的表达,其内容呈现出司法主体"实践理性中的法律理性和伦理认知"。[1] 刑事诉讼活动始于卷证的制作和运用,司法权力行使也需通过卷证这一符号手段进行表达。从刑事卷证的历史轨迹来看,我国刑事司法活动中长期强调卷证的技术运用,无视卷证司法表达的内在逻辑,导致刑事司法中能够记载、重现司法行为的载体不能真正发挥刑事诉讼依据的作用。我国刑事诉讼建立于发现真实的基础之上,审判阶段对犯罪事实的认定,是基于侦查和公诉机关对犯罪事实也即卷证中记载和构建的案件法律事实认定的结果。

第二,刑事卷证建构案件事实和运用法律的方式。刑事卷证的叙事是以犯罪追诉为目的的刑事司法活动中的"神经中枢"。[2] 刑事司法程序运用国家

---

[1] 苏力:《法学知识的分类》,载苏力:《制度是如何形成的》,北京大学出版社2007年版,第161页。

[2] 参见龙宗智:《论建立以一审庭审为中心的事实认定机制》,《中国法学》2010第2期。

权力对案件事实进行构建,刑事卷证之所以区别于文学描述,在于刑事卷证是以国家刑事司法追诉机关的名义制作的,卷证所呈现的案件事实和程序是根据法律规范进行的重构。法律事实和司法程序的重构,卷证内容是否与客观事实或司法流程之间具有同一性,对司法活动的不信任会在这同一性判断中滋生,进而怀疑司法的运作,对职业法律人产生不信任。"安全经验通常建立在信任与可接受的风险之间的平衡之上",①"信赖原则是容许风险概念的运用,合乎信赖的行为,并未制造不被容许的风险"。② 维护司法系统的公信力是建立法律信仰的关键。对案件事实和法律适用问题存在争议,是对司法活动产生不信任的主要现象,而在案卷笔录中心主义的司法活动中,对事实和法律问题争议的风险可能来自案卷材料的不当运用。司法活动遵循卷证运用的固有规律,确立卷证运用的合理规范,进而合理构建诉讼中的案件事实,保证正确适用法律处理案件,是刑事诉讼科学发展的主要方向。

第三节　当代刑事卷证的实践样态

一、当代刑事案卷的基本结构

从类型学上看,存在三种类型的法律控制模式:③一是,以社会特定时期需求对司法提出要求的政策性司法模式,也即行政管理思维模式;二是,类似于民间习惯法解决纠纷机制的非正式的秩序控制模式;三是,通过成文法实施的法律规范主义的司法模式。现代法律控制模式是法治手段、行政手段和社会政策相融合的多元治理模式。

刑事司法活动是法治普遍主义和行政导向管理主义的融合。由于刑事司

---

① [英]安东尼·吉登斯:《现代性的后果》,田禾译,译林出版社2000年版,第31页。
② 林东茂:《客观归责理论》,《北方法学》2009年第5期。
③ [日]田中成名:《法的三类型模式》,季卫东译,《中外法学》1989年第4期。

法过程存在正当程序和犯罪控制①两种价值取向,前者强调的是对于被告人诉讼权利的救济,而后者则更多关注的是惩罚犯罪的需要。对于正当程序和犯罪控制要求的不同,既受到国家—被告人②关系中国家控制犯罪职责的需要,也要考虑社会能够接受的刑事司法活动的实际过程和结果,而两种刑事司法目标的实现,需要在严格遵循程序法治化的过程中,对司法资源的分配管理以及司法具体方式的运用更应做到精细化和有效性,因而刑事司法是一种管理主义的司法模式。当代我国司法机构及司法方式本身突出的行政化特色背景之下,刑事司法活动外部的法治化属性实际是由司法机构内部对案件处理的行政化管理体制及运行方式来支撑的。而司法机关内部围绕案件流转、传递、审批和决定等一系列行政化组织、监督和管理运行活动,主要依赖于刑事案卷材料的管理和运用。正如韦伯所言,"近代的职务运作乃是以原本草案形式保留下来的文书档案,以及由幕僚与各种书记所组成的部门为基础的。"③类似于文书档案功能的我国刑事案卷材料在司法系统内部对案件的常态化管理和监督中起到了基础性和桥梁性的作用。

由于法律对刑事案卷的具体范围没有统一规定,在实践中不同层级、不同地域辖区的公安司法机关对于能够归入案卷(卷宗)并进行传递使用的材料范围的认识是不相同的。总的来看,归卷的材料比较宽泛和随意,缺乏必要的筛选和过滤。具体而言,就侦查案卷的范围看,可归入的材料包括三类:第一,证据材料,即所谓的证据卷。主要包括:一是人证材料,包括讯问笔录(询问笔录)或自书材料、鉴定人意见等;二是侦查机关物证调查及其他专门调查的笔录等材料,包括勘验检查笔录、侦查实验笔录、辨认笔录、指认或确认笔录、

---

① [美]弗洛伊德·菲尼:《美国刑事诉讼法经典文选与判例》,岳礼玲译,中国法制出版社2006年版,第30页。
② 陈瑞华:《刑事诉讼的中国模式》,法律出版社2010年版,第56页。
③ [德]马克斯·韦伯:《韦伯作品集Ⅲ:支配社会学》,康乐、简惠美译,广西师范大学出版社2004年版,第23页。

搜查笔录、查封扣押笔录、有关物品的销毁笔录以及侦查或固定证据拍摄的照片、图画、物品清单等;三是书证材料,主要指犯罪实施过程及前后所形成的各类以文字形式表现的原始或复制材料。这类材料在经济犯罪中较为普遍,种类比较庞杂。例如,经济往来的合同、契约、保证书、承诺书、借据;银行的存单、存折、收支凭据、汇票、支票等;融资理财的招募书、认购书、股票、债券、结算凭证等;贪污、贿赂中被涂改、伪造或变造的单据、凭证、账本等等。第二,文书类材料,即所谓的文书卷。包括立案决定书;拘传、拘留、逮捕等强制措施审查或决定书;勘验检查、搜查、扣押、查封、侦查实验、辨认等侦查措施审批或决定书;特殊侦查措施决定书;结案决定书等。第三,侦查工作记录材料,即所谓侦查工作卷。主要指侦查机关内部侦办、审查、讨论和批准形成的文字材料或记录。具体包括侦查机关立案、侦结、撤案等报告、侦查破案的内部情况说明、证据线索记录、侦查工作日志以及内部审查、批准记录等材料。从侦查活动实践看,这类材料属于内卷,一般不随案移送下一阶段的审查起诉和审判,但对其中涉及侦查行为和程序合法性以及侦查决定者与执行者的责任归属问题的证明仍有相应价值,除内部保密需要或其他特殊情形外,"两高"司法解释和公安部的法规应做出与外卷归并的相应规定。

二、我国刑事卷证的形式和构成

刑事卷证是基于侦查机关的专门调查活动所形成的证据材料。根据刑事诉讼法的规定,只有符合法定条件和程序形成的卷证材料,并运用这样的卷证材料证明案件事实达到应有标准的司法活动,才具有真正的法律价值和意义。我国刑事卷证运用的活动中,由于管理式司法的需求,卷证运用的司法导向被国家政策导向所取代,刑事卷证运用的过程与案件最终定罪量刑的实体处理后果存在紧密的内在联系。刑事司法活动国家政策导向的作用,虽然影响了刑事卷证运用的过程,却可能在个案审判过程和实体处理结果上实现效率与公正兼顾的目标。

第一章 刑事卷证的基本构成和实践运用分析

从司法实践情况看,刑事卷证材料是整个刑事案卷材料的核心部分。对卷证材料的归类和格式以及卷证内容的制作,随着案卷材料制作司法经验的不断积累和丰富,卷证材料制作也更为规范、系统和全面。以 S 省 W 市中级人民法院 2006 年与 2013 年两起案件的刑事案卷中证据卷制作的不同情况可以反映我国司法实践中刑事卷证制作的变化和发展,如表 1-1 和表 1-2 所示。

表1-1 S省W市中级人民法院2006年某故意伤害案的证据卷目录

序号	标题	页号
1	周某询问笔录	1—4
2	上某询问、辨认笔录	5—9
3	杨某询问、辨认笔录	10—15
4	唐某询问、辨认笔录	16—19
5	李某询问、辨认笔录	20—21
6	杨某讯问笔录	22—26
7	谢某讯问笔录	27—35
8	韩某讯问笔录	36—40
9	余某讯问笔录	41—49
10	李某讯问笔录	50—55
11	法医鉴定报告	56—66

表1-2 S省W市中级人民法院2013年某故意伤害案的证据卷目录

序号	标题	页号
1	犯罪嫌疑人户籍	1—3
2	健康信息、抓获经过	4—7
3	提讯证	8—10
4	黄某讯问笔录	11—25
5	黄某强讯问笔录	26—37
6	陈某询问笔录	38—54

续表

序号	标题	页号
7	扣押物品清单	55—56
8	随案移交物品清单	57
9	黄某现场辨认照片	58
10	黄某强现场辨认照片	59
11	陈某现场辨认照片	60
12	黄某、黄某强、陈某辨认笔录	61—66
13	关于劳力士手表、翡翠吊坠、钻石戒指不予受理委托意见情况	67—75
14	鉴定情况说明	76—78
15	车辆信息	79

  从表1-1和表1-2反映的情况看,与2006年某故意伤害案中证据卷目录不同的是,2013年故意伤害案的证据卷有了封面格式要求,大部分证据卷宗都冠以"刑事侦查卷宗(证据卷)"的名称,并在封面上规范对该证据卷的制作要求,涉及案件名称、犯罪嫌疑人姓名、立卷单位、立卷人、审核人等信息,都要求在封面上加以体现。从卷内目录上看,较2006年案的证据卷,完善了关于身份信息、健康信息、抓获经过、扣押物品清单、鉴定情况等内容。2013年故意伤害案中,某刑侦大队出具了案件存在其他同案犯的材料,但未了解其基本情况,故未能对该人进行上网追逃。部分故意伤害或杀人案件中,办案机关出具"情况说明"材料,对到案、物品、身份情况等进行陈述,实际上作为本案的证据使用。

  从故意伤害案的卷宗目录来看,案内均有较为完整的被害人询问笔录、犯罪嫌疑人讯问笔录以及证人证言等言词材料,有关伤情的鉴定意见或报告,出于确保犯罪嫌疑人完整性并能够相互印证的目的,对犯罪嫌疑人、证人的讯问或询问至少在两次以上。这些言词类证据及其他相关证据材料能够形成印证故意伤害案较为完整的卷证材料。然而,在侦查实践中,由于对侦查机关人证调查及言词证据收集和制作的程序细化规定及相应制裁措施并未落到实处,从侦查卷宗中反映出这类证据收集和制作欠缺规范性的要求。

根据刑事诉讼法第 34 条第 2 款的规定,侦查机关在第一次讯问犯罪嫌疑人或者对犯罪嫌疑人采取强制措施的时候,应当告知犯罪嫌疑人有权委托辩护人。从讯问笔录的内容和格式来看,根据法律规定全面履行告知义务的笔录并不多,多数仅履行了告知犯罪嫌疑人有权拒绝回答的义务。从上述卷宗的内容来看,讯问人员在首次讯问时均履行告知义务,在 2006 年的卷宗格式中主要体现为告知被讯问人"有如实回答,对于本案无关的问题,有拒绝回答的权利"。2013 年的卷宗表明,首次讯问时讯问人员除了告知被讯问人有权拒绝回答外,还涉及讯问是否受过刑事处罚、行政拘留或劳动教养、收容教育、强制戒毒、强制隔离戒毒、收容教养等情况。2006 年与 2013 年的讯问笔录格式相似,讯问的时间和地点,侦查机关的名称,侦查人员及记录员的姓名,以及犯罪嫌疑人的基本情况等内容均得到详细载明,尤其参与讯问的侦查人员以及被讯问的犯罪嫌疑人或被询问的证人均在讯问或询问笔录的落款处签名,犯罪嫌疑人或证人还需按捺手印。但在已调阅的 2006 年卷宗中的讯问笔录和询问笔录中确有犯罪嫌疑人或证人未按捺手印的情形。

三、刑事案卷中的其他材料构成

刑事案卷中的文书材料属于诉讼案卷的重要组成部分,本应作为正卷对待,但从司法实践的情况看,公安司法机关的案卷具有两个特点:一是并未将案卷严格划分为"司法卷宗(正卷)、司法工作卷宗(副卷)和秘密卷宗(绝密卷)"三种案卷形式,部分公安司法机关除了将秘密侦查的材料及涉密的案情信息材料单独归档外,对于证据材料和文书材料并未严格分别归档,而将其统称为侦查案卷材料,混编为一类侦查案卷材料。二是司法工作卷与司法案卷存在交叉归档,将本应属于司法案卷(正卷)范围的文书材料,纳入司法工作卷(副卷)之中,对于案卷材料的属性和法律效力存在不同认识。以 S 省 Z 县人民法院2016年审理的一起危险驾驶案为例,如表1-3所示。

表1-3　Z县法院2016年某危险驾驶案件的副卷目录

序号	文书名称	所在页次
1	起诉书	1—3
2	量刑建议书	4
3	立案审批表	5
4	分案卡	6
5	权利义务告知书	7—8
6	起诉书副本笔录、送达回证、询问笔录	9—11
7	适用简易程序决定书、送达回证	12—15
8	监视居住审批表	16
9	监视居住决定书、执行通知书、送达回证	17—20
10	调查评估函、送达回证	21—22
11	阅卷笔录	23—27
12	调查评估意见书	28
13	开庭传票、出庭通知书、送达回证	29—32
14	公告	33
15	庭审笔录	34—35
16	审理报告	46—52
17	刑事判决书审批、刑事判决书原本	53—56
18	刑事判决书正本、送达回证	57—61
19	接受社区矫正保证书、社区矫正告知书	62—63
20	执行通知书、送达回证及回执	64—74
21	廉政监督卡	75—76
22	案件受理过问情况跟踪卡	77
23	案件信息管理流程表	78
24	侦查卷退还表	79

表1-3是一起以简易程序审理的判处拘役3个月,缓刑6个月,罚金1000元的"危险驾驶案件"诉讼卷宗副本,包括诉讼类文本,强制措施决定书、公诉方的起诉书、量刑建议书。而法院的调查评估函、调查评估意见书、审理报告、判决书在于通过对公诉方提供的案卷目录进行判断,确认公诉方追诉的

法律效果,以对被告人进行有效刑事追诉。为了体现人权保护,通过廉政监督卡、案件受理过问跟踪卡、案件信息管理流程卡,法院对侦查和起诉活动建立了监督机制。但从该司法副卷的材料种类和内容看,廉政监督卡、案件受理过问跟踪卡、案件信息管理流程卡等材料,系人民法院审判管理工作所形成的材料,不属于诉讼法律文书的范畴,将其纳入司法副卷是适当的,但该副卷中的起诉书、量刑建议书、监视居住决定书、执行通知书、送达回证、权利义务告知书等诉讼法律文书则属于司法正卷中的文书卷范畴,而有关对证人的询问笔录等则属于司法正卷中的证据卷范围。显然,在司法实践中,对于案卷材料中的证据卷、文书卷以及司法工作卷的分类并未得到大致遵循,既反映出我国刑事案卷的法律规范并不完善,也表明司法实践中对各类案卷材料的属性、功能和效力等缺乏基本认识和判断。

总之,司法实践中,文书卷主要是关于该案的立案情况,犯罪嫌疑人(被告人)的人身自由和财产权利的受限制情况,该案的程序进程等主要记载专门机关活动的案卷;证据卷记载的是案件的实体内容,是由反映犯罪嫌疑人实施犯罪行为且应追究刑事责任的各种相关证据组成的案卷材料。刑事诉讼活动中的阅卷权是保障犯罪嫌疑人和被告人获得有效辩护而赋予辩护人的权利,辩护人根据阅卷情况与办案机关交换意见,提出建议。由于证据确实充分标准在司法实践中并没有得到落实,导致案卷证明力不充分的情况下,法院仍然可以启动审判程序。即使在证人不出庭的情况下,书面证言的效力一般也会得到法院的认定。虽然直接言词原则作为审判基本原则的观点仍然占据主流地位,但"案卷审查在保障当事人参与权、异议权的基础上,不必受到直接言词原则的严格约束",[1]成为我国目前对待被害人陈述、证人证言等言词类证据材料的基本态度。

案卷中的证据卷以及诉讼文书卷(起诉书、量刑建议书、代理词、陈诉词、

---

[1] 林劲松:《论刑事程序合法性的证明》,《中国刑事法杂志》2015年第4期。

辩护词等)是证明实体性材料运用合法性和诉讼程序活动正当性的司法裁决过程的依据,既反映了专门机关依法行使职权的活动,也表明对被追诉者依法处以相应刑罚的公正性,即使在认罪认罚案件中,被告人也可通过辩护权的行使体现审判程序的正当性。依据"起诉书"对启动审判权的司法请求,是控方按照法律要求进入诉讼程序的重要形式。对当事人的诉讼权利的保护和救济,也是以法院裁判权的行使为前提。法院主持案件审理,两造平等对抗,即使在被告人认罪认罚案件中,被告人基本辩护权和通过上诉的救济权得到保障。

司法过程的事实和"法律"之争,将成文法体制下的司法结果引向不确定的可能性。关于事实的确定,法条主义者要求的证据资格和证明力所遵循的证据规则,在案件的事实判断中加以运用。"只有当结构的内在化—外在化二者之间保持稳定时,(表达经验)的实践才会准确地适应(表现结构)的环境;否则,实践就会出现偏差,虽则它依然与结构在通过习性实现其内在化的状况相吻合"。[①] 现行刑事诉讼法确立的全案材料移送制度下,如果公诉方移送的案卷材料能够符合现有证据制度的条件和标准,则对案件的裁决结果都应当被视为是公正的;如果这些案卷材料根据法律规定不能被认定,在辩方反对的条件下,仍然被法院所采纳,则法院在法律规定之外采取了其他的认定标准,司法权成为主导案件裁判的决定性因素,对审判过程和裁判结果的公正性将产生挑战。

"案卷文本不是司法场域的誊写,而是对于司法场域的概括。通过推理、诠释的手段,将司法场域中的权力结构关系回复到文本形式下的法治状态。现实世界几乎没有彻底的法条主义者,现实中的法条主义者仅仅是更看重法条而已",[②]现实司法活动必然受到各种权力在法律运用中进行整合并实现合法化的问题困扰。而司法记录展示的是司法权威下的法院审判权的依法独立

---

① [法]米歇尔·德·塞托:《日常生活实践 1. 实践的艺术》,方琳琳等译,南京大学出版社 2015 年版,第 122 页。

② 苏力:《也许正在发生——转型中国的法学》,法律出版社 2004 年版,第 234 页。

行使的状况。在案卷的正卷中,主要是刑事追诉的程序性材料比较完备,一方面该部分程序是法律规定的需要行使的程序,通过列举出该文本,能够印证司法活动程序合法;另一方面,通过司法流程的展示,进一步固定司法活动合法性的特征。

第四节 刑事卷证实践运用的初步分析

一、刑事诉讼对卷证的依赖

从对刑事诉讼过程和结果具有决定意义的案卷材料来看,刑事案卷主要有两种类型,一类是诉讼文书及记载司法工作的书面材料;一类是主要用于证明案件事实的卷证材料。前者作为一种书面载体形式实际上反映了案件处理的过程。立案审批表、分案卡、起诉书副本送达及开庭传票通知、送达回证、公告、刑事判决书审批等案卷材料将案件从立案到审结的过程加以记录,反映一段时间空间中发生了怎样的司法活动,并且证明司法活动是"合法的"。这些书面材料也是属于广义上的证据材料,它主要反映和证明从立案到审判的诉讼过程中公安司法机关诉讼行为、措施和相应诉讼决定等的实际存在及其合法性。例如法院制作的庭审笔录,是证明法庭调查和法庭辩论情况的依据,通过庭审的提证、质证和认证过程哪些证据得到法庭的采纳和作为定案依据,什么样的事实得到法庭的认定,以及案件适用法律定罪量刑的基本情况。当然,案卷结构中的某些材料如反映回避、采取强制措施情况、诉讼期限问题等法律文书等,也是证明程序事实的材料。而后者则是证明案件全部实体事实的证据材料,是认定案件事实的根本性依据,以及对被告人定罪量刑的基本前提,它成为刑事案卷材料结构中的核心部分,也是本著作研究的主要对象。

刑事诉讼法第 50 条规定的八种类型证据可以分为言词类证据材料和实物类证据材料,均可通过刑事卷证的形式加以制作和固定。这些证据材料并非都存在于同一案件中,在不同类型的案件中,不同形式的卷证材料对于案件证明的作用和价值不同。从司法实践的情况看,某些卷证材料在案件中是必不可少的,构成了案件的核心证据或关键证据。以下列举两类案件加以说明。

第一,故意伤害或故意杀人案的主要证据类型。一般情况下,故意伤害或故意杀人案的证据类型,表现为:书证、物证及提取笔录、鉴定意见、勘验检查辨认笔录、证人证言、被告人供述这几种类型。其中,书证主要有"接处警登记表、受案登记表、归案情况说明、破案经过、犯罪嫌疑人和被害人的身份信息、治疗记录、死亡证明等"材料。在此类型案件中,被告人供述、证人证言、鉴定意见是该类案件的重要证据,审理案件即是对证据进行审查的过程,我国刑事诉讼法和司法解释针对不同的证据类型,提出了对证据进行综合审查的法律标准,建立了相应证据审查的程序规则。从该类案件的证据卷目录来看,通过辨认笔录的方式,将与案件有关的个人和案情联系起来,结合刑事卷证的法律适用条件,通过合法收集的这类证据材料,实现对本案事实的证明。

第二,走私、贩卖、运输、制造毒品案的主要证据类型。与故意伤害或故意杀人案不同的是,走私、贩卖、运输、制造毒品案中的被告人更有可能是具有上线和下线交易关系的同案犯,在后者的案件关系中,除了存在一种外部关系外,被告人的内部关系也更为复杂。尤其是走私、贩卖、运输、制造毒品案一般都有若干被告人,且以频繁实施犯罪为其主要的行为方式,具有犯罪行为的多次性和重复性。因此,在该类案件中,涉案毒品数量是本案查清事实的关键。基于此,对于案件侦查中形成的卷证,尤其重视证明涉案的毒品的数量和刑事程序合法性问题。有关搜查许可证明、搜查的记录、称量毒品的见证以及鉴定毒品的活动等,直接影响涉案人罪与非罪、此罪与彼罪的认定。公安司法机关在办理该类案件过程中,是否做到严格遵守法定程序进行取证和鉴定,是决定案件办理质量的关键。

2017年S省W市中级人民法院受理的一起走私、贩卖、运输、制造毒品案中,公诉机关指控被告人涉嫌贩卖毒品336.3克,但是对于其中326.3克毒品的搜查未提供合法的搜查证,且在诉讼中也没有补充提交或进行说明,最终法院仅认定了10克的毒品交易量。在另一起毒品案件中,因涉案毒品数量难以认定,以及侦查机关办案程序出现的不当甚至违法现象,最终影响该案的正确认定:(1)在某区看守所对犯罪嫌疑人胡某提审时,因看守所设备故障,无法调取该录像;(2)对犯罪嫌疑人制作了现场尿检报告,但未备份无法提取,后补充了犯罪嫌疑人刘某的尿检报告,证实其不吸毒;(3)对犯罪嫌疑人胡某、丁某、刘某的释放证明调取未果;(4)冯某贩卖给陈某的有2颗麻古,该毒品公安厅未收,现存于某派出所;(5)在公安民警对犯罪嫌疑人刘某、胡某实施抓捕时,公安机关耳目丰某趁机在刘某贩卖的毒品中偷走一部分,致使在对刘某贩卖的毒品进行称量时只有180克,现正在寻找丰某。

通过上述两起案件的法院处理过程表明,不同结构的案件对于证据类型的要求是不同的,同时,对于不同案件证据收集的条件和程序要求也不同。即使是同类型的证据,在不同的案件中的证明价值也是有区别的。例如,在故意伤害案中,证人证言是一类主要证据,而在毒品类案件中,物证、视听资料具有重要价值,但现场的搜查、扣押、视频、通话记录等需要通过一定的技术手段收集和固定证据。除此之外,法定的八类证据中,对于物证与书证有不同认识,在实践中两者存在难以辨别的现象。例如,毒品案的鉴定证书和毒品收据究竟是物证还是书证出现过不同的认识,大部分文书将该两类证据作为书证,但在一些案件的卷证中将其作为物证来罗列。

在当代司法实践中,卷证的运用实际成为司法过程正当性的体现。尽管不同时期对于司法过程正当性要求不同,但司法过程均是要求"诉讼人严格遵守游戏规则"。[①] 程序优先意味着解决纠纷或争议的过程的权威性,卷证结构将法律纠纷独立出来,描绘出司法场域法律制度适用的专门场景,将影响案

---

① [美]劳伦斯·M.弗里德曼:《法律制度——从社会科学角度观察》,中国政法大学出版社2004年版,第198页。

件解决的各种因素——法律规则或其他非法律的各种因素通过正本和副本的运用,成为"结构性变数"。①

二、刑事审判对侦查程序的认可

第一,基层人民法院审理第一审刑事案件的依据。S省Z法院地处国家级贫困县,该县目前有2所律师事务所,其中一所是2018年10月后筹建的。从Z县法院受理的交通肇事案、故意伤害案、盗窃抢劫案、妨碍公务案、贪污贿赂案等五大类案件来看,从2017年到2018年辩护人参与刑事案件比例有所提升。中国裁判文书网公布的Z县法院2017年和2018年的刑事判决文本表明,辩护人主要来源于某所的律师、该县法律服务中心的律师、该县法律援助"1+1"的志愿律师,其中有一位来源于"1+1"志愿律师的辩护人多次在不同案件中为被告人辩护。

表1-4 2017年Z县法院刑事案件辩护人量刑意见采纳情况表

罪名	案件数量	有辩护人的案件数量	采纳辩护人量刑意见的案件数量	采纳原因
交通肇事罪	11	0	0	
故意伤害罪	12	7	1	1.是否有犯罪前科。2.受害人过错情况。3.被告人与受害人的特殊关系情况。4.社区矫正的评估情况。
盗窃罪、抢劫罪	17	1	1	对案件有影响力的问题上,辩护人的某些意见上与公诉机关一致。
妨碍公务罪	4	2	1	同上
贪污、受贿罪	9	5	2	同上

资料来源:中国裁判文书网2017年公开的Z县法院部分刑事案件判决书。②

---

① 参见[美]迈克尔·D.贝勒斯:《法律的原则——一个规范的分析》,张文显等译,中国大百科全书出版社1996年版,第32页。

② 中国裁判文书网,wenshu.court.gov.cn/,登陆时间:2022年5月24日。

表1-5　2018年Z县法院主要刑事案件辩护人量刑意见采纳情况表

罪名	案件数量	有辩护人的案件数量	采纳辩护人量刑意见的案件数量	采纳原因
交通肇事罪	12	6	1	1.被告人赔偿情况。2.社区矫正的评估情况
故意伤害罪	6	6	2	1.受害人过错情况。2.被告人与受害人的特殊关系情况。3.社区矫正的评估情况。
盗窃罪、抢劫罪	13	5	1	对案件有影响力的问题上,辩护人的某些意见上与公诉机关一致。
妨碍公务罪	2	1	0	同上。
贪污、受贿罪	3	2	2	同上。

资料来源:中国裁判文书网2018年公开的Z县法院部分刑事案件判决书。[①]

通过统计Z县法院审理的上述刑事案件,在有辩护人的案件中,法院采纳辩护人量刑意见的案件数量较低。辩护人意见一般分为辩护意见和量刑意见,其中辩护意见主要涉及以上关于自首、初犯、赔偿、经济支柱、认罪态度好、危害性不大、犯罪的主观意图较弱等内容,期望能够得到法院采纳,对被告人的定性尤其是量刑产生影响。量刑意见是关于建议对被告人采取何种刑罚的意见,在Z县法院审理的上述刑事案件中,存在"公诉机关提出的量刑情节建议,理由充分,应予采纳",且"辩护人辩护意见理由充分,应予采纳但量刑意见理由不充分,不予支持"或"辩护人辩护意见理由不充分,不予支持"的现象。即在辩护人部分意见和公诉机关部分意见一致的情况下,法院采纳辩护人辩护意见的可能性会增大,但并不意味着会同时采纳辩护人的量刑意见。在刑事诉讼中,决定刑事案件审判结果的,仍然是公诉机关的公诉意见。

第二,中级人民法院审理第一审刑事案件的依据。根据中国裁判文书网公布的S省W市中级人民法院2017年刑事案件判决书,该法院2017年一审

[①] 中国裁判文书网,wenshu.court.gov.cn/,登陆时间:2022年5月24日。

刑事案件105件。在105件刑事案件中，故意伤害罪、故意杀人罪案件共为54件，占案件年度数量的51.4%，走私、贩卖、运输、制造毒品罪案件为29件，占案件年度数量的28%。另有2件为走私普通货物、物品罪案，2件为以危险方法危害公共安全罪案，1件为集资诈骗罪案，其余的主要为贪污贿赂罪案、抢劫罪案、假冒注册商标罪案。根据刑事诉讼法第20条的规定，中级人民法院管辖的一审案件为，危害国家安全、恐怖活动案件和可能判处无期徒刑、死刑的案件。W市中级人民法院审理的刑事案件类型应为具有较大的社会危害性且量刑较重的案件。

表1-6 2017年W市中级人民法院主要刑事案件辩护人量刑意见采纳情况表

罪名	案件数量	有辩护人的案件数量	采纳辩护人量刑意见的案件数量	采纳的部分原因	未采纳的部分原因
故意伤害、杀人罪	54	54	40	1. 与本案控方意见一致；如是否有犯罪前科、自首、坦白、认罪态度好、被害人是否存在过错、赔偿。2. 被告人与被害人之间存在婚姻、亲属关系；3. 通过分析被告人主观动机，改变控方对案件的定性，从故意杀人改为故意伤害死亡。4. 共同犯罪中的主从犯问题。	1. 未支持"正当防卫"的辩护；2. 未支持辩护人未能举证的案情陈述；3. 未支持辩护人与侦查卷中案情不一致的陈述；4. 被告人犯罪行为的社会影响恶劣，主观恶性深，手段残忍而阻却对其从轻情节的适用。
贪污、受贿罪	5	5	3	1. 卷宗体现的被告人退赃表现；2. 卷宗体现的被告人到案后的表现。	1. 根据法律规定对自首的否认；2. 对于款项定性的变更，如主张为加班费、拆借、借款等，改变本案根本定性或部分涉案金额性质的主张。
假冒注册商标罪	4	1	0		采纳辩护观点但未采纳量刑意见。

续表

罪名	案件数量	有辩护人的案件数量	采纳辩护人量刑意见的案件数量	采纳的部分原因	未采纳的部分原因
抢劫罪	5	5	2	1. 卷宗体现的被害人谅解情况；	1. 辩护人陈述与侦查卷不一致；2. 被告人犯罪情节极其恶劣，社会危害性大。
走私、贩卖、运输、制造毒品罪	29	29	25	1. 辩护人针对证据卷提出对被告人有利的刑法适用规定。2. 辩护人针对证据卷中物证提出对被告人有利的涉案数量问题。	1. 法院认为证据卷的证据之间已经能够相互印证；2. 辩护人的主张不能通过已有的卷宗材料加以印证。

资料来源：中国裁判文书网 2017 年公开的 W 市法院部分刑事案件判决书。[1]

在 W 市人民检察院向 W 市中级人民法院依法提起公诉中，以案件性质和可能对被告人施以的刑罚，应作为 W 市中级人民法院一审刑事案件管辖的依据。从实践情况看，除了判决无期徒刑以上刑罚的案件有 32 件外，由于对某些严重案件的量刑结果难以清晰判断，在审判中发现不需要判处"无期徒刑或死刑"的案件时有发生。在 W 市中级人民法院 2017 年审理的故意伤害故意杀人类案件中，有被判处 3 年、10 年、15 年等刑罚的情形。其主要依据在于，考虑避免司法资源的浪费和造成羁押期限上的超期问题，不需要再退回基层法院审理，中级人民法院继续审理并没有破坏法定的两审终身制中对第二审法院的要求，实体结果对被告人是有利的。同时，根据最高人民法院关于适用《中华人民共和国刑事诉讼法的解释》第 17 条第 2 款的规定，对于重大、复杂案件，新类型疑难案件，以及在法律适用上具有普遍指导意义的案件，基层人民法院可以请求移送中级人民法院审判。

中级人民法院在刑事管辖权范围内审判案件，与基层人民法院管辖的同

---

[1] 中国裁判文书网，wenshu.court.gov.cn/，登陆时间：2022 年 5 月 24 日。

类型案件不同的是,其犯罪危害程度更高,危害后果更为恶劣,社会影响更大。但是,两级人民法院审判的刑事案件同样需要通过检察院移交的全部案卷的证据材料作为认定案件事实和最终判决的主要依据。

通过对W市中级人民法院2017年一审案卷文本的分析,法院采纳辩护人意见并最终影响量刑结果主要有三种形式:第一,辩护人的意见基于对控方提供的侦查案卷材料的了解和熟悉,以侦查案卷呈现的证据和事实为基础,主张对被告人有利的事实;第二,辩护人的意见与公诉方的观点一致,在是否自首、坦白、如实交代及赔偿、退赃、获得谅解等问题上,采取了相同的态度;第三,辩护人对案件事实没有异议,但对法律适用提出了不同的看法。相反,法院不采纳辩护人的意见,主要基于两个方面的理由:一是,辩护人陈述的内容与控方提供的卷证材料不一致,难以通过卷证材料加以印证;二是,辩护人陈述的内容也未提供相应的证据材料或线索加以有效证明。

三、刑事卷证实践运用的总结

W市中级人民法院对于与控方主张相左的辩方意见,反映了法院在审判活动中对待案卷的几个特点:第一,基于法院审判职能与检察院公诉职能追求诉讼目标的一致性,法院更为重视对检察院移送的案卷材料的运用。我国司法活动建立在"以事实为依据,以法律为准绳"的实体真实基础上,收集证据材料,揭示案件事实真相是审前程序中侦查机关和检察机关的主要职能。刑事诉讼法第201条规定,在适用认罪认罚程序审理的案件中,人民法院一般应当采纳人民检察院指控的罪名和量刑建议。而人民检察院对案件提出的指控罪名和量刑建议,显然又是建立于控方完整卷证材料证明的案件事实基础之上,法院对检察机关指控罪名和量刑建议的采纳,实际上是对控方基于卷证材料证明的案件事实的认可。因而上述刑事诉讼法的规定,进一步体现了在审前程序中,侦查机关和检察机关形成和制作的卷证材料证明案件事实的重要性。第二,基于诉讼活动追诉犯罪目标的一致性,三机关更为重视相互配合。

由于我国刑事诉讼活动推进过程中,对侦查阶段形成和制作的案卷材料有着高度依赖,除刑事诉讼法第16条规定的不负刑事责任的法定情形之外,侦查案卷中的各项证据材料,实际上成为认定被追诉人需要接受刑罚惩罚的法律事实的主要依据,而法院的审判活动则是对侦查案卷已证明了的案件事实的司法确认。正因如此,在庭审过程中辩方的陈述和意见,如果不是围绕控方提供的材料有针对性提出抗辩,则无实际的辩护效力,辩护意见将不被采信。第三,基于法院案件审判运行的文本化管理需要,作为整体案卷材料核心组成部分的卷证材料是法院审判活动的重要依据。刑事诉讼法规定的补充侦查制度、案卷材料移送制度、非法证据的补正制度等,均是在诉讼活动中通过各专门机关卷证材料的流转和移交,诉讼不同阶段对卷证材料的补正和完善,法院通过庭审举证和质证,各证据之间相互印证并形成证据链条,从而肯定公诉机关的指控"事实清楚,证据充分",作出"本院予以采信"结论的做法,实现诉讼活动的最终结果。

公检法三机关在刑事诉讼中的相互联系与协作,并顺利完成刑事司法的任务,实际上是通过刑事卷证的形成、制作、流转和有效运用加以实现的,刑事卷证的运行使得三机关在案件事实认定乃至案件最终处理上能够达成基本共识:首先,法律事实认识标准的一致性。刑事诉讼法第200条第1款规定,人民法院对于"案件事实清楚,证据确实、充分,依据法律认定被告人有罪的,应当作出有罪判决",该法第176条第1款规定人民检察院认为"犯罪事实已经查清,证据确实、充分,依法应当追究刑事责任的,应当做出起诉决定"。同时,该法第162条第1款规定,公安机关侦查终结的案件"应当做到犯罪事实清楚,证据确实、充分"。其次,法律事实认识方法和手段的一致性。刑事诉讼中"证据确实、充分"证明标准是三机关共同适用的标准,而三机关案件事实认定的共同标准判断的依据则来自于在刑事诉讼中由侦查机关形成和制作的系统性卷证材料,其成为三机关对案件事实认定达成共识的主要依据。因而人民法院得出不同于检察院和公安机关的事实认定结论,有关证据的证据能力和证明力的分歧必然产生，作为法律监督机关的检察院在对待分歧的立场和态度，可能促使人民法院对事实的判断依据侦查卷证材料作出相应调整。再次，法律事实认识结果的一致性。刑事诉讼中的侦查卷证是为进行刑事追诉目的制作的，决定被告人刑事责任的法院判决或裁定是国家追诉中的最后一环，因此，与本案有关的任何材料都应当在案卷结构中体现，从司法实践来看，虽然法院出于审判工作的合法性和审判过程记录的需要也需制作审判案卷，但现行案卷移送制度的推行，使得法院主要依据侦查阶段形成和制作的卷证材料来对案件事实加以审查和认定，侦查案卷材料实际上也是法院的司法案卷材料，本身是司法案卷材料的不可分割的组成部分，即使法院通过对侦查案卷审查认为事实不清、证据不足，需要退回侦查机关补充侦查，但补充侦查的案卷材料尤其卷证材料也可作为法院审判中认定事实的补充材料，并在最终判决的依据中加以体现。

第二章　刑事卷证的本体论分析

　　侦查者制卷、公诉者送卷和裁判者阅卷与用卷的现实司法场景,使我们有理由相信当代中国刑事审判仍是一种深度依赖卷证的审判方式。刑事卷证实践运作的这一历史惯性,在经过长期司法多元利益的博弈之后也获得了立法对它的正名。2012年和2018年先后修改的刑事诉讼法确立的检察机关移送案卷和证据材料制度,昭示法官庭前接触和阅览卷证材料以至庭审过程实际使用卷证材料已不再是一种实践做法,而是一种正式的制度安排。然而,这一制度安排的合理性和正当性基础却面临挑战,因为至今仍深受英美法系传闻证据排除法则和大陆法系审判直接言辞原则影响的学界,对卷证在审判阶段的出现和运用多持否定态度,甚至对庭前法官接触和阅览卷证也相对排斥。[①]党的第十八届四中全会通过的《关于全面推进依法治国若干重大问题的决定》中有关司法改革方案明确提出推进以审判为中心的诉讼制度改革,似乎

---

① 有关检察机关移送卷证以及审判阶段运用卷证的学术观点,可参见陈瑞华:《案卷笔录中心主义——对中国刑事审判方式的重新考察》,《法学研究》2006年第4期;陈瑞华:《案卷移送制度的演变与反思》,《政法论坛》2012年第5期;仇晓敏:《我国刑事公诉案件移送方式的弊端与选择》,《中国刑事法杂志》2006年第5期;郭华:《我国案卷移送制度功能的重新审视》,《政法论坛》2013年第3期;孙远:《卷宗移送制度反思之改革》,《政法论坛》2009年第1期;龙宗智:《书面证言及其运用》,《中国法学》2008年第4期;刘根菊:《刑事审判方式改革与案卷材料的移送》,《中国法学》1997年第3期;等等。

又为学界对于刑事卷证的上述态度提供了支撑。然而,无论是西方主要法治国家遵循的上述证据法则和审判原则,还是当下我国提出的以审判为中心的诉讼制度改革方略,是否就可作为理论上和实践中排斥卷证价值,全面倒向口证审判方式的当然理由和制度逻辑?

在此,除对以审判为中心的诉讼制度改革路线尚有较大解读空间①外,仍需从问题本源的角度,阐释和分析当代中国刑事司法普遍依赖卷证的这一征象,以探寻刑事卷证在中国刑事司法中运用的真实面相。从司法实践来看,法院对卷证的依赖源于实用主义哲学,②但就其本质而言,索绪尔上述这番告诫似乎又暗合了卷证的实践操作,它虽不能用作解答卷证运用合理性的根本依据,但为我们从卷证本体的角度审视司法实践的这一现象提供了启示。

刑事卷证是侦查机关制作、起诉机关补充制作和移送并由法院审查和运用的,以文字为载体并以卷宗为形式的书面证据材料。以运用卷证为主的审判本质上属于一种文字主导的审判,在传统上归为一种书面审判方式。与之对应的口证则是庭审中人(证人、被害人、鉴定人和侦查实施者等)的语言表达所形成的证据形式。强调口证的审判是一种话语优位的审判,在学理上被视为一种直接审判方式,在认识中与庭审的独立价值和审判中心主义理念相联系。在我国刑事审判领域,卷证与口证"短兵相接"所反映的理论与实践的两种不同态度,从问题的本源上讲,实际透出作为两种证据形态载体的文字与语言的对立和交锋。对刑事卷证及其运用全面而公允的认识,可能并不完全在于传统诉讼结构和价值侧面的考量,而实际须以语言为参照系,以文字本体

---

① 该项制度改革的核心是强调审判作为处理刑事案件的关键和突出环节,阻断或减弱庭前程序尤其侦查活动对审判活动的直接影响。与之相应的证据制度改革则旨在摒弃案卷笔录中心主义以确立合理的口证审判方式,淡化卷证对审判过程的直接影响,防止卷证直接作为裁判结果的依据。但这些改革并不意味取消刑事卷证制度,而是为适应审判中心主义的需要,从制度和规则上调整和合理控制案卷材料的运用。

② 法官庭前阅卷和庭审用卷有利于庭审的顺利推进和提高审判效率;法官长期形成的书面审理习惯及其综合素质驾驭口证审判的不适应性;书面审判方式所需人、财、物力等公器资源相对较少与现实有限司法资源的相适应性等因素,均是法院审判实践这一实用主义哲学的表现。

的分析为起点,对刑事卷证自身属性和功能及其对刑事审判的具体影响作出评判,从而为刑事卷证可能的未来路径提出建设性意见。

第一节 文字:一种历久而弥新的知识谱系

"在语言学家看来,除去某些细微的枝节以外,文字仅仅是一种外在的设计,就好像利用录音机一样,借以保存了过去言语的某些特点供给我们观察。"①更确切地说,"文字并不是语言,而只是利用看得见的符号来记录语言的一种方法。"②因而在语言学的范畴中,文字是记录语言的视觉符号。而语言又是什么呢?海德格尔认为语言是一种说话,"说话是发声器官和听觉器官的活动。说话是有声的表达和人类心灵运动的传达。"③语言本身是传达声音的听觉符号。"语言有一种不依赖与文字的口耳相传的传统,这种传统并且是很稳固的。"④相对而言,文字作为语言记录工具的认识,是因为"文字(书写符号)和字音不可分割,因而文字(书面语)和语言(口语)也就不可能不相符合。"⑤文字对于语言的这一"依存"关系,使得语言作为第一位的思想和信息交流工具的认识被固化,语言在实际生活中可能更为流行,也更为被倚重。甚至引出一个令人困扰的命题——语言(的运用)优于文字?

然而,对于语言之于文字的关系认识,实际属于从现象学的角度对两者的认识,可能忽略了文字这一知识谱系自身的独特性。就汉字而论,文字不仅是

---

① [美]布龙菲尔德:《语言论》,袁家骅等译,商务印书馆2008年版,第357页。
② [美]布龙菲尔德:《语言论》,袁家骅等译,商务印书馆2008年版,第22页。
③ [德]马丁·海德格尔:《在通向语言的途中》,孙周兴译,商务印书馆2005年版,第4页。
④ [瑞士]费尔迪南·德·索绪尔:《普通语言学教程》,高铭凯译,商务印书馆2008年版,第49页。
⑤ 吕叔湘:《语文常谈》,三联书店2008年版,第11页。

表音的,更重要的是表义的,是一种形、义、音一体的文字。① 索绪尔认为,"对汉人来说,表意字和口说的词都是观念的符号;在他们看来,文字就是第二语言。"②汉字与汉语既是相通和紧密关联的,两者之间又有一定的独立性。语言学家吕叔湘提到语言与文字不可分离性指出,"事实上文字和语言只是基本上一致,不是完全一致。这是因为文字和语言的使用情况不同。"③这里的使用情况实际上是指文字和语言生成的条件、环境、场合、对象等情景的不同,这些均反映了文字自身的独特性。对于运用拼音字母的西文而言,尽管单一字母只表语音,根据字母组成的文字仍可大致读出字音,西文对其语言似有更强的依附性。但作为一种书写形式的西文,无论在固有的外部特征上,还是内部文法句式和表达的文义上与其语言仍有不同。

一、文字的外部特征

将文字从语言中"剥离"出来,文字自身所具有的一些可辨识的外部特征提供了相应依据:第一,文字的记录性。文字是一种视觉符号,它须以一种记录的载体形式传递视觉的信息。"字变成了符号——习惯上代表某些语言形式的标记或一组标记。一个符号代表一个语言形式,这意思就是说,人们遇到某种情景,口头要说出某个语言形式,便写下相应的符号,并且对这个符号作出反应。"④第二,文字的形象性(印象性)。文字是图画的产物,"一个图画到了已经约定俗成时,我们就不妨称之为字。一个字是一个或一套固定的标记,人们在一定条件下描绘出来,因而人们也按一定方式起着反应。"⑤第三,文字

---

① 参见顾兆禄:《回到索绪尔:论语言的本质及语言与文字的关系——与潘文国先生商榷》,《南京大学学报》2006年第2期。
② [瑞士]费尔迪南·德·索绪尔:《普通语言学教程》,高铭凯译,商务印书馆2008年版,第51页。
③ 吕叔湘:《语文常谈》,三联书店2008年版,第11页。
④ [美]布龙菲尔德:《语言论》,袁家骅等译,商务印书馆2008年版,第359—360页。
⑤ [美]布龙菲尔德:《语言论》,袁家骅等译,商务印书馆2008年版,第358页。

的稳定性及可保存性。"词的书写形象使人突出地感到它是永恒的和稳固的,"①不易被抹去和篡改,且一旦形成很少有变化。"书写者并不分析他的言语的语音系统,而都是按照他在前人著作里所看见的老样子写每个词。一个社团里书写艺术建立和巩固以后,不仅是词的拼法,甚至词汇和语法形式,在文字记载里都变成因循沿袭了。"②记录文字的载体比较稳定和持久,从而文字可以文档和文件的形式保存下来。第四,文字的可传递性。文字的传递性不仅是指其在不同地域之间的传递,而且在不同人群中也可传达。"汉族人民讲好些互相听不懂的方言,但是在书写和印刷方面,他们遵循一定的词汇和词序习惯,这样就能互相看懂彼此所写的东西,并且,经过一番训练,也能阅读他们的古代文学作品了。"③

在传统上,语言通常并不具备文字的上述特点。④ 尤其文字所具有的稳定性和在不同地域以及不同人群中的传递性是语言所欠缺的。从历史的角度看,"语言自成为一个潮流,在时间里滚滚而来。它有它的沿流。即使不分裂成方言,即使每种语言都像一个稳固的、自给自足的统一体那样保持下来,它仍旧会时时离开任何可以确定的规范,不断发展新特点,逐渐成为一种和它的

---

① [瑞士]费尔迪南·德·索绪尔:《普通语言学教程》,高铭凯译,商务印书馆2008年版,第50页。
② [美]布龙菲尔德:《语言论》,袁家骅等译,商务印书馆2008年版,第367页。
③ [美]布龙菲尔德:《语言论》,袁家骅等译,商务印书馆2008年版,第361页。
④ 另外,索绪尔通过文字与语言进行比较,认为文字相对于语言具有几个优势:(1)词的书写形象使人突出地感到它是永恒的和稳固的,比语音更适宜于经久地构成语言的统一性。书写的纽带尽管是表面的,而且造成了一种完全虚假的统一性,但是比起自然的唯一真正的纽带,即声音的纽带带来,更易于为人所掌握。(2)在大多数人的脑子里,视觉印象比音响印象更为明晰和持久,因此他们更重视前者。结果,书写形象就专横起来,贬低了语音的价值。(3)文学语言更增强了文字不应该有的重要性,它有自己的词典,自己的语法。人们在学校里按照书本和通过书本来进行教学的。(4)当语言和正字法发生龃龉的时候,除语言学家以外,任何人都很难解决争端。但是因为语音学家对这一点没有发言权,结果差不多总是书写形式占了上风,因为由它提出的任何办法都比较容易解决。参见[瑞士]费尔迪南·德·索绪尔:《普通语言学教程》,高铭凯译,商务印书馆2008年版,第50页。

起点大不相同的语言,一种实际上的新语言。"①显然,语言是一种流动性的符号,随着时间的推移,同一语系或语言中的语音、语调、语速和语义表达方式等语言要素会产生相应变化,且这一变化的频率和程度与时间的移转成正比。从语言的共时性看,在不同区域、不同社群以及不同的阶层和身份的人们,语言的类型和特点同样存在明显差别。②"谁都知道语言是可变的。即使是同一代、同一地、说一模一样的方言、在同一社会圈子里活动的两个人,他们的说话习惯也永远不会是雷同的。"③即使是同一个人,其语言的外在形式可能不变,但"它的内在意义,他的心灵价值或强度,随着注意或心灵选择的方向而自由变化。"④由此观之,语言虽然是人类可以共享的交流工具,但在语言的起源和演进中却打下地域化、族别化和类型化的深刻烙印,在现实的人际交往中语言还是一种个性化的产物。因为"说话人在他表达过程中逐渐在某种程度上创造出他的语言,或是在倾听周围人讲话的过程中逐渐重新发现了语言,就这样,说话人把一个前后一贯的规则体系即生成语法法典(着重点是我们加的)同化吸收到他自己的思维本体里去,这个生成法典又反过来确定实际表达或听到的一个有无限数句子的整体的语义学解释。"⑤语言生成的地域背景和人的类别及其说话的方式、习惯、所表达的思想内容的不同或变化,决定了语言的不稳定性和传递可能出现的障碍,因而也就影响到对语言理解和接受的能力。

　　随着科学技术的不断发展,录音、录像和互联网技术的出现和广泛运用,语言同样可记录和固定下来,从而语言也具有了某种形象性(印象性)、可保

---

　　① [美]爱德华·萨丕尔:《语言论》,陆卓元译,商务印书馆2007年版,第134—135页。
　　② 从语言的类别来看,语言的地域化和族别化反映了语言的差别性,如不同区域或不同族群的人们有不同的地方性语言或方言。如果从语言与人的阶层或身份划分看,还可将语言分为标准语言和非标准语言,职业或行业语言与非职业或行业语言等等。参见[美]布龙菲尔德:《语言论》,袁家骅等译,商务印书馆2008年版,第53页以下。
　　③ [美]爱德华·萨丕尔:《语言论》,陆卓元译,商务印书馆2007年版,第132页。
　　④ [美]爱德华·萨丕尔:《语言论》,陆卓元译,商务印书馆2007年版,第13页。
　　⑤ [瑞士]皮亚杰:《结构主义》,倪连生、王琳译,商务印书馆2009年版,第69页。

存性和可传递性等特点。然而,语言的这些特点相对于文字而言仍显式微。由于形成和固定这两类符号的成本、技术手段和客观情况的不同,语言所能记录和传递信息的广度和深度要远低于文字,因而"在同一个时间内,我们能看到的东西,比能听到的要多。"①通过录音、录像和在线视频手段对语音及画面的处理,调动语言方式、语调、语速及语言使用者个体因素(肢体动作和表情)的变化,对增强语言的生动性和形象性有益。但心理学的研究表明,"我们比较善于处理可见的东西:标图、图解、算式以及类似的方法,使得我们能够处理一些很复杂的问题。"②索绪尔也认为,"在大多数人的脑子里,视觉印象比音响印象更为明晰和持久。"③文字恰是这样一种图标的符号,我们对此更易留下印象,也更易理解和运用这一符号传递的信息。

二、文字的叙事功能

文字虽然是语言的记录,但又超越于语言。一方面,文字"它有自己的词典,自己的语法。人们在学校里是按照书本和通过书本来进行教学的。语言显然要受法规的支配,而这法规本身就是一种要人严格遵守的成文的规则:正字法。"④与口语表达的随意性不同,文字形成的书面表达形式需遵循应有的文法句式。作为书面语要素的字、词使用要求准确、到位,力戒歧义;语句符合语法惯例,虽不要求严格依循语法标准,但所用句子文义通达,没有语病;文字材料的篇章结构和段落前后贯通一致,逻辑自洽、层次分明、思路清晰。总之,文字材料的文法句式反映了文字在语义表达上的逻辑性、严谨性和准确性,体现了文字加工、组织和整理语言的功能,笔者将其称之为文字的叙事功能。由

---

① [美]布龙菲尔德:《语言论》,袁家骅等译,商务印书馆2008年版,第44页。
② [美]布龙菲尔德:《语言论》,袁家骅等译,商务印书馆2008年版,第44页。
③ [瑞士]费尔迪南·德·索绪尔:《普通语言学教程》,高铭凯译,商务印书馆2008年版,第50页。
④ [瑞士]费尔迪南·德·索绪尔:《普通语言学教程》,高铭凯译,商务印书馆2008年版,第50页。

于"字并不是代表实际世界的特征(观念),而是代表写字人的语言的特征,"①文字在表达事物的准确性和组织性的同时,其个性和独立性越显突出,与语言的分离也就越大,文字在传情达意中的作用就越重要,因为"文字越是不表示它所应该表现的语言,人们把它当做基础的倾向就越是增强。"②另一方面,文字材料及其反映的信息可以在一定时空范围内大量积聚。由于文字的形成受时空限制较小,文字产出的成本也是较低的,导致"在同一时间内我们所看到的比所听到的要多",文字使得"知识的积累成为可能"。③ 知识的积累不只是知识丰富化,使人认知全面化、客观化的过程,更是一种知识的整理和系统化的过程,助于增强知识信息判断和接受的严密性和周全性,从而帮助我们做出正确的选择和采取正确的行动。

就表达语言与文字行动者的心理和思想而言,语言与文字各有特点和优势,甚至某种程度上语言还具有一定的优势。正如语言学家吕叔湘所言,"说话是随想随说,甚至是不假思索,脱口而出;写东西的时候可以从容点儿,琢磨琢磨。"④对于表达说话者的思想而言,语言比较方便、快捷和灵活,而文字对于书写者而言,则不具有如此的便利。再者,语言还是传递语言行动者情感和情绪的有效工具。"说话的时候,除了一个一个字音之外,还有整句的高低快慢的变化,各种特殊语调,以及脸上的表情,甚至浑身的姿态,用来表示是肯定还是疑问,是劝告还是命令,是心平气和还是愤愤不平,是兴高采烈还是悲伤抑郁,是衷心赞许还是嘲讽讥刺,等等不一;写东西的时候没有这一切便利,标点符号的帮助也极其有限。"⑤这些都说明语言在传递表达者思想和信息上的一定优势。然而,语言与文字不仅是用于表达和传递语言与文字行动者思想

---

① [美]布龙菲尔德:《语言论》,袁家骅等译,商务印书馆2008年版,第360页。
② [瑞士]费尔迪南·德·索绪尔:《普通语言学教程》,高铭凯译,商务印书馆2008年版,第56页。
③ [美]布龙菲尔德:《语言论》,袁家骅等译,商务印书馆2008年版,第44页。
④ 吕叔湘:《语文常谈》,三联书店2008年版,第11页。
⑤ 吕叔湘:《语文常谈》,三联书店2008年版,第11—12页。

和信息的工具,更重要的是行动者所表达的思想和信息为他人所接受、理解和认知,并进而成为做出决断和行动的依据。由上观之,在对知识的传播和接纳以及在此基础上做出决断有着较高要求的特定领域,文字所具有的记录性、形象性、稳定性和可传递性等外部特征以及内部文法特有的叙事功能,使得文字材料在上述领域运用的优势凸显出来。人们得以较为便利、经济、准确、完整和有效地接受文字所表达的思想和信息。从实际运用的角度讲,在语言学的知识谱系中,相对于实际的语言而言,文字生成与表达的方式和特点对接受、理解和认知信息的重要影响,对于我们揭示以文字表现的特定载体形式实际运行状况和价值具有重要作用。

第二节 刑事卷证:文字的集合体及证据价值

一、当代我国刑事审判案卷笔录中心主义成因的学界观点

如上所述,刑事卷证是以文字为载体、以卷宗(证据卷)为形式所形成的证据材料。在我国,这类材料是公安司法机关在诉讼阶段讯问犯罪嫌疑人、被告人或者询问被害人、证人所制作的讯问(询问)笔录,侦查机关物证调查活动所做笔录,以及鉴定人的书面鉴定意见等的系统化书面证据材料。长期以来,我国刑事审判严重依赖于刑事卷证。"刑事法官普遍通过阅读检察机关移送的案卷笔录来展开庭前准备活动,对于证人证言、被害人陈述、被告人供述等言词证据,普遍通过宣读案卷笔录的方式进行法庭调查,法院在判决书中甚至普遍援引侦查人员所制作的案卷笔录并将其作为判决的基础,因此,中国刑事审判中实际存在一种以案卷笔录为中心的裁判模式。"[①]这种证据审查、

---

① 陈瑞华:《刑事诉讼的中国模式》,法律出版社 2008 年版,第 109 页。

认定和运用的书面化审判模式排斥或削弱了在直接言词原则之下人证亲自出庭做出口头陈述的审判模式。

在当代学者对刑事卷证的研究中,多通过与口证原则的比较,以"外科手术式"的方法解构和分析刑事卷证尤其卷证中心主义对刑事审判程序正义乃至实体正义产生的影响,其对刑事卷证运用的研究虽不是完全否定性的,也大多是批判性和技术改良性的。但对刑事卷证的这一认知,除存在与司法现实主义的长期对立外,也与现行刑事诉讼法相悖。① 理论与现实的这一突出矛盾,实际上已触及刑事卷证在当代中国司法中命运的一个深层问题:刑事卷证为何能在中国司法中长期得到运用,法官为何依赖于刑事卷证而排斥口证?对此,学界有如下几种观点:

1. 诉讼结构使然。有学者认为,"欧陆刑事诉讼中的直接、言词原则是在否定纠问式诉讼中的间接、书面审理程序的基础上逐渐得到确立的。"②显然,卷证化的书面审理方式与纠问式诉讼存在直接联系,中国当代刑事审判并非类似于纠问式诉讼结构,但法官在庭审中的强职权主义倾向又与之具有一定的同质性。

2. 对审判功利主义价值的追逐。我国台湾地区学者林钰雄论及侦讯笔录可以替代使用时指出,"承认例外的原因在于保全证据之必要性,因唤起记忆或排除矛盾之目的而容许的笔录朗读,也有类似的发现真实考量。此外,容许审判准备阶段的证据调查(尤其受命法官的证据调查),以及容许受托法官

---

① 刑事诉讼法第176条规定,人民检察院认为犯罪嫌疑人的犯罪事实已经查清,证据确实、充分,依法应当追究刑事责任的,应当作出起诉决定,按照审判管辖的规定,向人民法院提起公诉,并将案卷材料、证据移送人民法院。该法第195条规定,公诉人、辩护人应当向法庭出示物证,让当事人辨认,对未到庭的证人的证言笔录、鉴定人的鉴定意见、勘验笔录和其他作为证据的文书,应当当庭宣读。审判人员应当听取公诉人、当事人和辩护人、诉讼代理人的意见。该法第219条规定,适用简易程序审理案件,不受本章第一节关于送达期限、讯问被告人、询问证人、鉴定人、出示证据、法庭辩论程序规定的限制。但在判决宣告前应当听取被告人的最后陈述意见。该法第224条规定,适用速裁程序审理案件,不受本章第一节规定的送达期限的限制,一般不进行法庭调查、法庭辩论,但在判决宣告前应当听取辩护人的意见和被告人的最后陈述意见。

② 陈瑞华:《刑事诉讼的中国模式》,法律出版社2008年版,第149页。

第二章 刑事卷证的本体论分析

的就地讯问,目的也在于诉讼经济,以使审判程序能够迅速且集中(不间断)地进行。"[1]包括被告人口供笔录在内的卷证是固定口头陈述的形式,通过对证据的保全以备庭审之用(朗读),容许审判准备阶段的证据调查包含法官阅览书面证据等环节,通过庭前这一证据准备活动以及庭审中代替直接人证的口头证明,达到提高审判效率和节约审判资源之效。

3. 现实可能性的要求。这里包括卷证使用的替代性特殊情形,有学者将其称为卷证使用的"外部必要性"。[2] 除此之外,法官长期形成的书面审理习惯,法官综合素质驾驭庭审口头听证的不适应性,以及口证审理方式所需的人、财、物力等公器资源与其自身实际资源有限性的不相适应等因素,都属于卷证使用现实可能性的要求。

4. 制度支撑。我国司法实践中实际运用的案卷移送制度,为卷证在庭前阅读、整理和庭审运用提供了可能;现代刑事审判方式坚持的集中审判、审裁统一的原则和制度,在当代我国立法和司法实践中并未加以采纳和运用,审判的中断、延期和定期宣判等常态化的制度设计,均为卷证的普遍和有效运用提供了制度支撑和便利条件。

有关当代中国刑事审判对卷证依赖的以上诸多论述,有的涉及卷证运用的原因,有的反映卷证运用的出发点或动机,有的则是卷证运用的客观现实条件及制度安排。凡此种种均属于刑事卷证运用的直接原因,侧重于刑事司法制度及其思想文化层面的分析,是对我国刑事司法卷证中心主义的外部环境和条件的阐释。

意图探寻和解释刑事卷证在当代中国司法被依赖的现象,仍需回归对刑事卷证本身作为一种证据的认识。以证据的功能(属性)为视角探寻刑事卷证在实践中运用的现象,实际也是学界关注的一个方面。有学者在论及卷证

---

[1] 林钰雄:《严格证明与刑事证据》,新学林出版股份有限公司2002年版,第60—61页。
[2] 有学者认为,外部必要性是指在一定情况下,证人不可能出庭作证,但案件事实的认定又确需该证人的证言内容。如证人因重病、死亡、失语……龙宗智:《证据法的理念、制度与方法》,法律出版社2008年版,第119页。

例外运用的理由中认为书面证言(卷证)具有内部可用性。[1] 认为根据庭审相应的不同情形,书面证言证明力及其程度有所不同。另有学者指出,"在未曾接触全部案卷笔录之前,更是不敢对案件事实作出贸然的认定。否则,……注定属于一种职业冒险行为,是有可能酿成'冤假错案'的不当审判行动。"[2]还有学者对于卷证例外运用的原因指出,"保全证据之必要性,因唤起记忆或排除矛盾之目的而容许的笔录朗读,也有类似的发现真实考量。"上述分析着眼于实践中卷证的证据功能对卷证依赖性产生的影响。然而,从证据价值的角度对卷证实际运用的上述分析,由于其立论的前提在于排斥卷证常态化的运用,对卷证证据价值的论述则基于卷证例外情况下运用所发挥作用的论述。因而难以对卷证的证据属性和特点作出具体、客观的分析和阐释,尤其忽略了从文字与语言比较的角度对卷证的证据特征及其证明方式入手,揭示卷证所具有的真实证据价值。

从卷证形式和内容解构的角度看,文字是书面卷证的根本性表达方式,也是构成每个具体刑事卷证材料的基本要素,刑事卷证实际是文字化的一个集合体。文字本源所具有的上述典型的内外特征,刑事卷证也基本同样具备。以对文字本体的认识为视角,刑事卷证的特征可分为两类:一类为纯粹由文字固有特性所反映的刑事卷证的外部特征;另一类为文字实际运用所反映的刑事卷证的内部特征。刑事卷证的这两类特征对卷证具体运用的价值均有不可忽视的影响。

二、刑事卷证的外部特征及对卷证证据价值的影响

1. 刑事卷证的视觉形象。由文字组成的刑事卷证是可视符号的集合体。"在大多数人的脑子里,视觉印象比音响印象更为明晰和持久。"[3]刑事卷证印

---

[1] 参见龙宗智:《证据法的理念、制度与方法》,法律出版社2008年版,第119—120页。
[2] 陈瑞华:《刑事诉讼的中国模式》,法律出版2008年版,第150页。
[3] [瑞士]费尔迪南·德·索绪尔:《普通语言学教程》,高铭凯译,商务印书馆2008年版,第50页。

象的明晰性是指卷证本身的形象特点带给接触者对卷证内容的印象更为深刻。"视觉常常是我们接触事物的第一个途径,即便我们在很大程度上也依靠其他感官。"①从生理学的角度看,视觉作为第一顺序的感官在于其感知的易达成性和便利性。而由第一感官所产生的"第一印象"往往较为深刻。由文字组成的每句、每段话和每页内容在卷证中是具体和形象的,其具体的形态和特征对于接触者来说能够留下深刻印象。在实践中,法官由于接触的增多能够在头脑中留下印迹,甚至能够说出该段或该句话所在卷宗中的大致页码或所处位置。刑事卷证印象的持久性则反映以文字外部形象和内部叙事方式呈现的卷证内容对接触者而言能够持续地记忆。由于文字化的卷证所留下的深刻印象使得接触者对卷证内容能够持久地产生反应并加以理解和接受。在实践中,常有法官感叹,"庭前不阅卷庭审心里没底,"实际上反映出文字记载的卷证内容对法官的视觉印象及大脑捕捉信息能力产生的影响。以文字形式呈现的卷证对于法官迅速、有效和稳固地了解和掌握案件信息具有重要作用。

2. 刑事卷证的信息储存。在同一时空范围内,文字储存和传递信息所具有的优势,在刑事卷证中表现得尤为明显。在实践中,由于文字记录的方式和条件所受限制较小,卷证形成和制作贯穿于审前程序的全过程,可根据诉讼进程和调查案件的实际需要不断进行补充和完善;卷证涵盖被告方、被害方和证人及鉴定人陈述的书面材料,也包括追诉者调查或采取侦查措施过程中形成的各类笔录等文字材料,还包括追诉者在调查阶段收集的书证材料;除原始书证材料外,卷证中的主要笔录或书面材料长短不限、份数不限,提供者的人数不限,甚至整体卷证的卷数和厚度不限。卷证的这些特点都表明卷证信息容量大、涵盖面广,信息传递更为全面、系统和周密,卷证对案件事实的反映更可能做到一一对应,实现对案件事实和情节的"无缝联结"。因而在具备基本可靠性情况保障之下,文字"集合"的卷证整体证明价值优势突出,适于印证、补

---

① [美]加里斯摩:《记忆力》,王尉译,南海出版公司2007年版,第42页。

强等强调证据充分性的证明方式需要。

3. 刑事卷证对信息的保鲜性。信息的保鲜由信息保存和固定的时间所决定。由于文字具有保存和稳定信息的功能,在实践中,对于发生的案件侦查者都须尽快地形成卷证,将案件信息用文字的形式固定下来,防止信息后续传递中因主客观因素发生丢失或变异。以证言为例,一般认为,"证人在案发后警察询问时之供述往往最为真实,在检察官前接受讯问亦多有保留,到法院作证时,因距离案发时间较久,记忆不如以前清晰,……其供述之可信性最差,是以司法实务界有'案重初供之训'。"①关于侦查阶段制作的证言、口供笔录与当庭口头陈述可靠性比较的问题,笔者曾对某省会城市中级人民法院20名刑事法官做过问卷调查。在证据提供者不受各种人为因素干扰的前提下,有16名法官认为前者真实性、完整性一般高于后者,只有4名法官认为难以确定。显然,这一调查结果与上述我国台湾地区学者吴巡龙有关证言可靠性随时间推移而逐渐减弱的论断是基本一致的。从实践固有规律来看,对他人口头陈述事先以文字形式固定下来的材料(尤其在侦查阶段制作的卷证),至少起到了对案件信息保鲜,防止信息丢失、变异的作用。

4. 刑事卷证语义传递的非障碍性。由于文字所受社会政治、文化、经济条件和客观环境的影响相对较小而具有"永恒性和稳固性"特征,能够在不同地域和不同人群中使用,其语义表达能为不同人所理解。以文字形成的卷证实际上成为不同地域人群和不同语言背景人们交流和了解案情的共同手段。日本学者唐泽靖彦曾就中国清代司法中口供笔录白话文体裁运用的优势指出,"为那些任职于地方衙门中的书吏们——他们也是其读者之一——提供了语汇及其他语言手段,使得他们能够理解那些最初被以当地土话或区域性

---

① 吴巡龙:《新刑事诉讼制度与证据法则》,新学林出版股份有限公司2005年版,第190页。

方言进行表述的口供。"①清代口供笔录的白话文体裁是统一书面证据形式的一种重要表达方式,便于不同语言背景的司法官员对口供内容的理解和掌握。当代中国卷证的运用实际也有消减"地方性知识"(方言、土语及民族语言)对案件信息传递和接受带来阻碍的功能。当然,卷证得以顺利、有效传递信息仍需对文字运用提出相应要求。以清代为例,口供笔录之所以能为书吏们"理解",除了文字所具有的祛除方言、族语等"地方性知识"的功效外,更在于口供的白话文体裁样式对语义表达通畅所起的作用。这涉及卷证成文风格的问题,对此将在本著作的相关部分中阐述。

三、刑事卷证的内部特征及与证据价值的关系

由文字形成的卷证外部特征反映了卷证作为证据证明价值的独特性,为卷证在司法中的运用提供了基础性条件,而以文字形式所反映的刑事卷证内部特征则是卷证证据价值的关键所在。刑事卷证的内部特征是指由文字所形成的具体卷证内容的表现状态。如上所述,文字与语言的一个重要区别在于,文字具有更强的加工、组织和整理信息的能力,刑事卷证的内部特征实际上是指由文字的这一能力所反映的具体刑事卷证内容的叙事特征。刑事卷证是司法者对调查对象口述内容所做的书面记载,但这种文字记载不是对述说者口语的复制或重复,而是卷证制作者运用文字手段对述说内容的一种"再改造"。也就是说,通过文字的整理、加工、润色和修饰等手段实现对卷证内容的再改造。这一改造可以是一种逆向的改造,确有伪造或变造卷证的风险,但也可以是一种顺向的调整和修正。从中国司法卷证运用的历史来看,后一种情形仍是主流。

1. 我国历史与现实中的刑事卷证内部特征:突出的叙事性

从中国司法卷证运用的历史来看,对卷证加以"改造"的上述两种结果共

---

① [日]唐泽靖彦:《从口供到成文记录:以清代案件为例》,尤陈俊译,载[美]黄宗智、尤陈俊主编:《从诉讼档案出发:中国的法律、社会与文化》,法律出版社2009年版,第81页。

存于同一个司法系统之中。我国成书于17世纪的《福惠全书》将清代官方的口供记录分为两种:供状(或称草状)和招状。前者是在每次审讯过程中对各方当事人和证人陈述所做的原始记录。后者是以当事人自己的语言对陈述内容概括总结所做的记录。① 从两种口供记录制作过程和相互关系来看,"在每一次审讯中,相关人员的供词都会被供职于衙门的书吏们誊录下来。供状或称草供就是这一阶段的产物。然后,各方当事人的供词文稿将会被进一步地加工制作,而这一工作,或是由书吏们在幕友指导下为之,又或者是由幕友们亲自操刀。我将这些作为半成品的文稿称为供词草稿。通过修改这些草稿,幕友们精心制作出正式的口供版本(招状),……"② 显然,清代的招状,虽沿用当事人的语言,但语言的运用又经必要的过滤。因为官吏"首要关注的目标是供覆审之用,口供并不会对人们实际所叙直接完整地径予记录。"③ "作为交付上级覆审之用的案情报告中的重要部分,为了能在覆审中不致遭到驳回,幕友们对口供制作的关键性要求非常重视"。④ 因而招状的内容被进一步地加工制作,诸如供词的适当顺序,口供所述事件的一致性,以及叙述情节的精巧安排。⑤ 这可以被认为是为顺利结案的一种功利性考量。

对招状制作过程的加工突出地体现在对当事人一方以及各方陈述细节一致性上的整合。招状制作的这一特点所产生的结果正如研究者所言,"在书面供词最终文稿中的绝大部分中,不仅故事内容一模一样,而且措辞也是相差无几。为了建构法律真相,不仅是书写实践,而且还包括供词的书写风格,都

---

① 参见[日]唐泽靖彦:《从口供到成文记录:以清代案件为例》,尤陈俊译,载[美]黄宗智、尤陈俊主编:《从诉讼档案出发:中国的法律、社会与文化》,法律出版社2009年版,第81页。
② [日]唐泽靖彦:《从口供到成文记录:以清代案件为例》,尤陈俊译,载[美]黄宗智、尤陈俊主编:《从诉讼档案出发:中国的法律、社会与文化》,法律出版社2009年版,第84页。
③ [日]唐泽靖彦:《从口供到成文记录:以清代案件为例》,尤陈俊译,载[美]黄宗智、尤陈俊主编:《从诉讼档案出发:中国的法律、社会与文化》,法律出版社2009年版,第91页。
④ [日]唐泽靖彦:《从口供到成文记录:以清代案件为例》,尤陈俊译,载[美]黄宗智、尤陈俊《从诉讼档案出发:中国的法律、社会与文化》,法律出版社2009年版,第84—85页。
⑤ 参见[日]唐泽靖彦:《从口供到成文记录:以清代案件为例》,尤陈俊译,载[美]黄宗智、尤陈俊主编:《从诉讼档案出发:中国的法律、社会与文化》,法律出版社2009年版,第85页。

第二章 刑事卷证的本体论分析

被用来做到使案件与法典中的罪行种类相一致。"① 虽然这类招状尚不属于对他人真实陈述的伪造或变造,但书吏们通过文字的手法和技巧对他人口述内容的加工和整理,至少未能反映案情的原貌和各方可能出现的争点,对于司法官判案的公正性和说服力可能会产生一定影响。再者,"由于相信罪犯对其自身所为最为熟知,清代的司法官不得不使尽各种手段引诱被告说出案件真相,哪怕是进行欺骗或使用刑讯。因此,在清代的刑事审判中,罪证之中必须包括罪犯的书面供词。"② 通过欺骗或刑讯手段制作的招状即便反映的是一个真实"故事",但也存在明显的道德和社会风险,而这些风险又是通过文字修饰的手段加以合理掩盖的。

然而,需要指出的是,清代司法招状虽为官吏制作,但仍以保持其起码的真实可靠性为原则。我国成书于18世纪的《办案要略》收录的清人王又槐所著《叙供》一文指出,"供不可假,事有根基则固,话不真实则败也。"③ 在清代司法实践中,对于裁判者招状制作的前提在于,对当事人已进行多次审讯,已有多份草状,并且制作者自认为已查明相关事实。④ 有学者认为,清代的司法官员并不把他们将被告的口头供述塑造成唯一的书面叙述版本的做法,看作是在毫无根据地杜撰故事。如果我们将在清代口供制作过程中发现的文本性解释为故意杜撰案情的证据,那么我们就无法真正理解清代国家努力建构起意识形态准则的手段。⑤ 真实不虚可以认为是清代司法招状的一个重要品

---

① [日]唐泽靖彦:《从口供到成文记录:以清代案件为例》,尤陈俊译,载[美]黄宗智、尤陈俊主编:《从诉讼档案出发:中国的法律、社会与文化》,法律出版社2009年版,第103页。
② [日]唐泽靖彦:《从口供到成文记录:以清代案件为例》,尤陈俊译,载[美]黄宗智、尤陈俊主编:《从诉讼档案出发:中国的法律、社会与文化》,法律出版社2009年版,第84页。
③ [日]唐泽靖彦:《从口供到成文记录:以清代案件为例》,尤陈俊译,载[美]黄宗智、尤陈俊主编:《从诉讼档案出发:中国的法律、社会与文化》,法律出版社2009年版,第103页。
④ 参见[日]唐泽靖彦:《从口供到成文记录:以清代案件为例》,尤陈俊译,载[美]黄宗智、尤陈俊主编:《从诉讼档案出发:中国的法律、社会与文化》,法律出版社2009年版,第84页。
⑤ 参见[日]唐泽靖彦:《从口供到成文记录:以清代案件为例》,尤陈俊译,载[美]黄宗智、尤陈俊主编:《从诉讼档案出发:中国的法律、社会与文化》,法律出版社2009年版,第103页。

质。清代招状实际上是一种层级和精细化程度更高的口供笔录样本,虽然这类材料是对他人口述内容进行加工、整理和修饰的产物,但由于建立在初步供状(草状)之基础上,符合司法探知渐进过程的固有规律。在这一前提下,通过文字加工、修饰等手段对他人口述内容进行的"改造",虽在案情的细枝末节上可能有所忽视,甚或导致案情复杂性和多样性的展示有所不足,但其产生的积极效果仍值得关注。因为不论他们是使用文言还是白话,所有的读书人都分享了有关写作的相同理论与实践。尽管从理论上讲,书写供词应当忠于实际所说,但在实践中,相关的言辞都会经过语言上的处理而改头换面,以求达到连贯一致。这是读写能力之中不可或缺的一部分。① 所以,清代司法中官吏运用文字的技巧对招状进行加工和整理的倾向,实际上是文字的这一受众群体所共同拥有的一种读写体验,多无损于材料自身的基本真实性和证据价值。相反,这样的材料规范了官吏运用文字的标准,增进了案件信息表达的准确性和清晰度,有利于官吏审查事实和提高办案效率。

我国当代刑事卷证的样态与早期清代口供材料有着异曲同工之处。在实践中,刑事卷证中的各类证据(证言、口供等)均有若干份。这些书面证据的形成过程实际上是制作者对获取的口述信息进行不同程度文字整理、加工、润色和修饰的过程,也是刑事卷证从初级的自然状态到高级的完备状态的形成过程。以我国口供笔录为例,案件侦查阶段对犯罪嫌疑人均有若干次讯问,形成若干份讯问笔录。这些讯问笔录包括几种类型:初始笔录(比较全面、细致)、补充笔录(对初始笔录的补充)和总结笔录。前两类笔录系犯罪嫌疑人自然叙述所做记录(但也有一定的文字处理),与上述清代供状(草状)类似;后一类是经文字加工整理的笔录,与清代的招状基本相同。从实践来看,我国侦查机关对案件侦结前,大多需制作总结性口供笔录。这一做法是侦查者运用文字手段对口供进行的总结和概括,虽以嫌疑人陈述口吻和内容为基础,但

---

① 参见[日]唐泽靖彦:《从口供到成文记录:以清代案件为例》,尤陈俊译,载[美]黄宗智、尤陈俊主编:《从诉讼档案出发:中国的法律、社会与文化》,法律出版社 2009 年版,第 101 页。

叙事方式在强调整体性的同时更注重叙事的层次性和逻辑性,也突出了叙事的重点。在实践中其证据价值非但未受到质疑,反而被司法者普遍依赖。

2. 刑事卷证的文法样式对案情认知的意义

"文字是大家公用、永久不变(写出之后)并且可以任意创造的东西。这些好处使得我们有可能靠文字比靠没有文字的观念或意象建立更复杂的习惯。"①文字建立的"复杂"习惯,实际上是一种理性的、富有条理的人的思维习惯。应该承认,这一习惯的养成源于书写的文法。清人王又槐的《叙供》一文在总结实践经验之基础上提出口供笔录制作需把握以下若干要领:一是前后层次。要求对各种人证材料的先后次序予以特别注意,以便能够清晰地展现事件发展过程,使覆审官员掌握案件要点。二是起承转合。强调使事件叙述的所有方面都能保持前后一致,即案件情、形、节三者的相互关联和一致性。三是埋伏照应。埋伏旨在提醒人们切勿在对读者预做提示之时,就在口供中突如其来地插入某人或某事;而照应指口供中用以描述事件、日期、地点、死伤的用语,以及有关环境的描述,都必须前后划一,而不可相互抵触。四是点题过脉。点出案情引人注意的核心之处,交代清楚案情的来龙去脉。五是消纳补斡。消纳指遇有无关紧要之事,可以仅以一言数语概括;补斡指遇可疑之处则必须在口供记录中的适当之处再予进一步的解释。六是运笔布局。材料中所用语言清晰流畅,无一字多余或散漫,每句话爽畅而不纠缠,老练而不游移,字字无间,局局有骨;所叙内容紧凑而不松懈,完整而不遗漏。② 这近乎文学体裁的卷证结构要旨趋于对卷证标准化和格式化之要求,虽在卷证的成文风格上有类似八股的僵化之弊,但却充分体现了卷证的文字叙事特征——不仅力求做到全面、细致,而且强调清晰、准确,富有逻辑性和层次性,突出案件信息的重点和关切点。虽然清代的司法实践中实际呈现的案卷文本与之尚有距

---

① [英]罗素:《人类的知识》,张金言译,商务印书馆2008年版,第125页。
② 参见[日]唐泽靖彦:《从口供到成文记录:以清代案件为例》,尤陈俊译,载[美]黄宗智、尤陈俊主编:《从诉讼档案出发:中国的法律、社会与文化》,法律出版社2009年版,第85—87页。

离,但清代却营造了案卷制作中对书写文化重视的氛围,"展示了在清代中国关于何谓上乘文风的共同看法"。① 应该指出,讲究篇章布局和叙事手法撰写的卷证,在祛除方言、土语及族语的痕迹而达成统一文字(官文)形式,准确表达文义的同时,也使卷证的实际使用者逐渐习惯于以逻辑严谨、思维缜密的认知倾向看待和把握案情,这对于面对纷繁复杂的案情需做出冷静和周密判断和处理的裁判者而言至关重要。显然,裁判者的这一认知倾向来源于文字记录的卷证材料,但又是文字的自然记录无法达到的,而是通过文字创造性的叙事实现的。

当代中国刑事卷证中的各类书面证据主要是案情的自然叙述(总结性笔录除外),没有形成上述标准化的文字叙事风格。但每一卷证的内容也大致遵循了事件前因后果顺序及案情描述的细节化要求,并具有层次清楚、重点突出和用语标准等特点。书面文字的叙事严密性以及由此决定的卷证运用的实效性得以体现。

与文字表达的卷证相对应,以口语表现的庭上人证的陈述有着形象性、直观性和生动性的特点,"较之书面表述更能发挥被告人的积极作用;同时也允许公众的参与。"②但其自身的一些缺陷也是需要引起重视的。③ 海德格尔在谈及陈述的特性时曾指出,"在说话中表达出各种各样的东西,首先是我们所谈论的东西:一个事实,一个事件,一个问题,一个请求等。"④福柯更是指出:"我们不承认有潜在陈述,因为我们所涉及的是实际语言的明显性。"⑤陈述所

---

① [日]唐泽靖彦:《从口供到成文记录:以清代案件为例》,尤陈俊译,载[美]黄宗智、尤陈俊主编:《从诉讼档案出发:中国的法律、社会与文化》,法律出版社2009年版,第85页。

② [德]托马斯·魏根特:《德国刑事诉讼程序》,岳礼玲、温小洁译,中国政法大学出版社2004年版,第137页。

③ 除口头陈述缺乏文字卷证特有的外部特征带给文字材料的证据价值外,口头陈述也欠缺文字卷证内部特征所具有证明优势。

④ [德]马丁·海德格尔:《在通向语言的途中》,孙周兴译,商务印书馆2005年版,第148页。

⑤ [法]米歇尔·福柯:《知识考古学》,谢强、马月译,三联书店2003年版,第120页。

表现的是明确的事实而非暗含的意义,也就是说,陈述对事实的表达是一种直观的表达。由于没有进行缜密的思维加工,陈述的逻辑关联性和层次性有所缺失,信息接收者把握信息的整体和细节较为困难。"每个证人的话初看都有一定的分量;我们必须找到一个容纳最多证词而有前后一致的体系。"[1]如果庭上的口头证词缺乏严密的逻辑性和整体性,其证词的信息未能有条理的全部释放,法官也难以真正了解和掌握案情的全貌,证词的价值也将打折扣。"我们可以想到一场审讯或者在法庭前的陈述,在这种情况下,我们所必须回答的问题就像一道为渴望表达自己并进入对话的讲话精神设置的障碍。"[2]在庭审的特定场域,陈述者通常很难像庭外陈述那样从容表达内心的想法,"只有在说出的话中同时也理解到未说出的话,这个陈述才是可理解的。"[3]

"在人类,一般是通过文字的证词来获得对于那些还未曾经验到并且不会很快就可以经验到的事物的信念的。"[4]"信念的特点在于如果所说的内容是一件事实,信念就是准备作出任何一种需要做出的行动。"[5]由文字所形成的卷证上述特征,使得卷证的证据可用性突出,法官对卷证及其所传递信息产生一种自然的信赖,这种信赖实际上是对文字的信念。

四、支撑刑事卷证可信度和有效性的制度因素

刑事卷证运用所具备的客观基础和其叙事功能产生的证明优势,需要转化为外部可信赖的条件,方可达致卷证材料最终运用的结果。而卷证材料的这一外部条件在于其所具有的官僚属性。达马斯卡(又译为达玛什卡)指出:

---

[1] [英]罗素:《人类的知识》,张金言译,商务印书馆2008年版,第230页。
[2] [德]汉斯·格奥尔格·加达默尔:《哲学解释学》,夏镇平、宋建平译,上海译文出版社2004年版,第68页。
[3] [德]汉斯·格奥尔格·加达默尔:《哲学解释学》,夏镇平、宋建平译,上海译文出版社2004年版,第68页。
[4] [英]罗素:《人类的知识》,张金言译,商务印书馆2008年版,第121页。
[5] [英]罗素:《人类的知识》,张金言译,商务印书馆2008年版,第123页。

"一个多阶段的科层式程序需要有一种机制来把它的全部分支整合为一个有意义的整体。负责各个程序步骤的官员都应当妥当保管所有的文件,以确保文档的完整性和真实性"。① 这一段话揭示了科层制的官僚体制中,文书档案的运用对于整合不同层级的官僚机构,以及保持各机构的协调运行所发挥的作用。然而,官僚体制的特点和有效运行又为文书档案(包括案卷材料)在实践中的顺利运用提供了外部条件:一是案卷材料制作者的官方属性增强了材料的天然可信度。在欧洲大陆法史中,"负责制作公文书的公证人具有高贵的地位,这被看作是公文书如实记载当事人言行的重要保障。"②在清代,无论是负责供状制作的地位较卑微的衙门书吏,还是负责招状制作的幕友,抑或对案卷笔录进行补充制作的司法官吏,均属于地方官僚体系中的一分子,制卷者的官方身份属于政治权力运行下的产物。政治权力乃是那些由国家以一种官方形式对其个人素养与道德品质加以认可的君子的特权,③由此决定了由这类人经手制作的材料的可信赖性。由口头言辞向书面描述的转化过程所塑造的供词记录的文本性,意味着国家惯于利用庶民的声音以证实它所建构的真相。因而在一个正义且运行正常的当代社会中,整体意义上司法官员也应该是被信任的。④ 相较于出自公民个人或社会组织所提供的材料,由司法官员制作的案卷材料因其特有的官方属性应受到更高的信赖。二是专业化的官僚体制决定了案卷材料制作的严格性和规范化。韦伯指出,理性化的官僚制政治应该达到这样一种程度,即它是依靠正式的规章制度来规范官员的行为,并

---

① [美]米尔伊安·R.达玛什卡:《司法和国家权力的多种面孔——比较视野中的法律程序》,郑戈译,中国政法大学出版社2004年版,第76页。
② [美]米尔吉安·R.达马斯卡:《比较法视野中的证据制度》,吴宏耀、魏晓娜等译,中国人民公安大学出版社2006年版,第264页。
③ 参见[美]白德瑞:《"非法"的官僚》,赵晗译,载[美]黄宗智、尤陈俊主编:《从诉讼档案出发:中国的法律、社会与文化》,法律出版社2009年版,第50页。
④ 参见董玉庭、于逸生:《司法语境下的法律人思维》,《中国社会科学》2008年第5期。

且将之当作官员获得权力的来源。① 这对官僚体制下官方话语系统的技术规范性产生了影响。17世纪以来,欧陆大多数国家的司法官员就已成为专业人士,司法过程中外行人士的参与即使尚未完全绝迹,也已经变得无足轻重或者沦为一种仪式。② 这为欧陆后来以案卷材料运用为基础的技术司法提供了重要条件。西方近代官僚体制发展以来,"官方话语开始以结构严谨的演说形式来表述,与通俗的私人用语相比,它显得更加凝练、拉丁化和'抽象'。"③清代负责制作案卷文书的书吏虽然没有广泛接受过儒家经典的文学训练,亦欠缺正统的社会价值与其内含的政治伦理的熏陶,但"他们可以阅读到为全中国半识字或读写俱佳的人士准备的白话小说,进而有机会在此阅读过程中学到通俗词汇和官话语法,"④并且,其拥有专业技能,熟悉当地的情况、习俗和百姓,对于清代司法系统文书制作的标准化和规范化而言不可或缺。现代社会科层制结构下的官文往来同样强调用语的规范性和格式化。三是官僚体制下的司法官员惯于运用这一规范性的案卷材料。在清代,司法案卷材料之所以按统一的白话文形式进行撰写,主要在于司法官员对格式化和规范化案卷材料业已形成的阅读习惯,"帝国的高级官员们是这些案件记录的预设读者,而他们来自全中国的不同地区。口供的成文记录将不得不使用那些已被普遍使用的标准化词汇"。⑤ 而官吏的这一书面材料阅读习惯又进一步增强了材料的规范化和技术化的要求。当代中国司法中统一案卷材料的书写标准和方

---

① 参见[美]白德瑞:《"非法"的官僚》,赵晗译,载[美]黄宗智、尤陈俊主编:《从诉讼档案出发:中国的法律、社会与文化》,法律出版社2009年版,第50、56页。
② 参见[美]米尔伊安·R.达玛什卡:《司法和国家权力的多种面孔——比较视野中的法律程序》,郑戈译,中国政法大学出版社2004年版,第50页。
③ [美]米尔伊安·R.达玛什卡:《司法和国家权力的多种面孔——比较视野中的法律程序》,郑戈译,中国政法大学出版社2004年版,第50页。
④ [日]唐泽靖彦:《从口供到成文记录:以清代案件为例》,尤陈俊译,载[美]黄宗智、尤陈俊主编:《从诉讼档案出发:中国的法律、社会与文化》,法律出版社2009年版,第93—94页。
⑤ [日]唐泽靖彦:《从口供到成文记录:以清代案件为例》,尤陈俊译,载[美]黄宗智、尤陈俊主编:《从诉讼档案出发:中国的法律、社会与文化》,法律出版社2009年版,第93页。

式,既符合我国司法人员阅读和使用案卷材料的习惯,也确保了这些材料在严格规范化的前提下有效运用。所以,案卷的官僚属性所产生的材料可信度、规范化,以及由此形成的阅读习惯又是支撑其文字叙事力,进而产生信赖感的制度性因素,成为刑事案卷得以最终运用的外部条件。

第三节　刑事卷证的困局:局限性及其对审判的影响

文字的固有特性决定了刑事卷证的可用性及其审判所独有的严谨风格和特质,但文字自身的缺陷和文字运用与接受的不当又产生刑事卷证功能上的局限性及其对审判的不利影响。

一、文字自身产生的卷证局限性

1. 文字表意上的缺陷。如上所述,文字在特定时空内储存和传递的信息更为充分和具体,但文字字义的多元性和周延性也可能导致文字在语义表达上缺乏准确性和完整性。"在逻辑与纯粹数学的范围之外,具有准确意义的字是没有的。"[①]这在具有多义背景的汉字及其组成的语句中体现得更为明显,对其的理解需要置于特定的人文环境和具体的语境之中。刑事卷证中占有重要比重的人证材料是对知情者口头陈述的记录,卷证中用词造句忠实于他人的陈述一般不会产生歧义,但文字使用没有问题,并不代表在文字表义上的准确性。如在刑事卷证中对证据归类使用的"证言"一词,在有的卷证中将一般证人证言归在其中,而在有的卷证中证言不仅包括一般证人证言,也将被害人陈述甚至辨认笔录纳入其中。证言范围界定的不同,证据收集和运用的规则就有着明显不同,卷证运用的价值和效果也就不同。又如在卷证具体内

---

① [英]罗素:《人类的知识》,张金言译,商务印书馆2008年版,第181页。

第二章　刑事卷证的本体论分析

容的文字使用中同样存在语义理解上的差异,我国侦查卷宗对被追诉人指称常有案犯、未决犯、嫌犯等用语,虽与法定的犯罪嫌疑人称谓类似,但并不完全一致。而卷证中语句运用产生的理解差异更为普遍。由此可见,由于文字及组成的词和句本身语义的多样性和周延性,文字在使用过程中完全可能产生歧义,导致刑事卷证信息表达和传递的不准确性和不确定性,从而有可能影响刑事卷证合理和有效地利用。

2. 文字理解所受的时空限制。文字的使用虽然不受时空制约,可以随想随用,但在对文字的理解上却受到时空的限制,从而影响到文字的有效运用。费孝通先生认为,"文字所能传的情、达的意是不完全的。这不完全是出于'间接接触'的原因。我们所要传达的情意是和当时当地的外局相配合的。你用文字把当时当地的情意记了下来,如果在异时异地的圜局中去看,所会引起的反应很难尽合于当时当地的圜局中可能引起的反应。"[1]刑事卷证是在侦查阶段制作完成的,侦查阶段的卷证制作者、侦查实施者和管理者与审判阶段使用卷证的裁判者对卷证的理解和看法有着明显差异,这不仅体现在对卷证形成和制作的合法性和正当性,后者可能用更加挑剔的眼光加以审视,而且两者对文字记载的卷证内容的理解也可能不同。[2] 从司法实践情况看,检察官和法官对卷证的把关更为严格,案件退回公安机关补查情形时有发生就是一明证。[3] 显然,侦查与审判阶段所处的人文和社会场域不同,同样使得卷证的接触者和使用者对文字所记载内容的理解不同。福柯认为,"文献的分析包含一个特惠的区域:这个区域既接近我们,又区别于我们的现时性,是时间的

---

[1]　费孝通:《乡土中国生育制度》,北京大学出版社1998年版,第15页。
[2]　例如,某财产犯罪案中,嫌疑人供述、证人证言等笔录材料均显示,被告人将迎面走过的一女士推倒,将其手提包抢走后迅速逃跑。手提包内有2500元现金和一枚宝石戒指,该女士右手骨折,身体多处表皮伤。公安和检察机关认为推倒被害人并造成伤害后果的行为属"暴力行为",应按抢劫罪论处;承办该案法官则认为被告人这一行为非属暴力行为,而是趁人不备的"夺取行为",应以抢夺罪论。
[3]　当然,这与卷证使用者的身份不同有着密切关系,而与卷证制作和使用的环境不同无直接联系。

边缘围绕着我们的现时,凌驾在我们的现时之上并且在它的相异性中指明它;这是在我们之外限定我们的东西。"①这实际上说明文献理解和使用存在固有时空的限定性。

3. 文字运用的风险。文字创造性地运用而使其具有独特的叙事功能,增强了阅读者和使用者对刑事卷证信息的理解和解构能力,有利于发挥卷证的整体证据价值,但是文字对卷证制作中的"创造"也存在一定的风险性。因为字"代表写字人的语言的特征",无论是有意为之,还是无意之举,书写者的情感、观念和个性等个体因素可能造成对卷证的不当"加工",轻者影响卷证内容的原意,重者改变卷证的证明价值。正如达马斯卡所言,"'官方身份'的媒介者却常规化地介入到了事实裁判者的感官与证据来源之间。更重要的是,这些官方媒介者向职司裁判的法庭传达的不仅仅是对事实的认知,而且包括他们对各种相关事项的个人观点,当然也包括对证据证明力大小的判断。"②通过卷证的制作反应制作者的个人倾向和意见,甚至因对某一人证固有看法而凸显或缩减其证明力的文字表述,在卷证形成和制作中时有出现。③

二、裁判者运用卷证的局限性

1. 对于卷证某些信息的忽视乃至排斥。对于作为卷证接受者和使用者的法官而言,其自身的身份、立场、理念、情感和认知的不同,对卷证的理解和使用也会产生不同的结果。一种倾向是裁判者对于卷证某些信息固有的忽视

---

① [法]米歇尔·福柯:《知识考古学》,谢强、马月译,三联书店2003年版,第146页。
② [美]米尔吉安·R.达马斯卡:《比较法视野中的证据制度》,吴宏耀、魏晓娜等译,中国人民公安大学出版社2006年版,第269页。
③ 证据的证明力主要由证据本身的可靠性程度及证明对象的重要程度所决定。以行动性犯罪为例,对前者,侦查人员时常采用类似"目击"或"听闻"用语,以增强或减弱证言笔录的证明力;而对后者,则多以是否到过现场或案发时的去向等决定犯罪时空条件的关键用词,确定嫌疑人口供笔录的证明力。

乃至排斥。这与对文字认知中加入了人的过多主观因素而对文字本身的忽视有关。英国著名哲学家罗素以"征服者威廉在1066年继英王位"和"下星期三放全天假"两个不同句子为例,观察学生对这两句文字的不同理解和态度。他认为,"遇到第一种情况,学生知道这样写是对的,一点也不去管文字的意义;遇到第二种情况,他获得了一个关于下星期三的信念,却一点也不去管你是用什么文字使他产生这种信念的。"①在这两种情况下,阅读文字的人取得的信息或信仰都与文字本身产生了分离,第一种情况多与阅读者已掌握的历史知识(认知)有关,第二种情况则多与阅读者的情感有关,正如罗素所言,"如果当着教师说出一个句子的结果令人愉快,它便是'真'的;如果结果令人不愉快,它便是'伪'的。"②在刑事司法实践中,裁判者对卷证信息的理解和接受也可能与文字表达的原意有出入,只是产生这一现象的原因主要不是裁判者的情感因素,而更多在于其立场、身份所决定的案件信息认知的理性因素。

2. 裁判者对于卷证的依赖。从根本上讲,裁判者对卷证的依赖是对作为卷证载体的文字的信赖。如上所述,卷证在行文上相对于口证比较规范和严格,语义表达清晰、明确,阐述案情的重点突出,加之卷证的制作者具有国家公权力的身份和地位,官样文字具有自然的可靠性,因而裁判者对卷证可能产生相当的依赖性。裁判者对卷证的依赖导致裁判者对卷证所传递案件事实信息认识的固化,影响裁判者对案件事实的全面判断。德国学者托马斯·魏根特认为,"庭审法院通过审查检察官的整个卷宗和决定是否存在充足的理由将被告人提交审判,已经对相关事实以及审判可能的结果形成了某种预断——心理学研究显示,预断很难被推翻,即使审判中又出现新的证据。"③对案件事

---

① [英]罗素:《人类的知识》,张金言译,商务印书馆2008年版,第181页。
② [英]罗素:《人类的知识》,张金言译,商务印书馆2008年版,第182页。
③ [德]托马斯·魏根特:《德国刑事诉讼程序》,岳礼玲、温小洁译,中国政法大学出版社2004年版,第133页。

实及审判结果产生预断,是裁判者对卷证依赖的一种可能的直接结果,而依赖卷证的另一必然结果则是裁判者对庭审口证的排斥。从中国司法史来看,"当两者遭遇之时,口头交流方式所表述的言辞将会迅速地销声匿迹。对所说内容所做的誊写,让我们有机会接近口头交流所欲传达的信息。但与此同时,作为读写能力之必需部分的对书面文献详予检查的势力,却往往容易扭曲我们对口头文化的看法。"①卷证与口证关系的这一历史认知与当代中国刑事司法现状相吻合,在案卷笔录中心主义的刑事审判中,卷证实际已取代了口证,口证成为对卷证进行印证乃至确证的工具,而卷证对庭审中的口证又起到相应的"引导"和"纠偏"的作用。

大量运用卷证而忽视口证的审判活动,实际反映了庭审过程对经验事实的排斥。达马斯卡指出:"当经验被如此简化并且被一个文本固定下来的时候,决策就更容易借助于逻辑分析而不是依凭厚重的、直接的经验。"②产生这一现象的机理在于人们长期运用文字所形成的思维习惯。正如罗素所言,"通过这些方式,纯粹文字的知识的领域变得越来越广阔,最后竟让人容易忘记文字的知识与感觉经验一定具有某种关系。"③由于存在卷证的可靠性保证也许不会导致裁判者对案件事实本身认知上的偏差,但"对经验内容的层层过滤,削弱了裁判者对于复杂多变的社会生活的敏感性。"④而法庭对案件的处理不仅需基于对案件事实的认知,也需有对社会生活的观察和理解,其认知须获得相当的社会认同度,由此作出的裁判才得以被接受和遵循。所以,依赖于卷证而忽略甚至排斥经验的方法及事实的刑事审判,确有对裁判结果的公

---

① [日]唐泽靖彦:《从口供到成文记录:以清代案件为例》,尤陈俊译,载[美]黄宗智、尤陈俊主编:《从诉讼档案出发:中国的法律、社会与文化》,法律出版社2009年版,第102—103页。
② [美]米尔伊安·R.达玛什卡:《司法和国家权力的多种面孔——比较视野中的法律程序》,郑戈译,中国政法大学出版社2004年版,第77页。
③ [英]罗素:《人类的知识》,张金言译,商务印书馆2008年版,第126页。
④ [美]米尔吉安·R.达马斯卡:《比较法视野中的证据制度》,吴宏耀、魏晓娜等译,中国人民公安大学出版社2006年版,第269页。

信力和可接受度产生不良影响的可能。

三、卷证方法对刑事审判产生的不利影响

裁判者通过庭前对卷证的阅览和庭上对卷证的运用,庭审过程和结果大致在其掌握之中,庭审具有平顺和高效的特点。然而,刑事卷证的运用所决定的审判方式的书面化特征同样可能存在若干弊端:

1. 裁判者对事实和证据的裁量权减缩。依赖于卷证的前提下,庭审的范围、目标、进程乃至结果均按预定的方向和轨迹加以设计,"案卷中没有的东西就不存在,"①庭审可能不会再有"惊奇"。这种卷证化和公文化的办案风格,不仅有使裁判者的审判趋于刻板和僵化的风险,而且可能造成裁判者行事方式的例行化,其根据个案裁量的愿望和主动性降低。达马斯卡认为,"职务活动的例行化意味着官员们不再把自己所处理的事务视为一个个呼唤'个别化正义'的特殊情形。选择范围也被认为缩小了:虽然解决某一问题的方法可能有许多种,但只有一种作为惯习而得到沿用。"②

2. 抑制证据规则的发展。从大陆法系各国刑事司法发展史来看,证据规则和制度均未得到充分发育,这与其刑事司法追求实质真实的诉讼价值取向而忽略制度建设有关,但与实践中运用卷证的审判方式对诉讼证据和程序规则的排斥也存在一定关系。达马斯卡将大陆法系传闻证据排除规则未被运用的原因归结为"一元法庭环境和传统询问技术的综合作用。"③这里的一元法庭环境实际上是指专业司法人员运用卷证所形成的审判风格,使得传闻证据排除规则及庭审的证人调查规则并无适用的必要性和可行性。由于卷证的运

---

① [美]米尔伊安·R.达玛什卡:《司法和国家权力的多种面孔——比较视野中的法律程序》,郑戈译,中国政法大学出版社2004年版,第51页。
② [美]米尔伊安·R.达玛什卡:《司法和国家权力的多种面孔——比较视野中的法律程序》,郑戈译,中国政法大学出版社2004年版,第28页。
③ [美]米尔建·R.达马斯卡:《漂移的证据法》,李学军等译,中国政法大学出版社2003年版,第67页。

用为庭审事实认定的进程和结果做出了应有的安排和规划,与案件事实认定相关的其他证据实体性和程序性规则与制度也无确立和适用的必要。"由于先前的事实认定笔录可以被主审法官用来稳固法庭上的采证活动——例如,用它们作为手稿指导证人完成他们的证言——所以几乎没有建立和发展处理真正新的证据所必要的技术和态度的坚实基础。"①

3. 庭审的形式化倾向。刑事卷证的运用增强了庭审的可操作性,使得庭审能够顺利和有效推进,但具有书面化特征的审判方式也意味着审判不仅比较刻板和程式化,而且存在预先设计和可预知性的因素,"在有条不紊、全面而彻底的初步调查之后,审判中很少出现真正的惊奇,在法庭上,案情几乎不会发生戏剧性的变化。"②学界所担心的庭审流于形式、走过场,戏剧化的表演色彩浓厚的现象可能难以避免。运用卷证的审判在于重拾审判的合理性和有效性,但这一形式化的庭审活动却对审判的实际价值提出了疑问,与庭审的实际目标相背离。

4. 庭审公正性的影响。庭审公正性所受的影响主要来自两方面的因素:一方面,庭审的形式化倾向导致庭审的不公正性。在大陆法系各国,运用卷证的刑事庭审方式,并不等于一种书面庭审方式,庭审的证据调查仍需以口头陈述方式进行,但庭审活动尤其口头证据的调查活动实际已流于形式。在学界看来,庭审的形式化不仅可能导致政府追诉权的滥用,被追诉人庭审对质询问权的减损或丧失,而且对具有现代意义的控辩裁三方的合理诉讼构造的运行,庭审过程和结果的独立价值的实现等产生相应的消极影响,③庭审的公正形象可能因这一卷证的扭曲运用受到损害。另一方面,刑事卷证信息的偏向性产生的审判不公。从大陆法系及我国刑事司法实践看,卷证均由侦查者记录和制作完成,卷证中的大多数材料反映的信息都是指控犯罪的信息,这些材料属于对控

---

① [美]米尔建·R.达马斯卡:《漂移的证据法》,李学军等译,中国政法大学出版社2003年版,第100页。
② [美]米尔建·R.达马斯卡:《漂移的证据法》,李学军等译,中国政法大学出版社2003年版,第100页。
③ 参见龙宗智:《证据法的理念、制度与方法》,法律出版社2008年版,第117—118页。

方有利的材料。"这种来自卷宗的材料可以轻易地影响到审判合议庭的所有成员。……庭审成员也可能会受主审法官已从案卷中得出的见解的影响。"①所以,裁判者接触有偏向性的材料,并在庭审中直接或间接沿用这些材料断案,因信息本身的不对称性和不完整性可能造成对被告人的不公。

刑事卷证的运用虽然赋予了裁判者审判的便利方法,但这种审判方法如果掌控不当可能使裁判者既迷失于审判,也迷失于自我。"奢侈很少不伴随着科学与艺术,科学与艺术则无往不与奢侈并行。"②应该看到,科学技术与使用这一技术人的游手好闲和惰性是相伴随行的。刑事卷证的运用带给裁判者在智识上的一个明显弱点就是勤勉精神和记忆力的消退。古希腊哲人苏格拉底曾在讲述传说中的埃及神灵塞乌斯与国王就文字进行讨论的故事中有这样一段话:"你是文字之父,由于溺爱的缘故,儿子们却把它的功用完全弄反了。因为学会了文字的人会因这个发明而在心智里播下遗忘的种子。他们不再训练他们的记忆力,而依赖写下来的东西。他们不再用心于与生俱来的记忆力,而只借助外在的符号。你发明的这帖药,不能治愈遗忘,只能起提醒的作用。"③长期使用文字记录的卷证,裁判者对卷证形成较强的依赖性,其在案件处理上可能变得漫不经心而产生惰性,对案件信息主动的记忆和思辨力减弱。不可否认,裁判者对案件事实全面、清晰地认识和理解需要其具备一定的记忆力和思辨力,尤其对庭审中案情和证据可能出现新的变化才可能加以有效应对,此项能力不足可能导致裁判者对案情整体性、连贯性把握不够,对全案细节、片段和具体证据材料的敏感度不足,从而最终影响庭前准备的充分性及庭审过程和结果的质量。

---

① [美]米尔建·R.达马斯卡:《漂移的证据法》,李学军等译,中国政法大学出版社2003年版,第99页。
② 北京大学外国哲学史教研室编译:《18世纪法国哲学》,商务印书馆1963年版,第225页。转引自王秀华:《技术社会的角色引论》,中国社会科学出版社2005年版,第143页。
③ 林岗:《口述与案头》,北京大学出版社2011年版,第48页。

第三章 卷证材料合理性构建的历史及启示：以晚清司法为基础的考察

处于19世纪与20世纪交替的晚清，从社会结构和政治制度的变化来看，正值从封建社会向半殖民地半封建社会转变，并具有现代资本主义早期萌芽特征的初始时期。这一时期社会形态的松动产生文化、思想和技术理念的一定变化，尽管并未导致晚清政治经济制度和社会结构的改变，但也对晚清的社会实践活动包括司法实践产生了一定影响。晚清地方司法实践较为典型的变化在于，作为对案件或纠纷处理具有支撑作用的传统案卷材料的运用，开始注重其形式和内容符合现代精神的合理性要求的实践。其中最突出的特点是，通过对定案具有关键作用的言词证据材料规范化和统一性的合理构建，达至案件处理可接受性和稳妥性目标。当代中国地方法院案件的审理过程和裁判结果同样依赖于卷证材料的运用，即在司法实践中普遍运用的书面审理及裁判方式。但由于较多关注由充分性证据来源所构成的卷证材料多样性和数量上的优势，而忽视对定案有着重要作用的言词证据材料形成和制作合理性的把握，以至于当代中国地方法院的司法实践中存在诉讼效率低下和成本过高，甚至法院裁判困难的窘境。从中国近代司法史的角度来看，处于社会结构、思想、文化和生活方式新旧交替时期的晚清，在地方司法中对以言词证据为代表的卷证材料合理性构建所推动的地方司法可接受性的实践，对当代中国地方

第三章　卷证材料合理性构建的历史及启示：以晚清司法为基础的考察

司法卷证材料的生成和运用方式的转变具有重要借鉴意义。

第一节　卷证材料运用的基础：文字的属性

日本学者唐泽靖彦撰写的《从口供到成文记录：以清代案件为例》一文，①对中国晚清司法官员以口供为主的卷证材料的制作、内容和运用等有比较详细的叙述和记录。由于是从文字运用的角度对清代卷证材料功能所做的分析，又以真实的案例进行辅证，因而，为我们观察清代卷证的运用提供了一个独特的视角，颇具启发意义。

一、文字统一语言的功能

根据唐泽靖彦的分析可知，晚清地方官吏制作的卷证材料在刑案处理中的运用是一种普遍现象，中国巴县档案和淡水厅—新竹县档案（简称为淡新档案）对大量成文口供的使用也有详细记载。晚清官方制作的卷证材料之所以能得到运用并渐成一种习惯，与文字记录的卷证材料所具有的独特作用密切关联。

唐泽靖彦在分析中国晚清司法中的笔录材料运用之原因指出，"为那些任职于地方衙门中的书吏们——他们也是其读者之一——提供了语汇及其他语言手段，使得他们能够理解那些最初被以当地土话或方言进行表述的口供，并运用源自官话的统一白话风格对其加以记录"。② 不难看出，作为卷证材料载体的统一文字的使用，消除了清代各地区域性方言、族语、俗语等对案情信息传递、理解和接受所带来的障碍。在清代，司法官要顺利审案，需要了解和掌握证据材料，如果证据材料以口头形式呈现，由于方言口音上的差异，或由

---

① 参见[日]唐泽靖彦：《从口供到成文记录：以清代案件为例》，尤陈俊译，载[美]黄宗智、尤陈俊主编：《从诉讼档案出发：中国的法律、社会与文化》，法律出版社 2009 年版。以下涉及清代案卷材料问题的论述均来源于该文的内容。
② [日]唐泽靖彦：《从口供到成文记录：以清代案件为例》，尤陈俊译，载[美]黄宗智、尤陈俊主编：《从诉讼档案出发：中国的法律、社会与文化》，法律出版社 2009 年版，第 81 页。

于不同民族所操语言的不同,对于来自全国各地且语言背景不同的司法官员们来说,要听懂都很难,更不可能全面、准确地理解和掌握证据所传递的案件信息。在此情形下,雇佣通晓此种语言的书吏进行翻译,姑且不论此种做法带来的效率和成本问题,书吏巧用名义,故意做不实传递之情形在当时也屡见不鲜。故以成文的形式对嫌犯等陈述作记录供司法官员运用,成为晚清司法官员顺利和有效审案的基本前提。唐泽靖彦指出,"考虑到清代中国使用多种语言的复杂情况,即便是原先依据口语风格直接记录的口供,后来也必须以另外一种被普遍使用的书面语言予以再次改写,而这一切,乃是为了让来自中国不同地方的官员们都能对之充分理解"。①

二、文字通俗与严谨的属性

在晚清,卷证材料的接触和使用者首先是负责初审的司法官员,其次才是位阶较高的覆审(再次审核——笔者注)官吏。尽管他们的身份和文化背景不同,但并非都是专业技术人才,欠缺优秀的文化素养和较高的知识水平,此类卷证材料要为他们理解和运用,在卷证成文的风格上需要通俗易懂,因而,在晚清卷证材料的形成和制作中,强调卷证书写的白话文风格。唐泽靖彦指出,"使用白话对口供进行书面记录,此乃势所必须,因为这将使其呈现出看似确系粗鄙庶民所言的逼真形象。事实上,相较于文言,以白话进行书写更为贴近人们在日常生活中的实际所言"。② 而艰涩难懂的文言句式则并非口供书面材料的应有风格。据唐泽靖彦引用的清代王又槐的《叙供》一文论道:"供不可文。句句要像谚语,字字人皆能解,方合口吻。曾见有用'之'字、

---

① [日]唐泽靖彦:《从口供到成文记录:以清代案件为例》,尤陈俊译,载[美]黄宗智、尤陈俊主编:《从诉讼档案出发:中国的法律、社会与文化》,法律出版社2009年版,第94页。
② [日]唐泽靖彦:《从口供到成文记录:以清代案件为例》,尤陈俊译,载[美]黄宗智、尤陈俊主编:《从诉讼档案出发:中国的法律、社会与文化》,法律出版社2009年版,第90页。

第三章 卷证材料合理性构建的历史及启示:以晚清司法为基础的考察

'及'字、'而'字,并经书内文字者,非村夫俗人口气也。"① 显然,卷证材料的撰写不仅要让司法官吏能够理解和接受,而且要让寻常百姓也能知晓,使卷证材料成为一种公共知识的载体,发挥司法断案的社会效果。

然而,晚清运用的卷证材料又不同于一般的文字材料,因出自司法官吏之手,在强调通俗易懂的同时,又不能落入俗套,需以官文的正式形式呈现,以保持案卷材料的正统性和严肃性,并保证正确传达文意。王又槐指出,"供不可野。如骂人侮辱俗语,及奸案秽浊情事,切勿直叙"。② 根据唐泽靖彦对19世纪淡新档案中成文口供的考证,没有一份口供记录是对客家话或闽南话的逐字记录,而它们却是岛内主要使用的方言。即便是在以书面白话制作口供之前,也有必要将人们在公堂上所叙的言辞同时转化为官话,以便能够将其记录在案。③ 晚清的卷证材料需戒俗套之语,以官方的正式用语和语法句式撰写材料,体现官文雅俗兼具的固有特点,使其成为一种在文字上拿捏较好,运用上张弛有度的卷证材料,以供其他司法官员有效利用。

总之,晚清口供笔录材料的成文风格实际上是一种较为统一的白话文风格。唐泽靖彦认为,尽管书面白话在北京方言中有其语言准则,但所谓的文艺体裁的规范化能力业已逐渐使得散发着地方气息的词汇趋于消失。④ 也就是说,晚清口供笔录的统一书面语表达方式,避免了各地方言、族语对口供的形成和理解之影响。当代中国司法中卷证材料的运用源于固有的司法传统,但这一传统的形成又何尝不是因统一文字的使用对"地方性知识"(方言、土语及民族语言)的消解而带来的、案件信息传递和接受畅通的基本需求?

---

① [日]唐泽靖彦:《从口供到成文记录:以清代案件为例》,尤陈俊译,载[美]黄宗智、尤陈俊主编:《从诉讼档案出发:中国的法律、社会与文化》,法律出版社2009年版,第89页。

② [日]唐泽靖彦:《从口供到成文记录:以清代案件为例》,尤陈俊译,载[美]黄宗智、尤陈俊主编:《从诉讼档案出发:中国的法律、社会与文化》,法律出版社2009年版,第91页。

③ 参见[日]唐泽靖彦:《从口供到成文记录:以清代案件为例》,尤陈俊译,载[美]黄宗智、尤陈俊主编:《从诉讼档案出发:中国的法律、社会与文化》,法律出版社2009年版,第91页。

④ 参见[日]唐泽靖彦:《从口供到成文记录:以清代案件为例》,尤陈俊译,载[美]黄宗智、尤陈俊主编:《从诉讼档案出发:中国的法律、社会与文化》,法律出版社2009年版,第93页。

第二节　晚清地方司法中卷证材料
合理性构建的实践

从晚清地方司法档案材料反映的个案处理情况观察,司法个案中用以阐述或说明案件事实,并作为定案的证据材料,主要是县衙官府形成和制作的卷证材料。官方卷证材料又主要由言词类材料构成,其中尤以被告人的供述和证人的言词材料最为典型,这两类材料统称为成文口供记录材料,它成为晚清地方认定案情和处理案件的主要依据。然而,主要依赖成文言词材料定案的审判方式,对于这类材料的结构和成文风格则有严格要求。无论从这类材料结构的完整性和核心材料的不可或缺性上看,还是就具体言词材料生成和制作过程在形式和内容的规范化和统一性而言,均反映出晚清地方司法卷证材料运用的突出特点。从晚清地方司法实践来看,统揽刑事案件查办的地方衙门,为发现案件真相和顺利处理案件,对言词材料结构以及生成、制作的严格要求主要表现在以下几个方面:

一、卷证中被告人供述材料的不可或缺性

在晚清地方司法的卷证材料中,被告人供述材料是一项极为关键的材料,其成为卷证材料整体结构的核心环节。在晚清重罪案件的覆审程序(复查程序)中,对随案上报的案情报告材料有着严格要求,首先就是各方当事人提供的前后一致且坚定不移的供词。[1] 供述材料的不可或缺性实际上反映出中国历朝对案件真相判断途径的独特之处,即立足于被告人的招供进行裁判。在晚清,司法者本身并非是真相的代表者,案件真相的判断不取决于司法者的身份及其对案件的经验表达。由于相信罪犯对其自身所为最为熟知,在

---

[1] 参见[日]唐泽靖彦:《从口供到成文记录:以清代案件为例》,尤陈俊译,载[美]黄宗智、尤陈俊主编:《从诉讼档案出发:中国的法律、社会与文化》,法律出版社2009年版,第83页。

第三章 卷证材料合理性构建的历史及启示:以晚清司法为基础的考察

清代刑事审判中,罪证之中必须包括罪犯的书面供词,任何人都不能被以自己未供认的犯罪事实而问罪。① 显然,晚清地方司法中被告人供述的实际存在成为卷证材料结构必备要素的一个标志,原因就在于口供材料是发现案件真相的根本手段。正因如此,晚清供职于地方衙门的书吏们均将当事人的口供加以精心制作,尤其是保持前后一致的正式口供材料(招状)作为交付上级覆审之用的案情报告中的重要部分。② 从晚清覆审程序中令人信服的案情报告所要求的被告人先后供词本身及与证词的一致性的要求上看,至少在书面供词内容和形式上体现出真实性的属性,这也可视为晚清地方司法为查清事实真相,对卷证材料结构严格性上的要求。当然,由于被告人口供材料在定案中的不可或缺性,司法者采取各种手段引诱被告说出案件真相,甚至是进行欺骗或使用刑讯逼取口供,这又可能产生口供材料的不可靠风险。③

二、案卷中言词证据的语言样式由文言向白话文的转变

晚清正值社会思想文化处于新旧更迭之时,其中的一个突出表现在于,语言文化由文言到白话文的转变。尽管这一文化转变并不彻底,但却逐渐影响和改变了人们日常生活的交流方式,也为地方司法案卷材料白话文表达形式提供了条件。"清代流传广泛的书写文化提供了诸多叙述模式,而后者对于促使口供制作形成形式化的简明风格非常重要。"④从晚清地方司法实践来看,用来供官府存档以及上级覆审所用的口供,都是以书面白话制作而成,以

---

① 参见[日]唐泽靖彦:《从口供到成文记录:以清代案件为例》,尤陈俊译,载[美]黄宗智、尤陈俊主编:《从诉讼档案出发:中国的法律、社会与文化》,法律出版社2009年版,第84页。
② 参见[日]唐泽靖彦:《从口供到成文记录:以清代案件为例》,尤陈俊译,载[美]黄宗智、尤陈俊主编:《从诉讼档案出发:中国的法律、社会与文化》,法律出版社2009年版,第84页。
③ 参见[日]唐泽靖彦:《从口供到成文记录:以清代案件为例》,尤陈俊译,载[美]黄宗智、尤陈俊主编:《从诉讼档案出发:中国的法律、社会与文化》,法律出版社2009年版,第84页。
④ [日]唐泽靖彦:《从口供到成文记录:以清代案件为例》,尤陈俊译,载[美]黄宗智、尤陈俊主编:《从诉讼档案出发:中国的法律、社会与文化》,法律出版社2009年版,第81页。

官音为基础的书面语言的白话风格是唯一可行的手段。① 一般认为,供词乃为普通人所述,在庶民口供中使用俗语,乃是源于在自觉的小说创作者与熟练的刑名幕友们的书写中都能经常看到的语言实践。② 这种类似于通俗化的白话语言,成为晚清社会普通民众和衙门官府人员共同生活中的语言。"事实上,相较于文言,以白话进行书写更为贴近人们在日常生活中的实际所言。"③ 这里,对白话文与文言的差别化运用,也有晚清社会在观念层面对语言运用理想的一种限制,"圣贤及领会其意的其他人所使用的语言,必须与那些没有学问的平民百姓所用的语言有所区分。"④然而,晚清口供材料白话文使用更为重要的意义则在于,以庶民的自然语言传达更为可靠的信息,"因为这将使其呈现出看似确系粗鄙庶民所言的逼真形象。"⑤对于同样属于普通人群的清代各级案件裁判者而言,白话方式的运用可顺利理解书面材料所传达的信息。

所以,从晚清地方司法中以口供为代表的书面材料制作的白话文倾向来看,虽然口供本身的真实性可能取决于提供者的动机及客观因素的影响,但其使用的实际效果则趋于顺利和有效传达所述者的本意,这一卷证材料语言运用样式的变化,对于口供等材料运用的可靠性是一种有效保障。

三、卷证中言词材料官方语言的标准化要求

口供等言词证据材料的白话文形式并非意味着可以采用随意性的口语或

---

① 参见[日]唐泽靖彦:《从口供到成文记录:以清代案件为例》,尤陈俊译,载[美]黄宗智、尤陈俊主编:《从诉讼档案出发:中国的法律、社会与文化》,法律出版社2009年版,第92页。

② 参见[日]唐泽靖彦:《从口供到成文记录:以清代案件为例》,尤陈俊译,载[美]黄宗智、尤陈俊主编:《从诉讼档案出发:中国的法律、社会与文化》,法律出版社2009年版,第90页。

③ [日]唐泽靖彦:《从口供到成文记录:以清代案件为例》,尤陈俊译,载[美]黄宗智、尤陈俊主编:《从诉讼档案出发:中国的法律、社会与文化》,法律出版社2009年版,第90页。

④ [日]唐泽靖彦:《从口供到成文记录:以清代案件为例》,尤陈俊译,载[美]黄宗智、尤陈俊主编:《从诉讼档案出发:中国的法律、社会与文化》,法律出版社2009年版,第90页。

⑤ [日]唐泽靖彦:《从口供到成文记录:以清代案件为例》,尤陈俊译,载[美]黄宗智、尤陈俊主编:《从诉讼档案出发:中国的法律、社会与文化》,法律出版社2009年版,第90页。

第三章 卷证材料合理性构建的历史及启示:以晚清司法为基础的考察

地方性语言加以表达,晚清地方卷证材料的官方属性决定了言词证据材料官方书面用语的标准化形式。"当口头交流方式遭遇书面交流方式之时,所谓连贯的要求,就意味着某些语言要素,如土语与区域性方言的痕迹,必须从官方文书中消失。"①言词材料中带有地方性的方言、土语或区域性语言应该转化为一种标准性的官方书面语言。与此同时,民间中使用的粗俗语言更被禁止出现在案卷材料之中。晚清学者王又槐认为:"供不可野。如骂人污辱俗语,及奸案秽浊情事,只以混骂、成奸等字括之,犯者必干申饬"。② 例如,发生于1905年四川某地一起杀人案诉讼材料显示,被害人之母与一男子厮混成奸,因担心被害人告发,遂两人合谋将被害人杀害,该案对当事人口供记录中涉及两人性事的细节全部用"奸"一词表达。③ 由此体现出晚清地方司法中言词证据记录的严谨性和规范性要求。"借助于这类传统手法,供词记录中的当地方言和日常土语被加以模糊化处理,从而使得帝国全境的供词中所使用的全部语言,看起来都极其相似。"④

在清代,对言词证据材料的语言形式提出标准化的要求,主要基于两个基本事实:一是地方司法官员实际记录卷证材料的需要。如果不把陈述人口语中的土语、区域性方言或粗俗语言转换为适当的书面语言,对这些口语化的语言本身无法记录,更谈不上对陈述的准确理解;二是言词证据归档及上级覆审的需要。不确定或模糊的言词材料无法归档,也无法供上级覆审中有效审查之用。尤其对上级覆审官员而言,他们来自全中国的不同地区,口供的成文记

---

① [日]唐泽靖彦:《从口供到成文记录:以清代案件为例》,尤陈俊译,载[美]黄宗智、尤陈俊主编:《从诉讼档案出发:中国的法律、社会与文化》,法律出版社2009年版,第90页。
② [日]唐泽靖彦:《从口供到成文记录:以清代案件为例》,尤陈俊译,载[美]黄宗智、尤陈俊主编:《从诉讼档案出发:中国的法律、社会与文化》,法律出版社2009年版,第91页。
③ 参见[日]唐泽靖彦:《从口供到成文记录:以清代案件为例》,尤陈俊译,载[美]黄宗智、尤陈俊主编:《从诉讼档案出发:中国的法律、社会与文化》,法律出版社2009年版,第101页。
④ [日]唐泽靖彦:《从口供到成文记录:以清代案件为例》,尤陈俊译,载[美]黄宗智、尤陈俊主编:《从诉讼档案出发:中国的法律、社会与文化》,法律出版社2009年版,第101页。

录不得不使用那些已被普遍使用的标准化词汇。① 当然,为保障卷证材料能为多数人有效运用,又需保持官文形式上的一定通俗性。晚清一部为书吏幕友撰写官方口供材料使用的《刑幕要略》中建议:"供内虽准用俗语,宜人人共晓。设或竟有土语不能删者,必须供内随叙随解,庶阅者了然于目。"②

晚清地方司法卷证材料制作的标准化和统一性的要求,实际上是对言词类证据材料收集和实际运用有效性的要求:一要能够客观记录,二要使得材料使用者看得懂,才可真正发挥证据材料运用价值。所以,卷证材料制作规范化和标准化手段的运用所形成的官方语言的属性,也是晚清各级司法官员顺利和准确掌握案件具体情况的重要条件。

四、卷证中的言词材料内容叙事的严格性要求

卷证材料白话文样式和官方语言所要求的标准化和规范化,是从文字形式对案卷材料严谨性提出的要求,晚清更为重要的卷证材料规范化的要求体现为,通过对材料内容本身叙事性的严格要求,来实现对案件真相的揭示。如上所述,被告人以及证人的陈述所制作的书面材料并非是对陈述人口头表达的自然记录,而是运用文字的叙事功能对其口语表达进行的一定程度加工、整理和修饰的结果。"为了能在覆审时不致遭到驳回,幕友们对口供制作的关键性要求极为重视,诸如供词的适当顺序,口供所述事件的一致性,以及叙述情节的精巧安排,"③由此形成的成文口供与被告人口头陈述存在一定差异性,但又体现出口供叙事能力较为突出的特征。正如本著作第二章有关中国司法卷证运用的历史部分所述,在晚清地方司法中,以口供材料为代表的卷证

---

① 参见[日]唐泽靖彦:《从口供到成文记录:以清代案件为例》,尤陈俊译,载[美]黄宗智、尤陈俊主编:《从诉讼档案出发:中国的法律、社会与文化》,法律出版社2009年版,第93页。
② [日]唐泽靖彦:《从口供到成文记录:以清代案件为例》,尤陈俊译,载[美]黄宗智、尤陈俊主编:《从诉讼档案出发:中国的法律、社会与文化》,法律出版社2009年版,第92页。
③ [日]唐泽靖彦:《从口供到成文记录:以清代案件为例》,尤陈俊译,载[美]黄宗智、尤陈俊主编:《从诉讼档案出发:中国的法律、社会与文化》,法律出版社2009年版,第85页。

第三章 卷证材料合理性构建的历史及启示:以晚清司法为基础的考察

材料内容叙事的整理和加工主要表现在两个方面:一是口供材料的类型包括草状和招状两种材料。前者是对各方当事人和证人的陈述所做记录,属于对陈述人叙述的初步记录,但也是一种自然记录,"然后,各方当事人的供词文稿将会被进一步地加工制作。"①在草状基础上加工整理形成的这一材料就是招状材料。草状是半成品的文稿,而招状则是正式的口供版本。口供材料的这一高低搭配,是口供材料结构多元性的一种表现。它在强调客观全面反映案情的同时,又重视条理清晰和有所侧重地揭示事件的细节。二是口供材料内容的叙事手法强调较严格的文体风格。晚清社会负责口供制作的幕友(或书吏)生活于书写文化的世界中,供刑名幕友们参考之用的诸多指导手册,都展示了在清代中国关于何谓上乘文风的共同看法。②例如,成书于18世纪的《办案要略》有关《叙供》一文提出,供词记录需遵循前后层次、起承转合、埋伏照应、点题过脉等六个要领;又如清代学者唐彪对时文撰写提出的"开笔作文,先须讲明题旨,及来踪去路,一章重在何节,一节重在何句,一句重在何字。"③对口供材料制作所推崇的严谨文风和叙事手法的上述要求,在晚清地方司法口供材料的制作中已形成一种风尚。以口供为代表的卷证材料内容严谨叙事手法所构建的材料严格文风要求,成为晚清地方司法中弥补案情探知手段不足的一种关键方式。

晚清地方司法对卷证材料上述诸多方面的严格性要求,如果从表象上看,似乎是对卷证材料结构和制作上的形式规范化要求,这种制度之需和因文学思潮的变化而产生的法律文化改变,是否能对案件的处理产生实质上的推动作用?这里,晚清地方司法所推行的卷证材料严格化运动,从实践来看,并非只具有司法形式主义的意义,卷证材料结构和制作的严格规范化要求,实质上

---

① [日]唐泽靖彦:《从口供到成文记录:以清代案件为例》,尤陈俊译,载[美]黄宗智、尤陈俊主编:《从诉讼档案出发:中国的法律、社会与文化》,法律出版社2009年版,第84页。
② 参见[日]唐泽靖彦:《从口供到成文记录:以清代案件为例》,尤陈俊译,载[美]黄宗智、尤陈俊主编:《从诉讼档案出发:中国的法律、社会与文化》,法律出版社2009年版,第85页。
③ [日]唐泽靖彦:《从口供到成文记录:以清代案件为例》,尤陈俊译,载[美]黄宗智、尤陈俊主编:《从诉讼档案出发:中国的法律、社会与文化》,法律出版社2009年版,第87页。

是对卷证材料生成和制作的合理性要求。"对行动的合理性的最根本的要求是：每一项行为或对行为的抑制都应当是根据某种行动的理由证明是合理的"。① 事物或行为的合理性可从表里两个方面加以反映。其中形式或表象上的合理性是"一个技术上的优点，一个形式上的优点。它表现在对手段是否适合目的的估量上，表现在那些从可能相互矛盾的理由中作出选择的原则加以系列化使之成为一个始终如一的、连贯的整体上。"②

晚清地方司法卷证材料构建的合理性主要或首先也是一种形式上的合理性，即由材料制作的严格性所表现的材料结构、格式样态和文本内容叙述方式等的合理性。从上述晚清地方司法言词材料生成的严格规范化实践情况可以看出，这种文案材料的合理性构建，不仅表现为口供材料作为卷证结构形成中核心材料的不可或缺性，而且通过对以口供为代表的言词材料在形式和内容上的严格规范化和统一性的要求，使得对案件信息的传达、接受和理解，可能更为通达、便捷、准确和有效。卷证材料生成和制作的这一形式合理性特质，可以最终实现对案件事实真相的探知，犹如马克斯·韦伯所言的实现事物实质合理性或价值合理性的目标。"当目的、手段和与之伴随的后果一起被合理性地加以考虑和估量时，行动就是工具合理性的，这包括合理性地考虑针对目的而选择的手段、目的对伴随结果的关系……"③所以，晚清地方司法卷证材料形式上的合理性要求，实际上是通过卷证材料最终发现案件真相这一实质合理性目标的一种重要手段。

第三节 晚清卷证材料合理性构建的基础和保障

如上所述，晚清社会处于中国社会形态和政治制度发生变革前的重要时

---

① ［英］麦考密克等：《制度法论》，周叶谦译，中国政法大学出版社1994年版，第229页。
② ［英］麦考密克等：《制度法论》，周叶谦译，中国政法大学出版社1994年版，第238页。
③ ［德］马克斯·韦伯：《经济与社会》，王迪译，上海三联书店2010年版，第26页。

第三章 卷证材料合理性构建的历史及启示：以晚清司法为基础的考察

期，其地方司法中以口供为代表的言词材料生成的较为统一的标准化和规范化样态所体现的合理性构建要求，与这一时期中国社会的结构性要素和思想文化思潮是相适应的。具体而言，晚清社会官僚化体制及其文化对司法职业的技术性要求，为言词材料这一合理性构建提供了重要的基础和保障。

一、书吏和差役的专业化、技术化特质和标准

在晚清社会中，供职于地方衙门的书吏和差役处于官僚体制的末端，但又扮演非常重要的角色，是口供乃至整个卷证材料的实际制作者。吏役们拥有的专业技能以及对当地情况、习俗和百姓的熟悉，对于行政运转而言不可或缺。[1] 实际上，清代地方衙门书吏被视为具有狭隘技能的人员。"书吏和差役只不过是专家，像他们这样的辅助行政之人，其价值仅在于其所拥有的狭义上的技艺"。[2] 书吏所拥有的一项重要技艺是，撰写包括公堂审讯记录及之后制作更为严格的口供等言词材料的文字能力和方法，以至于到晚清，逐渐发展为以较为娴熟的时文和文学体裁制作严格规范化口供材料的能力。

书吏的这一书写技能源于几个重要因素：一是，清代书吏职位的设立本身对文案素养的要求。设置书吏的职位，乃是为了吸纳那些读写能力尚算差强人意的半识字之辈以及读写俱佳但在科举考试中名落孙山的读书人。[3] 就参加科举考试经历的书吏而言，已经是技术型的法律专家，对于时文撰写和公堂口供记录所要求的相似文风，更能熟练掌握。二是，晚清白话小说、上乘时文的广泛传播对书吏读写能力养成的影响。随着通俗小说在帝制中国后期的广泛流传，它们所使用的白话逐渐趋于统一，从而造就了全国范围内的读者群，

---

[1] 参见[美]白德瑞：《"非法"的官僚》，赵晗译，载[美]黄宗智、尤陈俊主编：《从诉讼档案出发：中国的法律、社会与文化》，法律出版社2009年版，第50页。
[2] [美]白德瑞：《"非法"的官僚》，赵晗译，载[美]黄宗智、尤陈俊主编：《从诉讼档案出发：中国的法律、社会与文化》，法律出版社2009年版，第50页。
[3] 参见[日]唐泽靖彦：《从口供到成文记录：以清代案件为例》，尤陈俊译，载[美]黄宗智、尤陈俊主编：《从诉讼档案出发：中国的法律、社会与文化》，法律出版社2009年版，第93页。

其中也包括那些并非以官话为母语的读者,所谓的文艺体裁的规范化能力业已逐渐使得散发着地方气息的词汇趋于消失。① 晚清逐渐流行的白话小说、时文体裁,体现了那个时代作为一种时尚文风和标准化文字的理念,对于供职于县衙门的书吏撰写口供的官文风格产生了实质影响。"清代的人们相信,在白话小说、上乘时文与口供记录的撰写技巧之间存在着共通之处,也正是这一信仰,塑造了决定如何制作供词的文化背景。"②加之在司法领域供刑名幕友撰写标准化文书参考之用的各类指导手册,对其提升司法文案写作的技能有着重要作用。这其中既有《办案要略》、《命案要略》及《招解说》等对口供体裁和叙事技巧具有普遍指导意义的参考手册;也有对口供官文适当表达方式的指导用书。如作为官话参考书的《正音嚼华》,不仅为未来官员提供了县官在公堂上应当使用何种语言的有用例子,也向县衙门书吏们提供了以基于官话的书面白话表达制作公堂记录的工具。③ 三是,上级官员对县衙书吏的反向促进作用。如上所述,清代地方处理的重罪案件均需由上级进行覆审,对于来自全国各地的覆审官员而言,供其审阅的材料是以官文形式呈现的统一且严格规范化的书面材料,从而倒逼县衙书吏掌握口供等书面材料严格规范的官文撰写技巧和能力。尤其强调书面材料中标准化词汇的使用,以及保持口供材料内容叙事的前后连贯和叙述情节的精巧安排,以使不同地区背景的官员都能对之理解无碍,而不至于招致驳回。④

由此可见,晚清地方司法中书吏所具备的官文标准化读写能力和技巧是当时社会诸多因素促成的结果,而书吏的这一书写能力和技巧成为支撑这一

---

① 参见[日]唐泽靖彦:《从口供到成文记录:以清代案件为例》,尤陈俊译,载[美]黄宗智、尤陈俊主编:《从诉讼档案出发:中国的法律、社会与文化》,法律出版社2009年版,第93页。
② [日]唐泽靖彦:《从口供到成文记录:以清代案件为例》,尤陈俊译,载[美]黄宗智、尤陈俊主编:《从诉讼档案出发:中国的法律、社会与文化》,法律出版社2009年版,第101页。
③ 参见[日]唐泽靖彦:《从口供到成文记录:以清代案件为例》,尤陈俊译,载[美]黄宗智、尤陈俊主编:《从诉讼档案出发:中国的法律、社会与文化》,法律出版社2009年版,第93页。
④ 参见[日]唐泽靖彦:《从口供到成文记录:以清代案件为例》,尤陈俊译,载[美]黄宗智、尤陈俊主编:《从诉讼档案出发:中国的法律、社会与文化》,法律出版社2009年版,第93页。

第三章　卷证材料合理性构建的历史及启示：以晚清司法为基础的考察

时期口供材料普遍具有严格规范化特征的重要条件。

二、卷证制作的严格规范化程序

晚清地方司法对卷证材料规范化的形成，除了书吏所具有的官文规范化和统一性的书写能力这一决定因素外，与这一时期实践中形成的卷证材料制作的规范化程序也有密切关系。清代地方吏役属于县衙门雇佣的非正式人员，但其组织、工作分工及办事程序体现了一种更广泛意义上的官僚理性。在衙门地方事务活动中，衙门雇员创造出有关工作中的技术水平与行为方式的诸多规范，以此宣称自己作为官府雇员和行政专才所起到的社会政治效用，证明其地位与职业的正当性。① 其所创造的工作规范，当然包括衙门书吏对以口供材料为代表的卷证材料制作和运用的程序规范：一是，将口供中的方言和土语转变为与之对应的汉语词汇，作为对口供材料官文制作的首要步骤。即便以书面白话制作口供草稿之前，也有必要将人们在公堂上所叙的言词转化为官话，以便能够将其记录在案。② 二是，对口头陈述的土语或方言转化为官文口供采取两种具体方法：或者将同僚为了帮助听不懂土语或方言的知县而在公堂上口头转译的内容加以记录；或者在参与公堂审讯之时将其所听到的原先以地区性方言所讲述的内容，在自己头脑中转译为官话加以记录。③ 可见，在审讯中当事人所作陈述内容的最初记录，就已采用官文用语进行书面记录，之后制作的口供草状和供上级覆审之用的招状，则基于审讯记录加以进一步的语言整理，尤其招状完全剔除土语和方言的使用。三是，对已成文的口供记录或草稿根据官文的样态加以审查和提炼。书吏可从典型的白话小说及文

---

① 参见［美］白德瑞：《"非法"的官僚》，赵晗译，载［美］黄宗智、尤陈俊主编：《从诉讼档案出发：中国的法律、社会与文化》，法律出版社2009年版，第59页。
② 参见［日］唐泽靖彦：《从口供到成文记录：以清代案件为例》，尤陈俊译，载［美］黄宗智、尤陈俊主编：《从诉讼档案出发：中国的法律、社会与文化》，法律出版社2009年版，第91页。
③ 参见［日］唐泽靖彦：《从口供到成文记录：以清代案件为例》，尤陈俊译，载［美］黄宗智、尤陈俊主编：《从诉讼档案出发：中国的法律、社会与文化》，法律出版社2009年版，第91—92页。

书指导手册中习得的通俗词汇和官话语法,对最初文稿是否符合官文的规范化要求进行审查,总结出口供材料官文撰写的优化方法,包括材料撰写中对词汇选择和使用,从而为后续招状撰写提供可直接引用的正式样本。① 口供材料制作的这一程序要求,对于严格规范化和统一性的材料形成既是一种促进,又能起到一种固化作用。

三、县官对书吏负有的道德和非制度性责任

在清代,作为县衙雇员的书吏日常活动和行为所从事的司法文案起草和撰写工作,虽然是一项繁杂和基本的工作,但又是一项关键工作。正因如此,书吏制作口供等司法材料的规范化和统一性的形成,也有清代地方官僚体制性资源产生的影响和促进作用。"在帝制中国后期的县级政府和地方权威那里,这些资源之纷繁多样,恰似对重要行政工具(档案、卷宗、印信、监狱,等等)的管理,在组织和纪律方面对衙门雇员的控制,诉诸县官公堂并策略性地予以利用,以及与帝国机构或儒家正统意识形态相联系而产生的象征资本。"② 对地方书吏控制的一项重要资源实际上就是县官对其日常活动和行为的约束,因为对所有的衙门雇员加以控制,乃是县官的个人职责。③ 但县官对书吏的控制和约束并非是一种诉诸组织和纪律的正统制度性约束,"县官的权威既非源于其职位在行政组织中的功用,也不是源于其用以履行职责的技能,而是来自于县官对高度个人化的儒家道德理想的认同"④。因而县衙官员对书吏的工作约束主要还是通过儒家思想教化所起的作用。其主要途径是,

---

① 参见[日]唐泽靖彦:《从口供到成文记录:以清代案件为例》,尤陈俊译,载[美]黄宗智、尤陈俊主编:《从诉讼档案出发:中国的法律、社会与文化》,法律出版社2009年版,第94页。
② [美]白德瑞:《"非法"的官僚》,赵晗译,载[美]黄宗智、尤陈俊主编:《从诉讼档案出发:中国的法律、社会与文化》,法律出版社2009年版,第64页。
③ 参见[美]白德瑞:《"非法"的官僚》,赵晗译,载[美]黄宗智、尤陈俊主编:《从诉讼档案出发:中国的法律、社会与文化》,法律出版社2009年版,第57页。
④ [美]白德瑞:《"非法"的官僚》,赵晗译,载[美]黄宗智、尤陈俊主编:《从诉讼档案出发:中国的法律、社会与文化》,法律出版社2009年版,第58页。

第三章　卷证材料合理性构建的历史及启示：以晚清司法为基础的考察

通过儒家思想文化的教化增强县衙官员的权威性而产生行为约束力。对书吏约束的目的在于，使他们不至于滥用权力而可能破坏儒家政治秩序的温和专制理想，并进而威胁到帝国机构的合法性。① 从儒家道德理想在这一约束机制中的作用来看，不仅维护了由县官为其缩微代表的帝国权威，又保障了地方社会精英这一更广泛阶层的权威。② 由儒家思想文化产生的这一意识形态的权威，可以转化为一种实际强制力的约束。因为意识形态合法化，会使其变得不易察觉，并因而帮助滋生出一种对强制力的误识。由于将强制力置于此一认知结构或世界观之中，这种误识既存在于当权者身上，也存在于受治者之间。③ 主要通过县衙官员的日常监督工作，以及对书吏文案职业灌输的儒家道德伦理观念所形成的文书制作严谨认真态度，在口供材料制作的规范化和统一性上产生了重要影响。

第四节　晚清地方司法中卷证材料构建风险的基本认识及其防范

晚清地方司法中以口供为代表的卷证材料制作是对材料形式和内容的一种合理性构建，其目标在于通过材料制作的规范性和标准化体现材料的可接受性和证明价值，从而使得材料的阅读者和使用者迅速、准确和有效地把握案件事实真相。但相对于口头陈述做出的自然文字记录而言，这类言词材料本身是人为因素深度介入的结果，客观上存在影响材料真实可靠性的风险。尽管晚清卷证材料构建的合理性与材料制作过程可能存在的不可靠风险看似存

---

① 参见［美］白德瑞：《"非法"的官僚》，赵晗译，载［美］黄宗智、尤陈俊主编：《从诉讼档案出发：中国的法律、社会与文化》，法律出版社2009年版，第58页。
② 参见［美］白德瑞：《"非法"的官僚》，赵晗译，载［美］黄宗智、尤陈俊主编：《从诉讼档案出发：中国的法律、社会与文化》，法律出版社2009年版，第58页。
③ 参见［美］白德瑞：《"非法"的官僚》，赵晗译，载［美］黄宗智、尤陈俊主编：《从诉讼档案出发：中国的法律、社会与文化》，法律出版社2009年版，第58页。

在一种矛盾现象,但从晚清地方卷证材料制作的固有规律和官僚体制运行特点来看,这一矛盾现象又可加以合理解释,进而存在规避或化解材料不可靠风险的可能。

一、口头陈述转变为书面陈述可能存在风险的认识

一般而言,当事人的口头陈述转变为官文样式的书面陈述,是将当事人所述内容由第一手材料变为第二手以上材料的过程。在材料的这一转变过程中,对语言的形式与内容、结构与文法上的加工、整理和归纳,并融入案件自身客观因素和制作者的主观因素,本身存在信息固定和表达的不可靠风险。在晚清地方司法中,由于重罪案件需要经过上级机构的覆审,为保证上级官员对案件审查的顺利,并取得对县衙官员工作的肯定,口供材料的制作除在形式上保持官文样式外,尤其重视对材料内容的精巧安排。在书面供词最终文稿的绝大部分中,不仅故事内容一模一样,而且措辞也是相差无几。① 以本著作例举的1905年四川某地一起杀人案来看,被害人之母在县衙初审制作的若干份草状中,既有承认参与杀害被害人的供词,也有否认参与犯罪的辩解,但提交上级覆审的招状则将否认参与犯罪的陈述内容予以删除,以保持与供认犯罪的草状相一致。另外,有关该案中由谁提议实施谋杀这一关键情节的供词中,虽然在县衙初审的草状中被害人之母与同案男子各执一词,但上级覆审的两份招状材料均证实由被害人之母提议杀害被害人,且两份招状所叙故事内容相同,所用措辞也完全一致。② 尽管该案上级的覆审是否最终基于案件真实情况做出裁判不得而知,但晚清地方衙门对提供上级覆审的招状材料加工整理乃至剪裁的做法,不可否认对上级官员了解事实真相会产生一定阻碍。

---

① 参见[日]唐泽靖彦:《从口供到成文记录:以清代案件为例》,尤陈俊译,载[美]黄宗智、尤陈俊主编:《从诉讼档案出发:中国的法律、社会与文化》,法律出版社2009年版,第103页。
② 参见[日]唐泽靖彦:《从口供到成文记录:以清代案件为例》,尤陈俊译,载[美]黄宗智、尤陈俊主编:《从诉讼档案出发:中国的法律、社会与文化》,法律出版社2009年版,第96—100页。

第三章 卷证材料合理性构建的历史及启示:以晚清司法为基础的考察

然而,从清代地方司法现状观察,因客观条件所限而在口供材料制作规范上作出的努力,可能又是一种较稳妥的方法。这源于对清代口供成文材料制作的固有要求:一是,清代法律传统强调口供材料制作的统一性和规范性。在清代的司法认知中,案件真相的揭示是建立在只有从被告人口供探知的基本设想之上。从实践需要看,一项连贯一致、剔除相互冲突的口供有利于实现这一看似形式上的目标,因为"当且仅当形成关于事情发生经过的单一叙述之时,案件才会被真实可信。"[1]在清代地方司法中,如果希望案件顺利而有效处理,就需依照法律的要求构建事实真相。于是"不仅是书写实践,而且还包括供词的书写风格,都被用来做到使案件与法典中的罪行种类相一致。"[2]二是,成文记录本身的要求。在成文供词中建构前后一致的细节,是口头言辞被转换为书面文字时所必然发生的结果。[3] 与口头表达不同,成文材料不仅强调文字形式和文法句式的严谨和规范性,而且更注重材料内容具有的条理性和连贯性,因而口供成文记录的一致性,也源自对于读写能力而言不可或缺的各种规范。[4] 所以,晚清地方司法口供材料制作一致性的成文风格,虽有导致口供揭示案情不可靠的现实风险,但更应从口供制作的固有要求和意义上认识这一风险的可能后果及其程度。其中关键在于,言词材料的加工、整理的目的,是为材料本身准确、清晰表达和传递案件信息,从而为有效、全面、迅速理解和把握案情服务,还是将文字的整理作为一种被异化的工具,为实现个人私利或其他目的服务。从清代地方司法实践来看,没有理由相信卷证材料中的招状制作基于后一目的,相反更多在于合理利用文字应有的叙事优势,发挥文

---

[1] [日]唐泽靖彦:《从口供到成文记录:以清代案件为例》,尤陈俊译,载[美]黄宗智、尤陈俊主编:《从诉讼档案出发:中国的法律、社会与文化》,法律出版社2009年版,第82页。

[2] [日]唐泽靖彦:《从口供到成文记录:以清代案件为例》,尤陈俊译,载[美]黄宗智、尤陈俊主编:《从诉讼档案出发:中国的法律、社会与文化》,法律出版社2009年版,第100页。

[3] 参见[日]唐泽靖彦:《从口供到成文记录:以清代案件为例》,尤陈俊译,载[美]黄宗智、尤陈俊主编:《从诉讼档案出发:中国的法律、社会与文化》,法律出版社2009年版,第103页。

[4] 参见[日]唐泽靖彦:《从口供到成文记录:以清代案件为例》,尤陈俊译,载[美]黄宗智、尤陈俊主编:《从诉讼档案出发:中国的法律、社会与文化》,法律出版社2009年版,第100页。

字对语言整理的一种正向合理表达的促进功能。

二、书吏思想动机、道德品质等主观因素对口供材料制作风险的认识

　　供职于县衙从事口供等文书材料制作的书吏,属于晚清官僚体制之外的非正式雇员。尽管其文案工作在晚清地方政权运行中具有不可或缺的作用,但该群体的社会地位,尤其经济地位在整个官僚体制中属于最低层级。"由于国家只为其提供少得可怜的费用甚至根本就不提供,自南宋以降,衙门雇员就转而依赖于从任何与衙门打交道的人们那里收取各种普遍存在的陋规或规费,而不管对方是否自愿。"①在清代官僚阶层的固有观念及当时对这一群体研究的代表性论著中,普遍将其鄙视为最为奸诈狡猾与贪赃枉法之徒。正如清代有影响的论著所言:"今天下之患,独在胥吏";"吏之骄横,与官长同,缙绅士大夫,俛首屈志,以顺从其所欲,小民之受其渔夺者,无所控诉,而转死于沟壑。"②有关对清代地方书吏的上述评价是否与当时社会现实情况相符,抑或这些现象是否具有普遍性,则无从考证。但从清代基层社会现状观察,实际上,处于官僚体制结构基础的县衙门,其所面临某种紧张关系的结点之上:一端是他所认为的朝向政治集权化与结构理性化发展的长期趋势,另一端则是地方权力多元化的社会压力。③ 因而晚清县衙权力的实际运行处于理性、科层化与非理性、非科层化相互交织的结构之中,反映在地方书吏的日常活动中也存在这一权力运行的两面属性。

　　由于晚清地方政府财政困难,从案件中收取各种费用不仅提供了养活大

---

① [美]白德瑞:《"非法"的官僚》,赵晗译,载[美]黄宗智、尤陈俊主编:《从诉讼档案出发:中国的法律、社会与文化》,法律出版社2009年版,第51页。
② [美]白德瑞:《"非法"的官僚》,赵晗译,载[美]黄宗智、尤陈俊主编:《从诉讼档案出发:中国的法律、社会与文化》,法律出版社2009年版,第49页。
③ 参见[美]白德瑞:《"非法"的官僚》,赵晗译,载[美]黄宗智、尤陈俊主编:《从诉讼档案出发:中国的法律、社会与文化》,法律出版社2009年版,第54页。

第三章 卷证材料合理性构建的历史及启示:以晚清司法为基础的考察

量全职雇员所需的个人薪酬,而且还为衙门各部门和分部门的运作提供所需的资金。① 这种所谓非理性的做法不仅远未构成一种造成功能失常的腐败形式,而且还经常被当作地方行政的财政支柱。② 正如美国学者斯科特所言,这种做法实际上相当于一种满足不同需求的渠道,离开这种渠道更为正式的政治结构和社会结构将无法独存。③ 如果说地方书吏在经济上自给自足的制度外行为,对清代地方权力运行有所影响,也主要是对地方政府体系运行基础的影响,而非是对其自身文书制作的影响。相反,清代地方书吏的文书制作体现出制度和科层化所要求的行为。因为清代地方公堂不仅被作为执行刑事制裁的场所,而且更是一个仪式的中心,其体现的是帝国的权威。④ 尽管衙门吏役是在法律制度之外发挥作用,并且常常是直接违反法令,但却以其内部形式并付诸实施的规则与程序,表现出明显前后一致的组织性与理性化。⑤ 所以,清代地方书吏是否因收取费用或其他个人目的导致文书材料制作的失真,难以从逻辑和经验的层面进行判断,更难以将其与书吏的道德品质和职业素养相联系而产生对口供材料制作影响加以衡量,而将其置于晚清地方组织结构和司法运行的实际需要加以考察,可能得出的结论更为符合实际。从对晚清地方司法档案的发掘和整理来看,书吏巧立名目、徇私舞弊而导致对材料的编造或篡改的情形,在晚清司法档案中所见甚少。从中至少可以得出的初步结论是,晚清地方司法因书吏自身的主观原因而导致书面证据材料不实的个案不具有普遍性。

---

① 参见[美]白德瑞:《"非法"的官僚》,赵晗译,载[美]黄宗智、尤陈俊主编:《从诉讼档案出发:中国的法律、社会与文化》,法律出版社 2009 年版,第 71 页。
② 参见[美]白德瑞:《"非法"的官僚》,赵晗译,载[美]黄宗智、尤陈俊主编:《从诉讼档案出发:中国的法律、社会与文化》,法律出版社 2009 年版,第 71 页。
③ See Scott, James C. *Comparative Political Corruption*. Englewood Cliffs, Prentice Hall, 1972. p.2.
④ 参见[美]白德瑞:《"非法"的官僚》,赵晗译,载[美]黄宗智、尤陈俊主编:《从诉讼档案出发:中国的法律、社会与文化》,法律出版社 2009 年版,第 70 页。
⑤ 参见[美]白德瑞:《"非法"的官僚》,赵晗译,载[美]黄宗智、尤陈俊主编:《从诉讼档案出发:中国的法律、社会与文化》,法律出版社 2009 年版,第 52 页。

三、晚清地方书吏口供材料制作的风险防范

晚清地方司法中书吏对口供等书面材料制作的不实或差错风险实际上是客观存在的,这可能因其理解和书写能力以及案件和社会环境等客观因素所致,甚或书吏自身私利或其他不良动机的主观原因故意所为。但即便如此,在晚清司法体制中存在两种基本手段加以防范:一是,案件的覆审程序。覆审制度始终对州县官们构成压力,使得他们在重罪案件的处理上尽其可能地谨慎为之。① 在晚清地方司法中,对书吏在案件审理过程的记录和之后制作的口供草状及招状等书面材料,县官有着审查把关的作用,这可视为基层司法体制对口供等书面材料制作风险的一种初步防范步骤。但由于县衙自身利益及客观条件所限,这一环节的防范是脆弱的,"县官采信这种表达而非另一种,本身并不意味着前者就必定为真。与所有人一样,县官也会犯错误,也会受自身偏见和利益的影响,进而为其操纵而犯下愚蠢的错误。"②所以,作为与案件利益无关的上级官员运用的覆审程序加以把关就尤为重要。对于判处徒刑以上刑罚的重罪案件,晚清设置了以下严格的覆审程序:县衙处理后需将案情报告、口供草状和招状等书面材料移送府一级衙门,如果府衙官员审核之后,认为判决适当,案卷将会连同罪犯一起,解送至省级按察使,在审核案卷与对罪犯进行审讯之后,其认为拟判适当的,便将案件转报督抚,督抚有权批结死刑外的案件,并交付执行。涉及死刑及遣军流罪案件,则由其送呈刑部,由刑部经过详议审核无误后,方可执行刑罚。而死刑案件还须得到皇帝旨意才可依议结案。③ 案件经历的上述覆审程序中,对书吏制作完成的案情报告和相应

---

① 参见[日]唐泽靖彦:《从口供到成文记录:以清代案件为例》,尤陈俊译,载[美]黄宗智、尤陈俊主编:《从诉讼档案出发:中国的法律、社会与文化》,法律出版社2009年版,第83页。

② [美]白德瑞:《"非法"的官僚》,赵晗译,载[美]黄宗智、尤陈俊主编:《从诉讼档案出发:中国的法律、社会与文化》,法律出版社2009年版,第47页。

③ 参见[日]唐泽靖彦:《从口供到成文记录:以清代案件为例》,尤陈俊译,载[美]黄宗智、尤陈俊主编:《从诉讼档案出发:中国的法律、社会与文化》,法律出版社2009年版,第82页。

第三章 卷证材料合理性构建的历史及启示:以晚清司法为基础的考察

的草状及招状材料的审查则成为重点。上级官员根据案情审查的需要,尤其对案情主要情节有疑点或口供材料前后之间存在的矛盾现象,可以要求县衙呈送完整的案卷材料,将供状或草状与招状或案情报告之间进行纵向对比,以及不同当事人之间的口供材料进行横向对照,运用经验和常理加以判断和厘清。晚清地方机构所判重罪案件经过上述严密和复杂的覆审程序,在追求案件真相的过程中,对地方书吏制作形成的口供等书面材料存在的风险具有防范作用,这也是晚清地方司法档案中所发现刑事案件差错或发回重审案件比率较少的一个重要原因。

二是,对制作不实口供材料而出入人罪或造成其他严重后果的基层官员及书吏加以惩治。在晚清官僚体制中,各层级官员任职及职务行为均受到相应法律的严格约束。"这些品秩官员构成了行政人员的主体,其资格认定、职务委任以及晋升、惩戒的程序,均由成文的规章加以规定。"① 马克斯·韦伯认为,理性化的官僚制政治应该达到这样一种程度,即它是依靠正式的规章制度来规范官员的行为并将之当作官员获得权力的来源。② 晚清县衙对案件处理的活动受到对官员行为约束的基本规范调整,在县衙司法中对于违反规则和法令的行为,包括因口供等材料制作原因导致案件裁判的错误,对相关人员的处理有两种情形:其一,对案件处理负有直接之责的州县官员行为惩治。从最广泛的意义上来说,帝制中国后期所有的法律均具有行政特性,因为当时并没有在形式上对政府的行政职能与司法职能加以区分。③ 因而州县官员在司法活动中的责任,系以行政责任的追究为主,④对县衙官员处理案件的失范或越

---

① [美]白德瑞:《"非法"的官僚》,赵晗译,载[美]黄宗智、尤陈俊主编:《从诉讼档案出发:中国的法律、社会与文化》,法律出版社2009年版,第56页。
② 参见[美]白德瑞:《"非法"的官僚》,赵晗译,载[美]黄宗智、尤陈俊主编:《从诉讼档案出发:中国的法律、社会与文化》,法律出版社2009年版,第56页。
③ 参见[美]白德瑞:《"非法"的官僚》,赵晗译,载[美]黄宗智、尤陈俊主编:《从诉讼档案出发:中国的法律、社会与文化》,法律出版社2009年版,第57页。
④ 参见李凤鸣:《清代州县官吏的司法责任》,复旦大学出版社2007年版,第195页。

轨行为可以运用更为便利的行政手段加以惩治。具体表现为，上级覆审中对案卷及罪犯和证人的供词发现的疑点，案件除了将发回下一级重审外，下级官员还将被严加告诫，如果案件处理明显失当将会断送州县官员的前程。① 在清代，对于供职于县衙以上官府的正式人员，其不当或违规行为可以给予包括罚俸、降级和革职等处分。② 通过对州县官员这一行政手段的适用，促使其对重罪案件的处理更为谨慎，从而间接督促县衙书吏对关键证据材料制作更为认真和规范。其二，对县衙书吏过失或徇私枉法的故意行为加以惩处。晚清地方书吏虽属体制外的基层机构雇员，但其对案件文书材料制作的职务行为同样纳入正式与非正式规范的约束之中。书吏们起草文书需要附上姓名，一旦文书出错，也需要承担相应的责任，因此书吏们办案亦不能恣意妄为。③ 从四川巴县保存的清代司法档案显示，县衙书吏的不当行为可用内部惩戒方式加以解决，即缴纳一笔罚金，或犯错书吏做东摆上几桌酒席，邀请所属部门的其他成员参加；书吏有多次犯错等情形，则需提交所属部门的议事会议加以调处。④ 对于县衙书吏因受贿或贪图私利而制作出入人罪、徇私枉法的不实口供等书面材料，"它们不是规定在处分则例之中，而是被规定在《大清律例》之中，"⑤依照《大清律例》的规定，可以按敲诈勒索、收受贿赂、侵占公产等罪名处之。所以，通过对负责案件处理的州县官员及文书制作的书吏失范或越轨行为的惩治，在晚清的组织体制内，也可在一定程度上达到对口供等关键材料制作风险加以防范的效果。

---

① 参见[日]唐泽靖彦：《从口供到成文记录：以清代案件为例》，尤陈俊译，载[美]黄宗智、尤陈俊主编：《从诉讼档案出发：中国的法律、社会与文化》，法律出版社2009年版，第83页。
② 参见郑秦：《清代法律制度研究》，中国政法大学出版社2000年版，第346页。
③ 参见张玲玉：《清代州县司法中的官吏分途与权力分化——兼论传统中国司法的"专业性"问题》，《华中科技大学学报（社会科学版）》2021年第3期。
④ 参见[美]白德瑞：《爪牙：清代县衙的书吏与差役》，尤陈俊、赖骏楠译，广西师范大学出版社2021年版，第96—97页。
⑤ [美]白德瑞：《"非法"的官僚》，赵晗译，载[美]黄宗智、尤陈俊主编：《从诉讼档案出发：中国的法律、社会与文化》，法律出版社2009年版，第57页。

第三章　卷证材料合理性构建的历史及启示：以晚清司法为基础的考察

第五节　晚清地方司法卷证材料 合理性构建的启示

当代我国刑事司法仍重视以口供为代表的卷证材料在定案中的重要作用，其与晚清地方司法主要依赖口供等言词材料的运用有着相似之处。在当前司法改革中，随着认罪认罚从宽制度的确立和普遍推行，基层人民法院适用的刑事速裁程序或简易审判程序大幅增加，中级人民法院适用的普通审判程序也存在适当简化的趋势，刑事卷证材料运用的广度和深度进一步增强。由此产生的司法现实问题在于，案件处理的效率与公正、数量与质量之间如何加以适当平衡？从这一问题处理与卷证材料运用的联系上看，实际上是以什么样的卷证材料运用于司法之中的问题。这不仅涉及对卷证材料的来源和运用的规范问题，而且关乎卷证材料生成的方式和风格问题。应该指出，晚清地方司法以严格规范化和统一性为特征的对言词材料进行的合理性构建，为当代我国刑事卷证材料生成方式的转变提供了重要启示。

一、突破案件事实认定在证据要求上的传统理念

从立法和实践来看，当代中国刑事司法对案件事实的认定需要依据确实充分的证据，其立足于案卷中证据材料的一定数量和规模，以此保障证据之间相互印证和一致性，形成完整证据链条，最终达至对案件事实真相的认定。由于强调定案的证据确实充分，这一事实认定方式成为一种追求证据高度完整性和实际可检验性的方式，其体现为案件事实认定上的客观真实主义理念。但这种事实探知理念运用于司法实践中，又是一种耗费过多人力、物力和财力等司法成本的理念，而且由于案件自身的特性和办案客观条件限制，在有的案件中这一事实探知理念可能难以实现。相反，晚清地方司法则强调特定言词类证据材料的内容和形式上的规范化和统一性标准，以构建合理有序的卷证

材料，从而达成对案件事实真相探知的目标。显然，对卷证材料合理性构建的方式反映了事实探知的技术主义理念，它对当代中国司法事实认定的重要启示在于：一是，重视卷证材料形成的技术路线对事实认定可起到正向促进作用。当代我国刑事案件事实证明中，关注以口供为中心的言词证据材料生成方式的规范化和统一性，增进材料自身形成的品质和质量，可以更为充分发挥材料的证明价值。而在诸如受贿、贪污等证据收集困难的职务犯罪案件中，重视对口供材料形式和内容的合理性构建，在一定程度上可弥补证据收集不充分产生的事实认定缺陷。二是，严谨性和规范化的证据材料为案件事实认定过程的顺利和便捷提供条件。从晚清地方司法卷证材料规范化和统一性的制作方式对上级官员掌握案情的促进作用看，当代中国司法注重关键性言词材料的合理性构建，当然有利于裁判者方便、快捷和准确把握案件事实，对提高诉讼效率有利。对于重大、复杂、疑难案件，言词证据材料形式和内容的严谨性和规范化要求，对全面、系统把握案情的前提下，突破关键性的事实和情节更为重要。三是，卷证材料形成的技术路线在实践中的其他作用。包括对公安司法机关及办案人员日常证据调查取证的规范化和标准化工作方式的养成；保障上级法院基于对材料的书面审查，对下级法院进行有效的审判监督和指导；证据材料形式和内容制作标准的规范化和统一性，为我国人工智能运用于司法提供重要基础条件等。

二、言词证据材料正式文书属性的形成

晚清地方司法中口供证据材料的生成具有两个主要特点：一是，口供材料的形成，要求忠实于当事人原意的基础上，以统一书面语的形式加以制作，剔除口头陈述中的土语、方言和区域性语言。二是，口供材料强调规范化用语和法律语言的运用，以反映官文乃至法律文书的固有特点。口供材料正式文书属性的这些特点，不仅体现官文应有的严肃性及权威性，而且也是保障其在全国范围内有效运用的途径。当代我国案卷中言词材料的制作较为注重材料抬

第三章 卷证材料合理性构建的历史及启示:以晚清司法为基础的考察

头、结构布局、结尾等外部格式,但材料内容的形成上采用自然记录方式,不仅制作的材料具有较浓厚的口语化表达风格,而且在内容中不时出现一定的方言、土语甚至俗语表达。言词材料生成中的上述缺陷,实际影响了侦查机关制作的卷证材料的严肃性和权威性,对二审、再审等程序中上级法院理解和掌握初审中的证据材料也产生障碍,削弱对下级裁判的监督和制约机制。同时,随着电子载体或手段的广泛运用,不仅通过庭审过程可以展示各种电子化的言词证据材料,而且也可通过裁判文书网适当公开这类证据材料,其逐渐具有了公共产品的属性,但较为随意且粗疏的传统言词证据材料生成方式,一定程度上阻碍了公众对卷证材料及相应裁判的了解和判断,难以发挥舆论对审判的监督作用。所以,将案卷中的言词证据材料以正式官方书面材料相待,对其形成和制作中语言的规范化和统一性提出明确要求是适宜的。具体而言,在言词证据材料改造的初期阶段,侧重于消除材料中的方言、土语、俗语等地方性、区域性语言,采用较严格的规范化和统一性语言标准,体现语言表达的简洁、准确;而在实践经验积累和提炼基础上,逐渐运用法律和司法正式用语形成言词证据的书面材料,最终体现这类材料所具有的一定文书属性。

三、言词证据材料内容的适当加工和整理

从晚清地方书吏对口供材料的制作来看,运用语言叙事手段,对口供内容作出符合思维逻辑和叙事规律的方式加以调整,以达至裁判者对案情信息全面、准确、清晰和有效了解和把握的目的,是晚清地方言词材料合理构建的重要体现。我国司法实践中以口供为代表的言词证据材料的制作主要是对陈述者口述内容的一种自然记录,由于强调材料的数量和规模效应,材料的重复性制作较为普遍,导致这些材料制作成本和投入较大,制作效率较低。但问题的关键还在于,运用这类未适当加工整理且数量较大的材料,对于司法者迅速、全面、清晰和有效把握案情则有较大难度,可能最终影响对事实认识和判断的可靠性。其中对于重大复杂疑难案件,没有一套经过有效梳理的言词证据材

料，司法者要将案情及具体情节与定罪量刑的法定事实条件进行对应性分析，做出较为准确和全面的判断更为困难。所以，在保持口供等言词材料基本可靠性的基础上，对其内容适当的加工和整理是必要的：一方面，对口供和证言等书面证据材料的内容，通过叙事结构和文法句式的运用可以进行适当的加工和整理。对言词证据书写内容的加工和整理，无需以清代严格的文学或时文撰写手法为参照，但可对案情表达的准确性、清晰性和关键性提出一定要求，包括案情陈述的主次、轻重、逻辑关联和前后顺序和一致性的要求，适当删除对定罪量刑无关的细枝末节，增加需强调和说明的内容和情节等。另一方面，对言词证据材料结构加以重构。从晚清地方司法供词材料的制作来看，虽然这类材料制作的次数和份数没有要求，但仍主要由草状和招状两种材料构成。前者主要提供对案情初始性和全面性的认识，后者主要对前者提炼的基础上，提供对案情准确性、清晰性和关键性认识。当前我国司法实践中，以侦查机关制作的口供证据材料为例，主要有初步性和补充性两类口供材料。这些材料的共性在于，对陈述者的口述内容均为自然和原始记录，其价值在于反映案情的原貌和细节，但缺乏对案情来龙去脉、层次分明的有效梳理，及对案情重点和关键点的明确叙述。借鉴晚清口供材料的上述两种类型，可以在现有口供证据材料结构的基础上，注重对口供材料的适当整理和提炼，形成逻辑清晰、案情主次明确，又关注争点和具体细节的概括性口供材料，以确保司法者对案件事实全面和准确地把握和认定。在特定案件中，还可在已有材料结构基础上形成提炼性更强的案情或证据分析报告（该材料可供公安司法机关内部使用），从而构建当代我国司法中言词证据材料的合理结构。

四、卷证材料制作者的专业化和技术化要求

从晚清地方较精细化和规范化口供材料制作手法来看，地方书吏语言文学的素养，以及文书制作的专业化和技术化能力起到了决定性作用。当代我国刑事案件言词证据材料的制作主要完成于侦查阶段。但在实践中，侦查机

第三章 卷证材料合理性构建的历史及启示：以晚清司法为基础的考察

关言词证据材料的制作者，一般是讯问或询问犯罪嫌疑人、证人及被害人的侦查人员，即是说，侦查人员既是侦查行为及侦查措施的实施者，也是侦查中言词等卷证材料的制作者，案件的办理者与证据材料的制作者并未分离。由于侦查人员并非是具有语言文字专长及文书制作的专业人员，言词证据材料制作的规范化和技术性水平不足。从立法和实践来看，出自侦查人员之手形成的言词证据材料被称之为笔录（记录）材料，即所谓制作的材料只是原始记录的结果，并非具有整理加工特点的产品。这一材料形成的非专业化特点，显然与我国侦查阶段言词证据材料制作者的非专业性有关。清代地方书吏的设置，可能因分离的体制带来材料制作制约的不足产生材料可靠性的一定风险，但专业化的材料制作者却增强了证据材料制作的规范化和统一性标准，成为清代地方言词证据材料合理性构建之基础，对我国文书制作的专业化道路的选择仍有重要启发意义。从我国现行司法体制来看，人民法院和人民检察院均在审判和审查起诉环节设置有书记员的岗位，且通过司法机关人员分类管理体制改革后，法检两机关的书记员岗位更为稳固，职业保障程度更高，也进一步增强了其专业化属性。所以，参照法检两机关的书记员岗位设置，在侦查机关内部设置专施文书制作及相应文书整理和文档流转的书记员岗位也是可行的。因书记员对证据材料专业化的制作并对材料的可靠性负有责任，必然对其职业定位做出新的界定及岗位条件和职责提出新的要求。但与晚清非体制内的地方书吏多通过儒家道德教化的约束不同，当代这类文书制作的专职人员与司法一体化人员无异，应纳入司法系统的组织纪律和法律约束之内。

第四章　卷证的审判:经验抑或技术的取向

　　与语言的特征相对应,从文字的外部和内部特征分析入手,可以较清晰地看出以文字为载体的刑事卷证自身证据多元价值所具有的特点和优势,但由此没有否定在庭审过程中以语言为载体的言词证据在查明案件事实和帮助法庭厘清争执的实体及程序问题的作用,因为以语言形式呈现的证据直观性和易接受性也是显而易见的。相反,由文字和语言所构成的卷证和口证两种证据形式在审判中的运用却形成了审判不同的特征和风格,这也是当今两大法系刑事审判传统样态的显著差异,从中可以看出审判价值取向的不同。

第一节　口证方式:经验的审判

　　由于采传闻证据排除法则和起诉状一本主义原则,英美法系较为严格排斥案卷材料在审判阶段的运用,各类人证的提供者需以口头方式在庭上陈述并进行相应的调查和质证,因而英美法系的刑事审判可称为一种口证的审判方式。口证,即口头证据,是指具有合法作证资格的人(证人、被害人、鉴定人和侦查实施者等)出席法庭,以口语的方式就自己所了解的案情进行陈述所形成的证据形式。如果将口证方式的普遍运用与英美法系庭审过程相联系加以考虑,它所体现的英美法系审判风格正是一种经验主导的审判。要回答这一问题,需要从语言自身特性的分析入手。

一、语言与经验的关系

"语言作为社会具有创造性的东西并不能被想象成是理性的谈论,而从根本上说是具美学特征的。……美学的语言偏向想象与感情,以最直接的形式促进经验共享。"① 语言是一种视觉和听觉融合的艺术,语言的美学特征在于语义的表达通过语调、语音、语速等语言感性的外部形式来实现,对于接受者来讲是在体验中积累的经验而感知的。"语言符号连接的不是事物和名称,而是概念和音响形象。后者不是物质的声音,纯粹物理的东西,而是这声音的心理印迹,我们的感觉给我们证明的声音表象。它是属于感觉的,……而且是跟联想的另一个要素,一般更抽象的概念相对立而言的。"② 经验是人们在长期社会活动实践中根据自身的接触、经历、体会而积累起来的对事物的感性认识和看法。正因如此,以口证(口头陈述)运用为特征的英美法系刑事审判,对于作为既是听者又是裁判者的法官和陪审团而言,更多需要运用经验和直觉来达成对案件事实的认知。韦伯指出,"英国与美国最高法院的裁判,一直到今日为止,在极大程度上仍然是经验的裁判,尤其是依据判例来裁判。"③当然,判例的运用不仅限于最高法院,其他法院法官同样运用这一判例原则。判例是经验审判的外在表现,而判例的形成过程却是与口证的审理方式相联系的。事实上,大凡有陪审团参与或法官主要遵循口头陈述为原则的刑事审判活动,都与裁判者的经验有着密切关系。

---

① [美]郝大维、安乐哲:《先贤的民主》,何刚强译,江苏人民出版社 2004 年版,第 60 页。
② [瑞士]费尔迪南·德·索绪尔:《普通语言学教程》,高铭凯译,商务印书馆 2008 年版,第 101 页。
③ [德]马克斯·韦伯:《韦伯作品集Ⅲ:支配社会学》,康乐等译,广西师范大学出版社 2004 年版,第 48 页。

二、口证方式与经验的审判

在英美法系的刑事审判中,口证的方式与事实裁判者经验运用的关系,由两方面的因素所决定:一是,对抗制庭审。对抗制庭审要求控辩双方进行面对面的语言交锋,双方需要举证和质证,裁判者则以眼见为实的态度认真"听证"。"这种制度在知识创造上的最大限制就是将案件中的事实争议基本上排除在法官和法学的思考之外。"①庭审过程成为裁判者运用自身阅历和经验的判断过程,在特定的时空领域感性的认知多于理性的分析。二是,庭审的二元制结构。达马斯卡评价英美法系审判结构时曾说,英国审判机构就像一个半人半马的怪兽——一半专业,一半外行,法官审案,陪审团提供事实。② 在如此二元制的庭审结构中,"诉讼必须是口头的,因为在大多数案件中,陪审团是文盲;审判必须尽可能地集中,因为陪审团只能短时间集会。"③在庭审过程中,"他们有很大的余地去进行自发行动和即兴发挥,也有足够的空间去作出情绪化的反应或凭借过度的激情去行动。"④就对案情的判断而言,陪审团主要依凭的是自身的感知能力(直觉),而非理性的思考和认知。

建立在口证基础上的经验审判,由于事实裁判者能够面对知情者,后者的一举一动,一言一行都在其注视之下,通过自己的直觉和感受实时了解鲜活的案情,使之以一种戏剧化的场景得以展现。"声音的物理性质塑造了我们的情感体验。"⑤而"感情和想象力比起信息与理性来,对左右公众的情感和观点

---

① 苏力:《送法下乡:中国基层司法制度研究》,中国政法大学出版社2000年版,第156页。
② 参见[美]米尔伊安·R.达玛什卡:《司法和国家权力的多种面孔——比较视野中的法律程序》,郑戈译,中国政法大学出版社2004年版,第59页。
③ [法]勒内·达维:《英国法与法国法:一种实质性比较》,潘华仿等译,清华大学出版社2002年版,第71页。
④ [美]米尔伊安·R.达玛什卡:《司法和国家权力的多种面孔——比较视野中的法律程序》,郑戈译,中国政法大学出版社2004年版,第36页。
⑤ 林岗:《口述与案头》,北京大学出版社2011年版,第50页。

有更重要的作用。"①所以,这种经验的审判也可能更为公众所了解和接受。但司法最终需要通过对案件严密而合理的处理来实现正义的价值,建基于口证之上的经验审判可能产生的问题在于:一是,个人的情绪化导致处理案件的随意性。在强调感性和直觉的经验审判中,"有待处理的问题很难同个人的特性分割开来。"②如果在法官或陪审员案件处理中的个性程度偏重,案件认知的情绪化和随意性增强,案件处理的严密性则会减弱;二是,案情认知的全面性障碍。在二元法庭,法官可以通过预审,裁定将不可采纳的信息阻挡在事实认定者的门外,使不可采但其他方面却可信的证据不在事实认定者的头脑中留下任何印记。③ 这种做法虽有审判公正性的考虑,但对全面、周密地查明案情不利。

第二节　卷证方式:技术的审判

一、卷证方式与技术的审判

经验"避开了抽象与不适当之处,避开了字面上解决问题,固定的原则与封闭的体系,……"④显然,经验的审判在与语言交融的同时,与文字的运用则是相排斥的。英美法系的传闻排除法则以及庭审的二元制结构等制度性因素成为排拒以文字形成的卷证于经验审判之外的重要基础。然而不能回避的一个基本事实是,不仅在我国,而且在大陆法系主要法治国家刑事审判仍是以卷

---

① [美]郝大维、安乐哲:《先贤的民主》,何刚强译,江苏人民出版社2004年版,第60页。
② [美]米尔伊安·R.达玛什卡:《司法和国家权力的多种面孔——比较视野中的法律程序》,郑戈译,中国政法大学出版社2004年版,第36页。
③ 参见[美]米尔建·R.达马斯卡:《漂移的证据法》,李学军等译,中国政法大学出版社2003年版,第65页。
④ [美]威廉·詹姆士:《实用主义》,陈羽纶等译,商务印书馆1997年版,第29页。

证为基础的审判。① 达马斯卡曾就大陆法系裁判者的司法操作演进历史与卷证运用的关系指出:"他们逐渐习惯于在井然有序的文件的基础上来进行决策,这些文件过滤掉了可能营造出决策中的回旋余地的、'杂乱的'情境性和个人性细微差异。"②由于以文字为载体的卷证叙事的严密性和条理性,以及卷证所产生的"知识积累"效果,卷证的运用更可能使裁判者趋于理性而褪去个性化和情绪化的色彩,其对庭审的操控也可能更为缜密和周全。客观上讲,立基于理性的、井然有序的审判求之于审判的实际有效性,而非止于审判剧场化的表演仪式。法国技术哲学大家雅克·埃吕尔(Jacques.Elull)认为,"一切有效用的手段和方法就是技术。"③具体而言,"在一切人类活动领域中通过理性得到的(就特定发展状况来说)具有绝对有效性的各种方法的整体。"④据此,运用卷证的审判方式权且称为一种技术的审判。

方法和手段的有效性是衡量审判是否具有技术性的主要标准。审判的方法和手段是否有效,当然在于这一方法和手段的运用是否产生了预期的审判结果。"司法是一项需要专业技能的工作,不仅对于解决法律问题来说是如此,对于揭示事实的活动来说也是如此。"⑤有效的方法和手段产生的司法结果既包括案件法律适用正确性的结果,也包括案件事实认定可靠性的结果。由于文字叙事的功能而决定的刑事卷证的外部特征和内部属性,使其具有突出的证据价值和效用,运用卷证的这一司法方法所产生的突出司法结果就在

---

① 关于主要大陆法系国家刑事司法中检察官移送卷证材料、预审程序和庭前准备程序卷证的阅览和运用以及庭审活动卷证的宣读和引证等情况,可参见牟军:《欧陆刑事诉讼实践:刑事案卷的运用与审判中心主义》,载何家弘主编:《法学家茶座》第45辑,山东人民出版社2015年版,第109—112页。
② [美]米尔伊安·R.达玛什卡:《司法和国家权力的多种面孔——比较视野中的法律程序》,郑戈译,中国政法大学出版社2004年版,第50页。
③ [美]米尔伊安·R.达玛什卡:《司法和国家权力的多种面孔——比较视野中的法律程序》,郑戈译,中国政法大学出版社2004年版,第11页。
④ 王秀华:《技术社会角色引论》,中国社会科学出版社2005年版,第11页。
⑤ [美]米尔伊安·R.达玛什卡:《司法和国家权力的多种面孔——比较视野中的法律程序》,郑戈译,中国政法大学出版社2004年版,第45页。

第四章 卷证的审判:经验抑或技术的取向

于,藉由卷证能够更为稳健、全面和细致地查明案件事实,保证裁判实体结果的可靠性。但技术的审判又是审判的过程和结果有效性的统一,运用卷证这一司法方法的有效性不仅需关注其运用的具体结果,也需考察其运用过程是否体现出有效性,没有过程的有效性,也就无结果的有效性。

二、卷证的运用与技术审判效果

运用刑事卷证产生的技术审判效果突出地反映在对审判过程(环节)有效性诸多方面的影响:

1. 审判目标的明确性和可预见性。技术和确定性是不可分隔地连在一起的,因为确定的知识,是不需要在它自身之外寻找确定性的,知识不仅以确定性终,而且也从确定性始,确定性是贯彻始终的知识。[①] 相对于不预设审判目标而以现时口头陈述为基础的经验审判而言,技术审判的一个重要特点是,强调裁判者对庭审方向和趋势的把握,需要为庭审设定确定性而又可预见的目标。在技术审判中,这一目标实际上是庭审追求的可预知的真实性结果,即遵循大陆法系普遍坚持的实质真实原则。在审判前确立如此的目标并预知审判可能的实体结果,都只能依赖于制作严密而有合理的卷证。

案件裁判者在开庭前掌握该案的书面证据材料,即便这些材料多为追诉机关指控的卷证材料,通过他的阅读了解和熟识案情和证据情况,能够大致判断后续审判的趋势和在事实认定和法律适用上可能的结果。裁判者审判目标的确立是明确的和可预期的,并可适时地对可能的审判走向和结果预先加以适当的调整、补充和修正,对审判的过程和环节提出相应要求,以实现这一目标,从而可以因势利导地将被动的审判变成一种主动的和可控的审判进程。相反,"如果在一个案件从一个步骤转向下一个步骤的过程中发生了信息阻隔或丢失的情况,导致主持后一个步骤的官员无法读取前一步骤留下的书面

[①] 参见[英]迈克尔·欧克肖特:《政治中的理性主义》,张汝伦译,上海译文出版社2004年版,第11页。

记录,整个科层式程序就会失去方向。"①显然,裁判者对审判信息的预先掌握,对于具有大陆法系传统的司法体制而言尤为重要。

不可否认,裁判者通过阅卷了解审判可能进程和结果而确立的审判目标,可以视为裁判者的"先入为主"和"预断",但这已非从哲学意义上可以对之冠以主观主义和片面主义的认识,从对技术审判过程及其结果有效性和可靠性掌控的角度看,这种裁判者的"先入为主"和"预断"又有存在的价值。

2. 审判的有效决策。遵循技术审判原理的庭审程序,在确立审判目标的同时,也需为审判进行决策和规划。审判的决策是对审判能否开启和以一种什么方式进行审判所做的决定,它主要解决庭前案件的过滤、筛选和进行简繁程序分流的问题。从技术审判的角度衡量,决策对于确定审判的指向性和针对性,提高审判的效率,减少不必要的审判成本的支出,实现审判的程序和结果的公正无疑都有重要意义。"这种决策的正当性来自据认为可以从其中产生出来的可欲结果。"②这一可欲的结果实际上是基于裁判者从行将进行的庭审可能结果产生的预判。而审判决策的技术性含量却体现在裁判者对行将进行的庭审结果预判的程度。建立在对审判结果预判基础上作出的可靠决策,归根结底需要裁判者事先具体和有效地掌握案件信息,官方收集和制作的刑事卷证就具有重要作用。"卷宗里包含的文件并不是旨在帮助某一位特定官员组织其活动的官方内部文件,而是为初始决策和复核决策提供基础的信息源。"③

实行卷宗移送制度的大陆法系各国,卷宗对庭前审查程序至关重要。如在德国,法院应当在没有非职业法官参加的情况下审查检察官的卷宗,决定是

---

① [美]米尔伊安·R.达玛什卡:《司法和国家权力的多种面孔——比较视野中的法律程序》,郑戈译,中国政法大学出版社2004年版,第86页。
② [美]米尔伊安·R.达玛什卡:《司法和国家权力的多种面孔——比较视野中的法律程序》,郑戈译,中国政法大学出版社2004年版,第31页。
③ [美]米尔伊安·R.达玛什卡:《司法和国家权力的多种面孔——比较视野中的法律程序》,郑戈译,中国政法大学出版社2004年版,第76页。

第四章 卷证的审判：经验抑或技术的取向

否存在充分的证据将被告人提交审判,法院是基于卷宗中的书面信息作出决定的。[①] 如上所述,由于官方制作的文字卷宗所具有的信息传递和证据价值的固有优势,从而增强了审判决策的可靠性和技术含量。英美法系国家实行起诉状一本的案件移送制度,庭前的案件审查属于形式审查。虽法官通过听证方式对案件进行预审,预审不是运用卷宗,且是否进行庭审及采取何种庭审方式又主要取决于被告人认罪与否,庭前的案件过滤和案件分流具有一定的不确定性,庭前也消耗了一定司法资源,从审判决策上讲,很难称得上是一种技术审判的形式。

3. 与审判有关事务的妥善解决。技术审判的一个显著特点在于,为了保证庭审过程的顺利推进并产生可靠和正当的诉讼结果,尽可能扫除阻碍、干扰、影响庭审事实认定和法律适用的各种因素,需事前有效解决涉及庭审实体性和程序性的法律问题以及可能影响庭审推进的其他事务性问题。一般做法是,裁判者召集控辩双方及其他诉讼参与人参加的情况下,通过庭前会议的形式提出、商谈和交流这些问题。我国刑事诉讼法第187条规定,在开庭以前,审判人员可以召集公诉人、当事人和辩护人、诉讼代理人,对回避、出庭证人名单、非法证据排除等与审判相关的问题,了解情况,听取意见。这一规定是庭前程序的一个重要补充,它以庭前预备会议的形式预先了解和交流在审判中可能出现程序性和实体性的法律及相关问题,避免庭审中这些问题的集中爆发导致庭审的中断、延期甚至终止或对庭审公正的不良影响,是庭审程序中更趋于合理、更有技术含量的一种环节设置。然而,这一技术环节的支撑点则是建立于裁判者事前接触并充分了解刑事卷证的基础之上的,如果没有通过刑事卷证了解和掌握案情和证据情况,裁判者很难召集这一会议,解决相关的问题。根据刑事诉讼法第176条的规定,人民检察院决定向人民法院提起公诉

[①] 参见[德]托马斯·魏根特:《德国刑事诉讼程序》,岳礼玲、温小洁译,中国政法大学出版社2004年版,第131页。

的案件,移送案件的方式已由原来的复印件移送改为案卷和证据材料的全部移送,为这一庭前会议了解和交流与审判有关的问题,保证会议的顺利进行奠定了重要基础。

在大陆法系国家,渐进式的审判方式同样强调法官庭前对相关事务的协调和处理。"作出初审判决之前,职业法官们往往会参加一个例行的审前会议,讨论一连串的司法调查活动所产生出的文件形式的材料。"①法官的调查活动实际是围绕司法官员事先收集的书面材料展开,以解决这些材料作为定案根据的一些法律和事实问题以及对庭审走向可能产生影响的问题。应该承认,英美法系通过推行类似于大陆法系的庭前准备会议,保证庭审更加平顺进行的举措也体现出英美式刑事审判的一定技术特征。如在美国,任何庭审在开始前,需召开一个庭前会议。无论情况如何,法官想要从律师那里了解:(1)是否已作出努力解决该案;(2)各方预计传唤的证人数量和庭审预期持续的时间长度;(3)任何列出须解决的问题;(4)主要证据的争执;(5)未被解决的动议。② 法官庭审前了解的上述问题,或与庭审中呈现的证据数量和内容有关,或与庭审的进程预见有关,抑或与要解决的庭审程序性和实体性问题有关,都在于法官为庭审有所准备,在一定程度上做到心中有数。但法官对上述问题的了解纯粹是通过对控辩双方当面陈述进行的,而非依赖于制作完备、系统的卷宗,因而其把握案情的全面性、完整性和准确性是有限的,庭审前所谓的这一技术环节相对于大陆法系而言实际上是比较粗糙的。

4. 开庭前周密的准备和安排。从技术操作的角度看,庭审活动顺利和有效推进,减少庭审过程的反复和迟滞,需要做好开庭前的周密准备和安排。法官庭前的准备就是实际了解证据、把握案情的过程,主要在于事先初步掌握控方指控的犯罪事实和证据情况,了解本案事实和证据尚存的问题,证据与事实

---

① [美]米尔伊安·R.达玛什卡:《司法和国家权力的多种面孔——比较视野中的法律程序》,郑戈译,中国政法大学出版社2004年版,第79页。

② See D.Shane Read, *Winning at Trial*, National Institute for Trial Advocacy 2007, p.21.

第四章 卷证的审判:经验抑或技术的取向

之间、证据与证据之间是否存在矛盾,有无有遗漏和出入的情况,发现控方的证据不足和瑕疵。"法官在审前就证据准备得越充分,他就越熟悉实际上既用于实体目的又用于评估法庭证人证言真实性的证据,"[①]从而预判庭审中应关注的问题,以实现庭审实体裁判结果的可靠性。当然,法官开庭前的这一准备活动也为法官实际驾驭庭审过程,对庭审的举证、质证和认证等证据调查和控辩双方的辩论等环节,以及相关事项作出预判和具体安排提供了条件。通过对庭审环节和内容的周密安排对于庭审的顺利推进,保证案件审实审透是有利的。从大陆法系和我国的实践来看,以上庭审前的这两个技术环节的有效运行无一不与卷宗的运用有关,也就是只有通过法官事先细致阅览系统的卷证,通过对不同卷证材料的反复对比、推敲和细节把握才能较好熟悉和掌握证据和案情的基本情况,也才能为庭审的环节和进程作出合理规划和安排。

5. 庭审进程的稳定性。庭审进程的稳定性也可称为庭审进程的安定性,是指庭审过程是稳步推进和有序进行的,甚至以裁判者预想的状态进行的,没有出现过大的庭审停滞、中断、反复甚至冗长拖沓的现象。应该说,庭审进程是否稳定和平顺实际体现了庭审结构的科学设置以及与庭前程序的连贯性,决定了庭审效率和成本投入是否合理性,这是衡量技术审判的一个重要指标。以卷证运用作为实际审判方式的大陆法系各国,刑事庭审的稳定性得到了较充分的体现,其庭审停滞、中断、冗长的现象较少,庭审的效率较高。这不仅得益于法官庭前阅卷熟悉证据和案情而为庭审有了充分准备,因为"如果对卷宗中的各种文书材料不熟悉,他(首席法官——笔者注)几乎无法有效地进行法庭询问。"[②]而且在于官方的书面卷证由于其可靠的情况保证而被直接用于

[①] [美]米尔建·R.达马斯卡:《漂移的证据法》,李学军等译,中国政法大学出版社2003年版,第99页。

[②] [美]米尔吉安·R.达马斯卡:《比较法视野中的证据制度》,吴宏耀、魏晓娜等译,中国人民公安大学出版社2006年版,第101页,注释[16]。

庭审,尽管法官仍需在庭审中听取证人证言,但"主审法官往往会事先研究案卷并且在审判过程中反复征引案卷中所包含的材料。对证人的质证仍然只是例行公事似的进行。"①从而使庭审得以平顺进行,也节省了法庭对证据调查耗费的大量司法成本和时间。达马斯卡在评价不依赖书面证据的诉讼方式存在的问题曾指出,"在诉讼程序的早期阶段获得适格证据变得很难甚至不可能,即便获得了这样的证据,在其长期埋没与卷宗之后再把它挖掘出来也很难。"②

6. 庭审方式的有效性和合理性。由卷证的运用而呈现的大陆法系庭审方式具有两个显著特点:其一,就庭审手段而言,卷证与口证兼用。因坚持庭审的直接言词原则,大陆法系各国至少在形式上需对人证通过口头陈述的方式进行调查,但检察官移送刑事卷证、法官阅览卷证并在庭上适用卷证却是实践中的普遍做法。无论以庭上的口证来支持或印证卷证,还是卷证对口证的辅助和支持,实际上都显示了法官在庭前准备以至庭审环节卷证运用的安全性,也保证了庭审结果的相对可靠性。这表明以文字为载体的刑事卷证在庭前和庭审中的运用,刑事庭审的方式变得丰富和多样,庭审方式的有效性和合理性才得以显现。

其二,就庭审进程而言,渐进式和分段式相结合。在大陆法系各国,由于庭审前通过阅览、使用卷证法官已较妥善解决上述庭审目标、决策、事务处理、准备等庭审前的各技术环节,庭审得以渐进式和分段式的方式进行。"在一个环节中考虑完一个特定事项之后,把其中引发出的新的要点留到下一个环节中去考察,并以此类推,环环相扣地进行下去,直到问题似乎完全澄清为

---

① [美]米尔伊安·R.达玛什卡:《司法和国家权力的多种面孔——比较视野中的法律程序》,郑戈译,中国政法大学出版社2004年版,第80页。
② [美]米尔伊安·R.达玛什卡:《司法和国家权力的多种面孔——比较视野中的法律程序》,郑戈译,中国政法大学出版社2004年版,第92页。

止。"①这种类似于"牙医式"的审理方式相对于集中审理方式而言,虽然比较机械和程式化,但又较为从容和稳健,有利于法官对庭审得出较客观的结论,因为"最后的环节可以致力于将所有的线索串起来,重新审视前面的阶段性结果,并冷静地做出一项裁决。"②

7. 突出庭审的重点、难点并与对事实情节的把握相结合。有条不紊、稳健推进的技术审判风格不仅要求法官对庭审过程中出现影响审判进程的庭内外事务性因素的处理,而且更在于始终关注庭审的事实和法律问题,分清庭审事实调查的主次、疑点和难点,切实把握庭审内容的细节和情节。大陆法系的裁判者们庭前通过刑事卷证的使用实际为庭审做到这一点打下了很好基础:一是卷证本身对所记载的内容进行了必要的裁剪和整理。在大陆法系国家,"证据在呈交给事实认定者之前,最好应该删除不重要的琐碎内容,消除戏剧性,根据法律标准巧妙地安排,并且将其写成文字。经过这些准备后,便能在法官办公室内以修道院般的宁静,通过仔细研究和分析书面证据完成事实认定。"③如上所述,我国实践中刑事卷证所划分的初始证据、补充证据和总结性证据的三种类型,前两者实际是法官可以了解案情细节的证据,后者则是可把握案情重点和疑点的关键证据。在制卷过程中,也有意以卷证的特点和重要程度进行排序。二是法官的阅卷同样凸显对事实重点和细节的关注。在大陆法系国家,"案件中的事实经过了裁剪,并且按照上级所下达的相关性标准,进行了井然有序的编排。"④在我国,法官庭前阅卷不仅花费时间长,且十分细致,对相当一部分卷宗还要批注和写出笔记,这一活动实际上是对卷证的进一

---

① [美]米尔伊安·R.达玛什卡:《司法和国家权力的多种面孔——比较视野中的法律程序》,郑戈译,中国政法大学出版社2004年版,第78页。
② [美]米尔伊安·R.达玛什卡:《司法和国家权力的多种面孔——比较视野中的法律程序》,郑戈译,中国政法大学出版社2004年版,第78页。
③ [美]米尔建·R.达马斯卡:《漂移的证据法》,李学军等译,中国政法大学出版社2003年版,第96页。
④ [美]米尔伊安·R.达玛什卡:《司法和国家权力的多种面孔——比较视野中的法律程序》,郑戈译,中国政法大学出版社2004年版,第35页。

步整理,厘清案情的要点、争点和难点的过程。三是庭审过程中对卷证的使用。庭审中法官通过对卷宗的阅览和引证,①确定证据调查的范围、重点,厘清事实的情节,起到"对庭审证明活动的组织意义。"②

8. 庭审的范式和规格。技术审判的一个外在标志在于庭审的范式和规格。基于裁判者对卷证的使用,刑事审判得以有条不紊和渐进地展开,这可视为庭审具备一定范式和规格的体现。但对庭审范式和规格标准的衡量,不仅需观察庭审的动态过程,也需考量庭审的最终结果。与英美法系依凭法官的地位、威望以及裁决书中充分说理以支持裁决的公正性和执行力有所不同的是,在大陆法系各国,裁决书形式和内容的范式与规格则是影响裁判公正性和可接受性的重要因素。尽管各国在裁决书结构安排上不完全一致,但裁决书都具备被告人基本信息、案件事实、事实依据和适用法条等若干基本要素。③其中事实依据(证据材料)的完整性和充分性成为裁决书具有合理范式和较高规格的重要标志。经严格审查和过滤的卷证本身是裁判书事实依据的主要

---

① 根据《德国刑事诉讼法》第251条、第253条、第254条和第256条的规定,对于证人、鉴定人或者共同被指控人已死亡等四种特殊情形,可以宣读法官庭前的询问笔录,或者经检察官、辩护人和被告人同意的包括检警方制作的讯问笔录在内的其他笔录。对于庭内外被告人自白相矛盾的,为查明自白真实性,可宣读被告人的庭前自白;为唤起证人等的记忆需要,可以在庭上宣读警方、法官等制作的询问笔录。根据《法国刑事诉讼法》第427条、第428条和第429条的规定,轻罪案件审理中,庭前调查笔录或报告具有证据能力,能够提交法庭,其证明力的状况则由法官根据自由心证原则作出决定。《日本刑事诉讼法》第321—328条也规定了庭外书面材料可以作为证据使用的诸多例外情形。

② [美]米尔建·R.达马斯卡:《漂移的证据法》,李学军等译,中国政法大学出版社2003年版,第184页。

③ 例如在法国,法院有罪判决书包括判决理由和主文两项重要内容。法官应当在判决中对其内心确信作出 表述,用诉讼案卷与庭审辩论中向其提供的各项证据材料来证明其内心确信是正确的。没有说明理由的裁判决定,或者说明理由不充分的裁判决定,或者包含有相互矛盾之理由的裁判决定,均将受到最高法院的审查。法庭的判决不得仅仅限于照抄规定什么是犯罪的法律条文,而对得到认定的、证明应当适用这些条文的任何犯罪事实不做具体说明。判决不得使用事先已经印制好的现成格式。有罪判决的主文应当表述以下内容:受到传唤到案的人被宣告犯有何种刑事犯罪,或者该人应当承担责任的是何种犯罪;受传唤到案的人被科处的刑罚以及刑罚方式,可能对其宣告的民事处罚;适用的法律条文等。参见[法]卡斯东·斯特法尼等:《法国刑事诉讼法精义》(下),罗结珍译,中国政法大学出版社1999年版,第780—781页。

来源。如在法国,判决所需的材料由各专业化的司法官员以案卷的形式汇集起来,经过细心的整理后交给决策者。由于判决书是由训练有素的职业法官完成,对于卷证在判决书的运用也更有技巧,判决书也更具正式的风格。[①] 我国判决书的制作与法国等欧陆各国无本质差异,判决书中的证据材料大多沿用经法庭调查核实的卷证材料,只是总体上判决书中有关证据部分的呈现较为简略,卷证运用的程度和技巧上与前者有一定差距。

第三节 经验与技术审判的决定要素及评价

由上可见,在大陆法系主要法治国家,卷证对刑事审判上述技术要素或环节的影响,实际上反映了刑事卷证庭前和庭上的运用决定了刑事审判过程和结果所具有的技术风格和特质,这是英美法系口证审判方式所不具备的。但无论大陆法系以卷证为基础的技术审判,还是英美法系以口证为形式的经验审判,由于无相应司法实践的数据统计以及典型案例的比较,并不能得出两大法系各自审判方式价值的优劣或高低的结论。应该说,两者只是审判风格和特点上的差异,前者倾向于理性的判断和冷静的思考,后者侧重于感性的思维,更强调审判过程的公开、透明和可视。然而,需要引起注意的是,两种审判风格和特点的发挥以及由此取得的预期庭审结果,则是由支撑两者的不同条件所决定的。

一、大陆法系的技术审判决定要素

在大陆法系主要法治国家,职业的司法人员或技术官员对于技术审判风格的形成和维系具有至关重要的作用。由于技术审判各个环节主要依赖的是卷证,卷证的制作自不必说是一项有着较高技术含量而需由专业司法人员完成的工作,卷证的移送、阅览和使用同样是专业性和技术性较强的工作。达马

[①] 参见[美]米尔伊安·R.达玛什卡:《司法和国家权力的多种面孔——比较视野中的法律程序》,郑戈译,中国政法大学出版社2004年版,第49—50页。

斯卡曾就卷证工作的特殊性指出,"要随时准备好根据冷冰冰的卷宗来作出决策,必须具备只有在官僚组织中才能培养出来的技能和性情倾向。对于一位外行人士来说,记录在案的证词看起来像是现实的一抹了无生气的残迹。"① 这表明在审查和运用卷证上官僚技术人员相对于外行人士更加得心应手。官僚技术人员稳重的性格和性情,他所受的文书教育和训练,都是决定其运用卷证对审判技术掌控的重要因素。

从法律发展史的经验也可证明这一点。罗马法被认为是整个西方法律史发展的一个独特现象。韦伯认为,罗马法的成功关键在其理性的形式,以及(尤其是)在技术上有必要将诉讼程序委诸经过合理训练——即在大学中受过罗马法训练的专家。并认为之所以有此必要,乃因法律事件的日趋复杂,以及日趋理性化的经济对一种理性求证过程的要求。② 罗马法的法律形式固然具有较高的理性和技术性,但又需要受过此训练的专家富有艺术性和创造性的方式在司法中加以运用,以实现立法追求的效果。当代大陆法系刑事司法者虽然从严格意义上讲与大陆法系久远历史中的纯粹法律家阶层有所区别,但作为与英美法系相对应的外行人士比较,其显然是专业的技术人员或职业的法律人士,这是卷证得以有效形成和运用的重要保证。

按照达马斯卡的观点,专业技术人员的上述素质又是在官僚组织中培养出来的。马克斯·韦伯也指出,"官僚制支配结构的确有助于促进一种'理性主义'的生活方式,任何支配结构的官僚化会极端强烈地促进理性的'切事性'以及'职业人'与'专家'的发展。"③ 官僚制之所以能产生出专业技术阶层,在于官僚制的核心是"管理","理性的、合法的统治与传统的或者卡里斯

---

① [美]米尔伊安·R.达玛什卡:《司法和国家权力的多种面孔——比较视野中的法律程序》,郑戈译,中国政法大学出版社2004年版,第92页。
② 参见[德]马克斯·韦伯:《韦伯作品集Ⅲ:支配社会学》,康乐、简惠美译,广西师范大学出版社2004年版,第49页。
③ [德]马克斯·韦伯:《韦伯作品集Ⅲ:支配社会学》,康乐、简惠美译,广西师范大学出版社2004年版,第82页。

玛式的统治的根本区别在于,增大了关于这一管理的知识的必要性。"①官僚化的管理实质上是技术化的管理,"官僚化提供了贯彻行政职务专业化(根据切事化的考量)之原则的最佳可能性;每个职员皆负有个别的任务,他们受过专业训练,而且从不断的实习中增加自己的专业知识。"②

官僚体制下的技术官员所受专业训练和专业知识具有同质性,并具有相应的职业伦理和道德要求,因而在执行管理的技术标准上具有一致性。"作为惯习化和专业化的结果,一位职业官员的职务反应和个人反应可能会分离开来:他会获得在必要时麻醉自己心灵的能力,并且在其官方职位上做出他作为个人可能永远也不会做出的决策。"③在技术审判中,这是一项很重要的个人素质。"裁决变成了某一非人格化实体的宣告,即使其实只有一个人受托在那里负责进行这样的表演。而且,由于制度必须是意思单一的,以便不造成任何歧义,由数位官员做出的决策在宣布时将废弃先前的内部分歧:那些持不同意见的人现在只好压制自己的感受。"④专业技术人员掌握裁决标准的一致性,不仅可顺利作出裁决,而且由于排斥了个人的情感因素,裁决过程可能更富于理性,其结果也可能为多方所接受。由于案件及刑事卷证的复杂性和多样性,阅览和使用卷证更需专业技术人员的统一技术标准和实践性共识,以发挥卷证对刑事审判过程和结果技术管控的能力,降低运用卷证的风险。

二、英美法英系的经验审判决定因素

与此相反,在英美法系各国,建立在口证基础上的经验审判,由于在传统

---

① [日]佐藤庆幸:《官僚制社会学》,朴玉等译,生活·读书·新知三联书店2009年版,第282页。
② [德]马克斯·韦伯:《韦伯作品集Ⅲ:支配社会学》,康乐、简惠美译,广西师范大学出版社2004年版,第46页。
③ [美]米尔伊安·R.达玛什卡:《司法和国家权力的多种面孔——比较视野中的法律程序》,郑戈译,中国政法大学出版社2004年版,第28页。
④ [美]米尔伊安·R.达玛什卡:《司法和国家权力的多种面孔——比较视野中的法律程序》,郑戈译,中国政法大学出版社2004年版,第28页。

司法体制下刑事审判充斥了大量外行人对事实裁判权的掌控（陪审团制），虽然刑事审判也可以求助于法官这样的专业法律技术人员，并且法官也可主动干预外行人的审理，但外行人审理的独立性原则，使得英美法系的经验审判主要不是以专业的司法技术人员为支撑，而更多需要建立严密的证据制度和规则来维系。"当英美证据法的独特性与审判法庭的组成密切相关时，作为普通法的守护神，陪审团就成了人们关注的焦点，而需要挑选临时的非专业裁判者来裁定事实争议则解释了这种证据制度的设计。"[1]这些证据规则主要是一些排除性和禁止性的证据规则，如非法证据排除规则、传闻证据排除规则等。"证据排除性规则是必要的，因为陪审团较易受骗。"[2]达马斯卡也认为，"限制性的规范是为保护非专业人士免受某些可能有危险之信息的影响而发展起来的。"[3]通过这些排除性证据规则将不真实、有瑕疵或不当乃至违法获取的证据过滤掉，使陪审团最终接触和使用的证据相对可靠并符合程序正义的要求，从而保证实事裁判的正确性和公正性。

　　应该说，从大陆法系的过往经历来看，运用卷证的技术审判对于诉讼及证据规则并无过大的依赖性。"专业法官的统治地位使得大陆法系减少了专门就法庭的合议问题加以规制的需求。"[4]对于有着丰富专业技能和司法经验的法官来说，诉讼制度及证据规则对于刑事审判过程和结果的影响并非是决定意义的，这不仅在大陆法系国家是如此，在英美法系国家也是如此。"排除规则在英美法系法官审中的实际作用或许比在大陆法系审判法庭中的还要

---

[1] ［美］米尔建·R.达马斯卡：《漂移的证据法》，李学军等译，中国政法大学出版社2003年版，第34页。

[2] ［法］勒内·达维：《英国法与法国法：一种实质性比较》，潘华仿等译，清华大学出版社2002年版，第71页。

[3] ［美］米尔建·R.达马斯卡：《漂移的证据法》，李学军等译，中国政法大学出版社2003年版，第69页。

[4] ［美］米尔建·R.达马斯卡：《漂移的证据法》，李学军等译，中国政法大学出版社2003年版，第55页。

小。"①"在英美法系的法官审中,排除规则甚至连这些残余影响都无法发挥:法官是唯一的事实认定者,而且他无需为他的事实认定结论提供详尽的书面理由。"②事实上,"作为裁决之主宰者的法官仍然将受到'被排除'信息的影响。而且只要他认为该信息对正确结果至关重要,他就能将他自己的意见加给陪审团。"③由此可见,只要刑事审判中存在专业的法律技术人员,并且具有实际的统治地位,对审判走向和结果起关键作用的仍是他的知识和技能。这就是英美法系刑事审判中法官因素的存在而不能完全排除其技术审判的原因所在。当然,英美法系的这一技术审判与大陆法系建立在卷证基础上的技术审判仍是有明显差异的。其中的重要一点是英美法系的法官需要在庭审特定时空范围内就事实和法律问题独立做出决断,审判技术发挥的时空是在庭上,而非大陆法系那样以庭审为轴心可以上下延伸。

三、技术审判与经验审判的评价

"技术在本质上既非善的也非恶的,而是既可以用以为善亦可以用以为恶。技术本身不包含观念,既无完善观念也无恶魔似的毁灭观念,完善观念和恶魔观念有别的起源,即源于人,只有人赋予技术以意义。"④这实际上反映了技术的中立性和无预设的价值立场,因而相对于英美法系的经验审判而言,大陆法系各国及我国刑事审判的技术特质和风格也无预设的价值立场。技术审判的过程和结果是否达成技术审判的目标,在于审判的技术为谁所用。在大陆法系及我国,技术审判的引领者——裁判者均是专业的法律技术人员,技术

---

① [美]米尔建·R.达马斯卡:《漂移的证据法》,李学军等译,中国政法大学出版社2003年版,第70页。
② [美]米尔建·R.达马斯卡:《漂移的证据法》,李学军等译,中国政法大学出版社2003年版,第70页。
③ [美]米尔建·R.达马斯卡:《漂移的证据法》,李学军等译,中国政法大学出版社2003年版,第71页。
④ 王秀华:《技术社会角色引论》,中国社会科学出版社2005年版,第18页。

的中立性,决定了裁判者的中立性。"近代文化愈是复杂与专业化,其外在支撑的装置就愈是要求无个人之偏颇的、严正'客观'的专家,以取代旧秩序下、容易受个人之同情、喜好、恩宠、感激等念头所打动的支配者。"①在当代刑事审判领域,技术型的裁判者具有这样的品质,不仅是由刑事审判的程序和制度所规制的,也是裁判者的一种内在素质。达马斯卡在比较两大法系法官的责任中指出,"相对于欧陆公共服务型司法机构而言,法官对法院负有制度性责任这一观念在普通法各国发展得较为薄弱。当法院的某一法官作出一项决定的时候,就相当于整个法院在这一事项上作出了决定,这种观念在某些普通法国家也不一定能获得认可。"②技术裁判者的中立性以及所负有的法律和道德责任,对于以运用卷证为主的大陆法系国家刑事审判的安全性起到了重要作用。"由于大陆法系的事实裁判者多为职业法官,因此,几乎不存在外行人士可能会高估派生材料证明力的危险。"③职业法官不会高估派生材料(卷证)的证明力,除了其专业的素质和经验所起的作用外,实际上职业法官所暗含的职业信仰和道德责任也有相应作用。

人们普遍具有的一种技术审判中立性以及职业裁判者运用卷证的安全性在某种程度上保障了技术审判的客观性和公正性。运用卷证的技术审判特质的一个重要表现是,在诉讼程序上实现审判职能和取证职能的分离。达马斯卡认为,"私人知识和官方知识不应当被混淆起来,决策只能基于通过官方途径取得的信息。"④法庭审理中通过有关知情人的口头陈述,庭审所了解的是私人知识,而庭前通过专业司法人员收集和过滤的有关人证则是官方知识,因

---

① [德]马克斯·韦伯:《韦伯作品集Ⅲ:支配社会学》,康乐、简惠美译,广西师范大学出版社2004年版,第47页。

② [美]米尔伊安·R.达玛什卡:《司法和国家权力的多种面孔——比较视野中的法律程序》,郑戈译,中国政法大学出版社2004年版,第61页。

③ [美]米尔吉安·R.达马斯卡:《比较法视野中的证据制度——比较视野中的法律程序》,吴宏耀、魏晓娜等译,中国人民公安大学出版社2006年版,第252页。

④ [美]米尔伊安·R.达玛什卡:《司法和国家权力的多种面孔——比较视野中的法律程序》,郑戈译,中国政法大学出版社2004年版,第45页。

而我们认为,建立在卷证基础上的技术审判所实现的审判职能和取证职能的分离,实际上是私人信息与官方信息、举证与取证环节作了明确划分,由此强调审判的职能不能取代取证的职能。从程序的角度讲通过官方的取证活动有利于过滤、厘清证据和事实。所以,这一技术审判的特质进一步增强了技术审判过程的合理性及其结果的可靠性。

欧克肖特在谈到理性与经验的关系时曾说,"他并不忽视经验,但他常常显得如此,这是因为他总是坚持他自己的经验的东西,以及迅速将复杂多样的经验归约为一套原则,然后只根据理性的理由来攻击或捍卫这些原则。"①技术的理性来源于人们经验的积累,离开经验就无所谓技术。"没有什么地方,技术知识能与实践知识分开,特别是在政治活动中。"②大陆法系的技术审判源于卷证有效和合理的运用,但卷证的运用既是技术的,也是经验的。因为作为卷证操作者的专业技术人员的知识和技能也是在实践中不断积累和丰富起来的,"它既可能是理性知识,也可能是经验知识,乃至是'非语言的'技能体验。"③所以,从这一角度上讲,在技术审判中可以看到经验的影子,两者相互交融,共同成为专业司法人员必须具有的素质,从而在一定程度上缩减了大陆法系刑事审判过度僵硬化和刻板化的特点,刑事审判的直接言词原则和实质化路线得以有效贯彻。

第四节 我国卷证的运用:被异化了的技术审判

在我国,刑事卷证的运用覆盖于整个审判阶段,同时,刑事诉讼法确立的

---

① [英]迈克尔·欧克肖特:《政治中的理性主义》,张汝伦译,上海译文出版社2004年版,第2页。
② [英]迈克尔·欧克肖特:《政治中的理性主义》,张汝伦译,上海译文出版社2004年版,第9页。
③ J.Elull, *The Technological Order*, 78. (C.Mitcham ed., Philosophy and Technology, The Free Press,1983).转引自王秀华:《技术社会角色引论》,中国社会科学出版社2005年版,第14页。

案卷材料移送和庭审书面证据调查等制度又为卷证的运用提供了制度支撑，故而我国刑事审判方式属于一种典型的卷证审判。从卷证制作的主体性自律和对其操作的结构性约束看，我国刑事审判类似于大陆法系的技术审判。在总体上，刑事审判结果的可靠性和有效性直接源于法官庭前阅览和庭上运用制作严密的卷证，卷证的运用对庭前准备和庭审过程诸多技术环节产生的效果也与大陆法系主要法治国家技术审判所产生的效果有一定相似性。

然而，基于诉讼价值观念和诉讼传统的不同，我国与大陆法系主要法治国家运用卷证的技术审判又存在明显差别。

一、我国刑事审判存在一种过度依赖卷证材料的倾向

从我国司法实践情况看，无论刑事案件性质、影响和危害程度有何不同，也无论案件处理是在庭前，还是在庭上甚至庭后，无论案件审判进程是在一审，还是二审或再审，法院都无一例外地阅览、使用和引证卷证。对证人等的出庭作证，即便刑事诉讼法明确规定应该出庭的情形，在实践中也未得到有效遵循。刑事卷证成为法官庭前准备的唯一手段，庭审调查的主要对象和最终裁判的直接依据。就立法而言，尽管刑事诉讼法修正案规定证人在一定条件下有出庭作证的义务，但有关卷证运用的规定又凸显了卷证审判的特点：一是将1996年刑诉法规定的检察机关案件移送的复印件主义改为案卷移送主义，为庭前和庭后法官阅览和使用案卷提供了正当性依据；二是卷证材料庭审效力未作明确限制。我国至今没有确立传闻证据排除规则以阻却卷证庭上的证据能力，或者对各类卷证提交庭审的条件和范围作出限定，导致侦查阶段形成的各类卷证均可全部进入庭审，法庭对卷证的证明力只做形式上的审查就可作为裁判依据。三是即便证人出庭，卷证的运用仍无相应限制。证人依法应出庭作证的案件，法律并未禁止侦查阶段形成的卷证在庭审中的提出和运用，也未禁止应出庭作证的证人在无正当理由不出庭的情况下排除庭前形成的证言材料。由于证人是否出庭不影响卷证庭上的运用甚或卷证可替代证人出

110

庭,证人出庭作证制度实际已被虚置,这也是修正案实施以来在审判实践中证人出庭比率仍处极低状况的重要原因。所以,从实践的做法和立法的制度安排来看,由于排斥了口证的运用,我国刑事审判属于一种由卷证垄断的刑事审判,正如有学者对我国刑事审判所作的一种较准确的界定——"案卷笔录中心主义"的审判模式。

相反,以德法为代表的大陆法系法治国家,刑事审判属于实际运用卷证的审判方式,主要是基于检察官移送卷证制度和庭审中一定限度地使用卷证以及特定案件完全运用卷证等情形为依据的,但这些国家绝没有达到审判过度依赖卷证或由卷证垄断的地步,至少在普通刑事案件审判中是如此。由于坚持直接言词原则,德法等国在普通刑事案件的庭审中,侦查阶段形成的卷证材料完全被禁止在庭审中的提出和运用,庭前由预审法官制作的卷证也只有在例外情形下可在庭上宣读和引用,并作为对庭审中口证的补充或弹劾而受到限制。因而大陆法系法治国家对卷证的使用仍然是适度和有节制的,卷证在审判中的运用也才是合理的,并有效地推动了审判的技术化进程。

我国刑事审判对侦查卷证的过度依赖,可能使得本应通过卷证产生的技术审判效果无法真正达成,反而带来诸多问题。我国司法实践经验表明,司法者对卷证的过度依赖除了对审判最终结果的可靠性产生相应冲击外,对审判程序价值也有不利影响:一是庭审的形式化倾向。运用卷证的审判方式意味着审判不仅比较刻板和程式化,而且存在预先设计和可预知性的因素。"在有条不紊、缜密周全的初步调查之后,在庭审中,案情几乎没有出现戏剧性变化的可能。"[1]学界所担心的庭审流于形式、走过场,戏剧化的表演色彩浓厚的现象可能难以避免。二是庭审公正性的影响。一方面庭审的形式化倾向导致庭审的不公正性。在学界看来,庭审的形式化不仅可能导致政府追诉权的滥用,被追诉人庭审对质询问权的丧失,而且对具有现代意义的控辩裁三方的合

---

[1] Mirjan R.Damask, *Evidence Law Adrift*, 47. (New Haven: Yale University Press, 1997) p.72.

理诉讼构造的运行,庭审过程和结果的独立价值的实现等产生相应的消极影响。[1] 另一方面刑事卷证信息的偏向性产生的审判不公。在实践中,卷证主要由侦查者记录和制作完成,卷证中的大多数材料是有罪材料。裁判者接触并在庭审中直接或间接沿用这些材料,因信息本身的不对称性和不可视性可能造成对被告人审判的不公。

二、我国审判运行缺乏司法职业者群体及技术标准的支撑

运用卷证的技术审判本身由于卷证反映案情的间接性以及卷证信息把握的复杂性而存在固有的风险,对运用卷证的司法者职业化程度及其技术标准应有严格要求。以德法为代表的大陆法系法治国家运用卷证的刑事审判能够满足这一要求。德国法律界就认为,"卷宗的任何潜在的偏见性影响都会被法官的职业经验所抵消。"[2] 如上所述,司法者作为官僚技术阶层所具有的稳重性格,所受的文书训练,娴熟的书面材料运用技能,都是决定其运用卷证对审判技术有效掌控的重要因素。现实生活中的案情和卷证材料是纷繁复杂的,阅览和使用卷证更需法官达成统一的技术标准和实践性共识,以发挥卷证对刑事审判过程和结果技术管控的能力,降低运用卷证的风险。经过司法专业化和技术化长期熏陶的大陆法系司法裁判者显然具备如此的能力和素质。

我国法官职业化和专业化一直是我们努力的目标,但时至今日这一目标仍未达成。除了我国长期以来法院体制行政化和政治化倾向,使得司法不独立,司法本身的专业性要求不高的原因外,也与我国法官队建设存在的问题密切相关。从对法官选任的要求看,改革开放之初法官队伍不讲专业知识和业务水平,而强调法官的政治素质,因而复转军人进法院成为一种普遍的司法现象。随着改革开放的深入和法治建设水平的提高,法官的政治正确并不等于

---

[1] 参见龙宗智:《证据法的理念、制度与方法》,法律出版社 2008 年版,第 117—118 页。
[2] [美]弗洛伊德·菲尼、[德]约阿希姆·赫尔曼:《一个案例两种制度——美德刑事司法比较》,郭志媛译,中国法制出版社 2006 年版,第 339 页。

案件处理的正确,因而法官业务素质的权重逐渐提高。但当下对法官业务素质的要求又限于形式上和表面化,其中主要的衡量标准在于法官的学历和文凭,以及相应的法律知识熟悉和掌握程度。由于对法官素质的误读,现实中的法官并没有表现出有效掌控审判和运用卷证的能力。从大陆法系职业法官运作来看,其驾驭技术审判的能力不仅在于他的法律或专业知识,更重要的是他的综合性素质,其对法律的信仰、理解和司法中所积累的知识。"司法的知识不可能是人的理性对永恒真理的清晰发现,而只能是法官司法实践的产物,是特定制约条件下法官与请求予以裁决的事实纠纷遭遇而逐渐累积产生的一种制度化的知识。"[1]我国法官所欠缺的正是这样一种制度化的司法知识。由于卷证的运用法律并无相应具体规定,对于卷证的形成、制作和审判阶段阅览、分析判断以及对卷证内容的把握和取舍等,实际上都需要法官利用所积累的司法知识加以处理。我国裁判者职业化和专业化程度与大陆法系法治国家实际存在的较大差距,在审判中对卷证类似于工匠式的操作又如何能体现真正意义上的审判技术性特征,并在实体和程序标准上取得预期效果?

三、我国尚欠缺对卷证运用的程序性制约机制

大陆法系各国对刑事审判运用卷证风险的控制,除了审判的直接言词原则、庭审卷证准入机制以及裁判者职业规范等法律和体制性手段发挥作用外,从程序控制上也有具体的措施和方法:一是预审庭对刑事案卷运用的制约机制。就预审庭的设置来看,早期大陆法系预审独任庭已变为现今的预审合议庭。在德国,预审程序中的主审法官并不阅卷,而是将案卷材料分配给助理法官审查,由后者提出意见并向前者报告。而意大利通过1988年修法,将预审庭法官与预审法官相分离。这一做法意在确保预审庭法官不会因曾签发搜查令或做出过审前羁押决定而导致先入为主。二是庭前阅卷对庭审影响的消解

---

[1] 苏力:《送法下乡:中国基层司法制度研究》,中国政法大学出版社2000年版,第154页。

机制。在德法两国实践中,审判合议庭的阅卷采取主审法官阅卷制,这一做法有利于避免外行陪审员产生对案件事实认识的偏见。在意大利司法实践中,推行两种案卷运用制度,一种是供预审法官使用的厚厚的检察卷宗,另一种是庭审法官可以接触的所谓法官卷宗。① 后一种案卷包含的证据材料比较有限,目的在于避免侦查因素对审判活动的干预,提升庭审控辩双方的对抗性。三是司法案卷的形成机制。达马斯卡认为,职权主义审判结构要求法官享有一定的调查取证权,但为避免审前程序对审判的干扰,应严格禁止决策者(庭审法官)庭外的调查取证,而应由"专职官员"或"审判管理者"承担这一职责。② 现今德国和日本司法实践中,对于法官庭前制作的询问笔录等书面材料在庭上宣读的限制逐渐减少。四是案卷材料的形成机制体现一定的控辩对抗性。现今大陆法系国家在预审法官人证调查中明确允许被告人及其律师介入进行对质询问,这种做法类似于庭审控辩对抗方式的"前置",以此形成的法官笔录体现辩方的参与性和对抗性。意大利刑事诉讼法修正案则将刑事案卷分为三类,除了典型的侦查案卷外,还有审判案卷和辩方案卷。而辩方案卷又可并入初期侦查案卷之中。上述大陆法系主要法治国家对刑事案卷介入审判的种种制约机制,都体现出司法因素对刑事案卷运用的干预和影响,既助于防止或减少裁判者运用案卷材料产生的预断,也利于增进法官在审判中的主导地位。

在我国,由于缺乏法律的预先规定和实践中的操作措施,审判阶段对各类案卷的运用具有粗放型特征,庭前法官对案卷的阅览和庭审及庭后的卷证运用都缺乏相应的阻断或控制机制。我国庭前程序主要包括公诉案件审查程序和庭前会议制度。由于实行案卷材料移送原则,且庭审法官集庭前案件审查及主持庭前会议的职责于一身,其可不受限制地阅览全部卷宗内容并对庭审

---

① 参见唐治祥:《意大利刑事卷证移送制度及其启示》,《法商研究》2010年第2期。
② 参见[美]米尔伊安·R.达玛什卡:《司法和国家权力的多种面孔——比较视野中的法律程序》,郑戈译,中国政法大学出版社2004年版,第241页。

及结果产生直接影响。从形成司法卷宗上看,我国刑事诉讼法第196条虽然明确规定,对于事实不清、证据不足的案件法官有权进行庭外调查(庭前调查),但在司法实践中绝大多数法院没有采取这一措施,而对侦查卷宗采取全盘接纳的做法,失去对卷证制约和控制能力。从对卷证形成过程的对抗机制来看,刑事诉讼法第161条规定侦查阶段卷证制作中应将律师意见附卷,体现侦查卷宗全面反映案情的立法精神。但在实践中这一规定并未得到有效遵循,侦查卷宗仍是侦查者制作的各类不利于被追诉者的单一案卷材料,且对防止人证材料片面性更为有效的询问过程辩方参与机制,无论在立法还是实践中都未得到落实。在侦查案卷材料缺乏法官和辩方的有效介入,法官阅览和运用卷证缺乏程序性控制机制的情形下,我国刑事审判的实体效果和程序保障显然存在较大风险,刑事审判的技术又从何展现?

由上观之,尽管从归类的角度可以将我国运用卷证的刑事审判视为类似于大陆法系的技术审判方式,但由于裁判者对刑事卷证的过度依赖,司法者群体职业化、专业化以及卷证运用程序性制约机制的欠缺或不足,我国刑事审判实际已偏离了合理有效的技术审判方向。如果还称得上是技术审判的话,也是一种异化了的技术审判。这种审判方式对审判正当程序价值乃至审判结果都有明显的不利影响。

第五节 刑事卷证规制的可行性:从技术到制度

卷证的制作和运用所形成的制度规范已根植于当代中国丰富的刑事司法土壤之中,无论是司法体制的因素使然,还是司法传统和惯习的作用,抑或本著作所揭示的刑事卷证本体属性及技术审判运行规律的限定性,均表明对于刑事卷证在实践中的运用需要客观面对。因为作为一种刑事司法方式的选择,刑事卷证的运用作为一种制度设计如同口证制度一样本身不存在固有障碍。但接受刑事卷证并不等于对刑事卷证所存在的诸多现实问题也加以接纳,对于卷证本身及其技术审判存在的缺陷如何看待又如何解决,关乎刑事卷证能否合理和有效运用的问题。

刑事卷证的合理运用及其制度的有效运行实际上需解决刑事卷证的三个重要环节:一是,刑事卷证本身的可用性,这是卷证在司法中运用的安全性前提;二是,裁判者对刑事卷证合理而有效的运用;三是,刑事卷证的运用与刑事审判正当程序价值及运行规律的并行不悖。上述刑事卷证及其技术审判的缺陷均可概括为这三个环节存在的问题。对于这些问题如何看待又如何解决可能才是当代学界和司法界应该关注的问题。

一、刑事卷证本身的可用性问题

刑事卷证的可用性大致归为一种卷证的本体问题:一方面,卷证自身存在的问题。如上所述,构成卷证的文字具有局限性,可能导致卷证词义和句义表达上的差异性。这一问题本身难以克服,可能产生卷证形式上的瑕疵,但对卷证信息传递和表达不会产生根本影响。另一方面,文字语义理解所受的环境和条件的限制以及制作者对文字的不当"加工"问题。这是影响卷证诉讼功用和证明价值的较大问题。这一问题与人的主观因素有关,通过人文环境的塑造可以加以最大限度缓解和克服。刑事卷证始于侦查阶段并终于审判阶段,两种不同的诉讼场域产生对卷证不同的理解和态度,但其背后反映的是诉讼参与者不同的诉讼价值理念,各自并非不能有效沟通和协调。因为在当代以审判为中心的刑事诉讼制度改革背景下,审前活动尤其是侦查活动服务和服从于审判活动,并提供了相应的程序性和实体性制裁的保障措施。而卷证制作者对卷证的不当"加工",实际上矫正的渠道更为丰富和多样:刑事卷证最终需接受审判的检验,审判阶段对于卷证的运用起把关作用;刑事诉讼监督机制、卷证生成和制作的程序规范等具有保障作用;制作者自身的专业技能、职业道德素养和法律责任等也起相应的保障和约束作用。

二、刑事卷证运用的合理性问题

裁判者对卷证有效和合理运用是卷证发挥诉讼功用和证明价值的关键。如上所述,裁判者对卷证的忽视或依赖均反映了裁判者对卷证的把握不准和价值判断的偏差。在司法实践中,总体上,裁判者对卷证本身的忽视或轻视的情况较少,更多表现为对卷证中的某些证据材料或有关内容的忽视,虽不影响其对案情的基本判断,但对案情细节或全部案件事实的认识可能产生影响。相反,在实践中裁判者对卷证的依赖则是普遍现象。当然,裁判者对卷证的依赖并非一定产生错判的结果,关键在于减少和防范裁判者对卷证的错用甚至滥用的倾向。卷证运用可能出现的上述问题实际上在思想和制度上均有消解的基础和条件。

在传统儒家文化中,强调"自省"、"自反"、"反求诸己"、"反身而诚",即所谓的"修身"或"修养"。就普遍道德教化水平而言,中国人内心存在一种道德自律的倾向。"好好恶恶而心中了了,是曰自觉;基于自觉而行吾所好,别无所为,是曰自律。"[①]由于自律(自我约束)建立在自觉(即自省、自反)之上,这种自律性不仅发自内心,而且具有持久性,能够一以贯之。普通人尚且如此,职业裁判者更应具有如此的道德自律秉性。对于裁判者而言,道德自律在案情的决断中的作用,诚如牟宗三先生在谈到人们对于事物的决断时所言,"或者是这个,或者不是这个,你总要有一个决断,这种决断就是存在的决断。这种存在的决断不是有什么逻辑的根据,不是根据什么科学的原理,这完全是根据自律道德讲的。"[②]显然,道德自律对事务的合理决断不仅是一种保障和促进,而且决断本身就是一种道德决断。排斥逻辑、科学在事务决断中的作用值得商榷,但强调事务决断的道德属性仍具有该当性和不可或缺性。裁判者对案情是否成立的认定也是一种决断,这一决断的现实依据是卷证,但裁判者

[①] 梁漱溟:《中国文化要义》,上海世纪出版集团2003年版,第340页。
[②] 牟宗三:《周易哲学演讲录》,华东师范大学出版社2004年版,第34页。

的道德自律对于卷证的运用仍具有方向指引的作用,即以一种道德觉醒的自我意识来认识和运用卷证,并非与逻辑、科学相悖,相反有助于以逻辑、科学的方法来认识和运用卷证。随着我国司法法治化进程的推进,作为重要法律职业群体的法官队伍建设也在不断加强,其中法院系统推行的人员分类管理、司法权重构与配置、司法责任制、绩效考评和纪律约束机制的建立和发展,裁判者内外自我约束能力呈明显增强之势。所以,裁判者在整体上所担负的道德、法律和纪律责任的进一步完善,错用、滥用卷证以及因缺乏责任心和认真态度而不当运用卷证的情形并不多见。实践中善意的不当运用或误用卷证,运用卷证对案情产生的预断或偏见,对口证的排斥等现象则比较普遍。这些问题可能不是运用道德自律和法律责任、纪律责任的加强就能解决,而需通过卷证制度的进一步完善加以解决。

三、刑事卷证的运用与正当法律程序并行不悖的问题

就刑事卷证的第三个环节来看,裁判者对卷证的依赖,无论是其有意为之,还是无意使然,均会导致刑事审判流于形式、审判程序不公以及对裁判规律的一定背离。但对卷证的适当依赖与对卷证的过度依赖所产生的实际结果是不同的。裁判者对卷证的过度依赖是一种卷证崇拜,唯卷证独尊,完全排斥口证对审判的作用。相反,裁判者对卷证的适当依赖强调运用卷证的适度性,在本质上并不排斥口证的运用。所以,化解卷证的运用对刑事审判上述的诸多不利影响,实际上可以采取以下两个重要途径:一是,庭审过程中卷证与口证方式并举。无论裁判者在庭前还是在庭审中接触、阅览和使用卷证,均不排斥证人出庭通过口头方式作证并接受控辩双方的质询。我国刑事诉讼法第192条明确规定,在一定条件下证人、鉴定人应当出庭作证。证人等的出庭作证是消解庭审依凭卷证书面化、形式化审理方式及损害控辩双方实质对质询问权等的有效措施。在采用口证方式的前提下,卷证的运用又进一步促进了庭审实质化,正如达马斯卡对德国刑事审判所评论的那样:"首席法官在开庭

第四章 卷证的审判:经验抑或技术的取向

以前需要研究卷宗;如果对卷宗中包含的各种文档不熟悉,庭审中他/她就无法有效地询问证人。"①法官对卷证的了解和掌握实际上是庭审采取直接、口头审理方式的前提。"由于传闻的抗辩者现在也可以从审前程序获取有关信息,所以他在审判中要求该陈述者出庭或者作为替代措施去收集有关其可信度之信息的可能性就增加了。"②从庭前卷证的阅览或展示中了解的书面证言信息,从辩方的角度也推动了证人的出庭并使辩方的诉讼权益在口证的审理方式中得到保障。

二是,庭前卷证形成过程中辩方的交涉与辩护权的行使。因证人的不出庭或出庭特定时空条件的限制,辩方无法有效对卷证在庭上的宣读或引用加以对质和询问,但在前期询问有关知情人或卷证制作的过程中,如果被告方的律师及检察人员等能够参与,且允许对知情人的陈述进行现场质询或对质,同样可以起到有效保障被追诉人辩护权和庭审一定程度实质化的效果。从大陆法系早期罗马教会法庭及意大利文艺复兴时期司法制度中的卷证运用情况看,被告人实际已介入卷证的形成之中,证人证言在记入卷宗以前,被告人有机会对证人进行"质证"。对于重大案件,记录人还需要把证人的面部表情以及其他的"肢体语言"记入笔录,从而为最终定案的法庭提供有关情态证据的替代品。③ 我国台湾地区学者林钰雄在论及卷证运用的条件时也认为,检警笔录制作过程应赋予辩方必要的程序担保,即受及时通知、在场以及发问等权利,并应记明笔录。④ 我国大陆学者从卷证的可信性的情况保障上也提及律师及其他中立见证人在场情况下制作笔录的合理性问题。⑤ 尽管上述理论观

---

① [美]米尔吉安·R.达马斯卡:《比较法视野中的证据制度》,吴宏耀、魏晓娜等译,中国人民公安大学出版社2006年版,第279页。
② [美]米尔建·R.达马斯卡:《漂移的证据法》,李学军译,中国政法大学出版社2003年版,第182页。
③ 参见[美]米尔吉安·R.达马斯卡:《比较法视野中的证据制度》,吴宏耀、魏晓娜等译,中国人民公安大学出版社2006年版,第263—264页。
④ 参见林钰雄:《严格证明与刑事证据》,新学林出版股份有限公司2002年版,第61页。
⑤ 参见龙宗智:《证据法的理念、制度与方法》,法律出版社2008年版,第160页。

点的角度不同,但卷证形成过程中被告方的介入、交涉和质询,以缓解卷证运用对庭审正当程序带来的不利影响则是现实和可行的。

大陆法系及我国运用卷证的刑事审判呈现的独有技术风格和特质,在刑事审判中发挥出了应有价值,但刑事审判仅限于技术或停留于技术又可能变成一种技术崇拜,这实际上是大陆法系及我国刑事审判运用卷证产生不利影响的一个重要因素。因此,刑事审判的运行失去技术不足以维系,但只有技术又难以保持其对审判的支撑。如果将技术可以归为一种文化范畴,技术的有效性除了使用技术人的因素外,还在于对技术的规制,因为"没有合法的规则,文化就无法存在;没有共享的规范,文化就无法存活。"[①]这里,制度或规则为技术确立了标准并指明了方向。"没有方向理性做领导,没有指导原则作先在根据,只有技术理性,这个社会一定迷失方向。"[②]应该看到,缺乏制度的规范或指引的技术,在产生方向迷失的同时,也暴露出技术操作者的个人化倾向。弗里德曼在比较政府管理运行的特点时曾指出,"今天的政府是形式化的,具有科层制的结构和依法运行。与历史上大多数各种类型的政府相比,它是理性的和工具性的。它有义务服从规则和法律程序,拒斥前辈的那种人格主义。"[③]政府管理的运行需要规则和法律程序为依托,否则因个人的随意化和情绪化可能使管理的运行陷于一种无序。刑事审判由技术到制度或技术的制度化,并非在于审判对制度本位的回归,而是以制度为工具,旨在为审判技术确立具体的标准和尺度,确保技术审判的有序性和方向性,取得审判的应有效果,并且防止因制度的缺位而使审判沦为个人经验主义和情绪化的产物,导致审判技术理性的缺失和异化。

运用卷证方法所呈现的刑事审判技术风格和特质,本质上是卷证运用的

[①] [美]劳伦斯·M.弗里德曼:《选择共和国》,高鸿钧等译,清华大学出版社2005年版,第14页。

[②] 牟宗三:《周易哲学演讲录》,华东师范大学出版社2004年版,第30页。

[③] [美]劳伦斯·M.弗里德曼:《选择共和国》,高鸿钧等译,清华大学出版社2005年版,第250页。

技术风格和特质。所以,推动以卷证为主导的我国刑事审判技术制度化的建设,仍在于刑事卷证制度的建设。对于技术审判所面临的上述若干问题,需通过对卷证的形成与制作、检察机关的移送、法院审前程序的阅览和整理以及庭审运用等诸多环节的法律规制加以解决。

第五章　我国刑事卷证运用理论与实践的悖反

当代中国刑事卷证(主要指证据卷)运用的一个难解现象是,公检法三机关不仅普遍承认和接纳刑事卷证,而且在办理刑事案件的整个过程中无一例外地依赖于这一卷证材料。在刑事审判阶段,实际存在一种以卷证笔录为中心的裁判模式。2012年和2018年修改的刑事诉讼法通过确立检察机关移送案卷制度为这一做法提供了支持。但正如本著作第二章开篇所言,刑事卷证的司法操作却又受到主流学界排斥或否定,并在当代中国推动的以审判为中心诉讼制度改革的背景下,受到更严峻的挑战。在这一实践反对理论,立法与司法改革政策"相悖"的迷思之中,刑事卷证的命运成了一个绕不开的话题。这里,有几个关键的理论和实践问题需要解答:我国刑事审判实践依赖卷证的深层原因究竟是什么?由学界所引发的刑事卷证问题论争的真实困境何在?如果承认刑事卷证在审判阶段运行的现实存在及其趋势不可避免,如何通过刑事卷证制度本身的完善及相关制度的调节,以消解其带给审判的诸多不利影响?

第一节　刑事卷证的运用:立法的基本路线

作为对我国现实司法状况的回应,2012年刑事诉讼法修正案有关审判程序改革的一个突出特点是,刑事卷证的运用又重回 1979 年刑事诉讼法规定的状况。根据该法第 172 条的规定,人民检察院认为犯罪嫌疑人的犯罪事实已经查清,证据确实、充分,依法应当追究刑事责任的,应当作出起诉决定,按照审判管辖的规定,向人民法院提起公诉,并将卷证材料、证据移送人民法院。2018 年刑事诉讼法再次修改中对检察机关这一卷证材料移送制度又加以明确保留。[1] 有学者认为,"从 1979 年的卷证移送制度,到 1996 年的限制检察机关移送卷证范围的改革,再到 1998 年庭后移送卷证制度的实行,直至 2012 年对卷证移送制度的恢复,中国刑事诉讼法在检察机关移送卷证的程序设计方面出现了持续不断的变化,甚至在制度安排上还发生了改革与废止改革的制度反复。"[2] 然而,现行刑事诉讼法以及相关司法解释对卷证制度的规定并非是对过往法律规定的简单重复,而有了不同的意涵和特点,刑事卷证制度运用的刚性有了进一步增强。从以下分析中可大致窥见现行法律规范有关刑事卷证制度的立法路线。

一、有关检察机关移送案件制度的规定

根据现行刑事诉讼法第 176 条的规定,人民检察院认为犯罪嫌疑人的犯罪事实已经查清,证据确实、充分,依法应当追究刑事责任的,应当作出起诉决定,按照审判管辖的规定,向人民法院提起公诉,并将案卷材料、证据移送人民法院。而 1979 年刑事诉讼法第 100 条则规定,人民检察院认为犯罪嫌疑人的犯罪事实已经查清,证据确实、充分,依法应当追究刑事责任的,应当作出起诉决定,按照审判管辖的规定,向人民法院提起公诉。其中该法没有明确规定检察机关应将卷证材料移送人民法院。只是该法第 108 条规定,人民法院对提起公诉的案件进行审查后,对于犯罪事实清楚、证据充分的,应当决定开庭审判;对于主要事实不清、证据不足的,可以退回人民检察院补充侦查;对于不需要判刑

---

[1] 参见 2018 年刑事诉讼法第 176 条的规定。
[2] 陈瑞华:《案卷移送制度的演变与反思》,《政法论坛》2012 年第 5 期。

的,可以要求人民检察院撤回起诉。也就是说,人民法院开庭前对公诉案件实行实质审查原则,只有基于检察机关移送卷证材料的前提才能进行如此的审查。该法第116条又规定,审判人员应当向被告人出示物证,让他辨认;对未到庭的证人的证言笔录、鉴定人的鉴定结论、勘验笔录和其他作为证据的文书,应当当庭宣读,并且听取当事人和辩护人的意见。所以,该法对检察机关移送卷证材料制度实际上是一种间接认可,其中遵循的"法无禁止皆自由"的原则,而且后续审判实践中形成检察机关和法院合意要求移送卷证材料的一种实践性规则,但这种做法的合法性仍是可质疑的。显然,与旧法相比,现行刑事诉讼法对检察机关卷证移送的规定属于一种授权式规定,更具有刚性特点。

当然,就人民法院开庭前的审查来看,现行刑事诉讼法第186规定,对于人民检察院提起公诉的案件进行审查后,对于起诉书中有明确指控犯罪事实的,应当决定开庭审判。而1979年刑事诉讼法则规定,人民法院对公诉案件进行审查后,对于犯罪事实清楚,证据确实充分,应当追究刑事责任的案件,应当开庭审判,对于事实不清、证据不足的案件退回检察机关补充侦查,不构成犯罪的,要求人民检察院撤回起诉。前者属于对公诉案件的形式审查,而后者属于实质审查。从刑事卷证的供给上看,后者似更大于前者。但就开庭前刑事卷证实际作用而言,新法的规定并未削弱刑事卷证的作用:一是,决定开庭审判的实质条件虽是起诉书有明确指控的犯罪事实,但判断是否有明确犯罪事实仍以对移送的卷证材料审查为依据。因起诉书在指控被告人犯罪事实的同时,均列出详细据以定案的证据材料,这些证据材料均一一对应于随案移送的卷证材料中,可供法院审查。有学者认为,根据这部法律,法官在开庭前不得就公诉方的证据进行庭外调查核实工作,也不得在开庭前对案件是否达到法定证明标准进行审查。法官在全面阅卷的基础上,"对于起诉书有明确的指控犯罪事实的",就可以决定开庭审判。[①] 二是,庭审法官可以通过阅览和

---

① 参见陈瑞华:《案卷移送制度的演变与反思》,《政法论坛》2012年第5期。

第五章　我国刑事卷证运用理论与实践的悖反

整理卷证材料为开庭审判进行充分准备。在司法实践中,拟定庭审提纲属于庭前准备的重要内容,①这些活动需要在阅卷的基础上完成。法官阅卷为庭审准备是立法有关卷证移送制度的主要目的,这一阅卷准备不仅为庭审顺利推进提供支点,而且使法官的庭前审查变为一种实际上的实质审查。三是,刑事卷证还有组织庭前相关活动的功能。与旧法不同的是,刑事诉讼法第187条规定,在开庭以前,审判人员可以召集公诉人、当事人和辩护人、诉讼代理人,对回避、出庭证人名单、非法证据排除等与审判相关的问题,了解情况,听取意见。同时,根据《最高人民法院关于适用〈中华人民共和国刑事诉讼法〉的解释》第184条的规定,审判人员可以询问控辩双方对证据材料有无异议,对有异议的证据,应当在庭审时重点调查;无异议的,庭审时举证、质证可以简化。显然,庭前有关证人出庭、非法证据排除等问题而召集的庭前会议中法官通过阅览卷证材料,熟悉案件具体情况,起到组织庭前这一有关活动的作用。

二、卷证中的言词材料和侦查笔录在庭上的运用不受限制

由于刑事诉讼法没有确立传闻证据排除规则,在侦查阶段制作的犯罪嫌疑人口供笔录和被害人陈述笔录,及勘验检查、辨认、侦查实验等侦查笔录材料可以顺利进入法庭,成为法庭调查对象。被追诉人口供和被害人陈述材料的证据能力主要由非法证据排除规则加以规制。刑事诉讼法第56条规定,采用刑讯逼供等非法方法收集的犯罪嫌疑人、被告人供述和采用暴力、威胁等非法方法收集的证人证言、被害人陈述,应当予以排除。由此可见,刑事诉讼法对口供和被害人陈述材料的排除也限于典型非法方法取得的这些材料加以排除,对于诸如威胁、引诱、欺骗等其他非典型非法方法取得的上述证据材料是

---

① 2012年最高人民法院《关于适用〈中华人民共和国刑事诉讼法〉的解释》第185条规定,开庭审理前,合议庭可以拟出法庭审理提纲,提纲一般包括下列内容:(一)合议庭成员在庭审中的分工;(二)起诉书指控的犯罪事实的重点和认定案件性质的要点;(三)讯问被告人时需了解的案情要点;(四)出庭的证人、鉴定人、有专门知识的人、侦查人员的名单;(五)控辩双方申请当庭出示的证据的目录;(六)庭审中可能出现的问题及应对措施。

否排除以及以什么条件和标准排除没有明确规定,而对于程序性违法取得的这些证据材料,刑事诉讼法并没有排除的相关规定。另外,值得注意的是,对于勘验检查、辨认、侦查实验等侦查笔录在现行刑事诉讼法和相关司法解释中,虽有较严格的形成和制作程序和方法的规定,但对于违反这些程序和方法而形成的上述侦查笔录则没有排除的明确规定。因而可以认为,在现行法律规范中对口供、被害人陈述及有关侦查笔录等言词类书面证据材料的非法证据排除规则的规制仍存在较大局限性。这些证据材料可以进入法庭,法庭仍以宣读这些书面证据接受辩方质证作为庭审的主要活动。对于庭外口供,除被告人以口头陈述的形式进行对质询问完成这一调查外,其他书面材料的审查均无需通过证据提供者的出庭接受面对面的调查,法庭对这些材料的审查和运用中主要是解决这些证据材料的证明力状况以及最终能否作为裁判依据的问题。

三、卷证中证言材料的庭上运用依然畅行无阻

刑事诉讼法有关证人出庭作证制度的确立被视为 2012 年刑事诉讼法修正案的一个亮点,[1]2018 年刑事诉讼法再次修改后对这一制度加以确认,但无进一步的规定。[2] 应该指出,现行刑事诉讼法确立的这一制度对证言书面材料庭上的直接运用并未起到限制作用:

一是,证人出庭作证只限于特定情形,同一案件的其他证人以及其他案件的证人庭前形成的书面证言材料仍可在庭上运用。根据现行刑事诉讼法第 192 条的规定,证人出庭作证需具备公诉人、当事人或者辩护人、诉讼代理人对证言有异议和该证言对案件定罪量刑有重大影响两个实质条件,并由人民

---

[1] 2012 年刑事诉讼法第 187 条规定,公诉人、当事人或者辩护人、诉讼代理人对证人证言有异议,且该证人证言对案件定罪量刑有重大影响,人民法院认为证人有必要出庭作证的,证人应当出庭作证。人民警察就其执行职务时目击的犯罪情况作为证人出庭作证,适用前款规定。

[2] 参见 2018 年刑事诉讼法第 192 条的规定。

法院以必要性最终决定为程序性条件。证人出庭的案件显然受到严格限制,不属于上述限定性条件的证言材料庭审的运用并不受影响。正如学界所担心的那样,"法院认为有必要"这一证人出庭的条件可能使得证人出庭受到更大限制。2017年最高人民法院出台的《人民法院办理刑事案件第一审普通程序法庭调查规程》第13条规定,控辩双方对证人证言、被害人陈述有异议,申请证人、被害人出庭,人民法院经审查认为证人证言、被害人陈述对案件定罪量刑有重大影响的,应当通知证人、被害人出庭。这一规定实际上不再强调证人出庭以人民法院认为有必要作为一项必备条件。

二是,即便证人出庭作证的,其庭外的证言材料仍可在庭上运用。强制证人出庭的案件中,证人庭上证言不具有替代庭外证言材料的功能。对于已出庭的证人,刑事诉讼法并未禁止其庭外证言材料在庭上的运用。此类材料在庭审中仍可宣读,法庭通过证据调查需审查其证明力的状况,以决定对其的运用,其与当庭的证人证言实际起着相互印证、补充或弹劾质疑的作用。尽管《人民法院办理刑事案件第一审普通程序法庭调查规程》出于保护被告人质证权,查明案件事实真相的需要,对证人已出庭的情况下,庭前形成的证言材料不再出示、宣读,但又规定了若干例外情形下,允许庭前证言材料的运用。①

三是,依法应出庭的证人,无正当理由拒不到庭的,也不影响其庭外证言材料在庭上的运用。根据刑事诉讼法第193条的规定,无正当理由而不出庭的证人,可以强制其到庭,其拒绝出庭或出庭后拒绝作证的,予以训诫,情节严重的,经院长批准,处以十日以下拘留。但该规定并不禁止侦查阶段获取的证

---

① 《人民法院办理刑事案件第一审普通程序法庭调查规程》第25条规定:证人出庭作证的,其庭前证言一般不再出示、宣读,但以下情形除外:(一)证人出庭作证时遗忘或者遗漏庭前证言的关键内容,需要向证人作出必要提示的;(二)证人的当庭证言与庭前证言存在矛盾,需要证人作出合理解释的。为核实证据来源、证据真实性等问题,或者唤起证人记忆,经审判长准许,控辩双方可以在询问证人时向其出示物证、书证等证据。

言材料在庭上的运用。①

从以上证人出庭制度与刑事卷证证言材料的关系来看,在立法解释学上,证人出庭制度的确立实际在于实现庭审程序正义和实体正义的两个目标,而非在于限制刑事卷证材料的庭上运用,相反,对卷证材料庭审运用提供了一定可靠性保障。需要指出的是,对法院运用刑事卷证产生一定改变的是其中的鉴定意见。刑事诉讼法第192条规定,公诉人、当事人或者辩护人、诉讼代理人对鉴定意见有异议,人民法院认为鉴定人有必要出庭的,鉴定人应当出庭作证。经人民法院通知,鉴定人拒不出庭作证的,鉴定意见不得作为定案的根据。可见,鉴定人符合出庭条件而拒不出庭作证的,其已形成于卷证中的鉴定意见材料不具有证据能力,应当排除于法庭证据调查之外,更不能作为法庭认定案件事实的证据。从立法精神看,该规定不是排拒鉴定意见在庭审中的运用,而是排斥鉴定意见在庭审中的单独运用,在鉴定人出庭的条件下,庭外鉴定意见的证据能力不受影响。这一举措在于保障最终作为裁判依据的鉴定意见真实可靠性。尤其对于控辩双方或一方及其他诉讼参与人对该鉴定意见存在异议情况而加以限制是必要的,毕竟这类证据材料对定案通常会产生重要影响。

从刑事诉讼法以及其他司法规范性文件对刑事卷证移送制度的确立和卷证材料庭审证据能力不作限制性规定来看,刑事卷证在整个审判阶段(庭前和庭审)的运用具有刚性特点。法律规范的这一规定为刑事卷证制度的推行提供了法律依据。虽然上述规定并非是刑事卷证制度确立的正当性和合理性之当然理由,然而,法律之内容纵有正当性与否之标准,但法律也非立法者个人意志或臆断之结果,包括刑事卷证在内的法律规制也是社会现实诸多因素

---

① 《人民法院办理刑事案件第一审普通程序法庭调查规程》第51条规定:证人没有出庭作证,其庭前证言真实性无法确认的,不得作为定案的根据。根据该规范性文件的规定,庭前证言在真实性无法确认的情形下,该证言材料不得作为定案根据,但并没有禁止在庭上的提出、宣读和引证,因而仍然不属于禁用庭前证言材料的规定。

的反映。现行法律规范对刑事卷证移送和审判阶段运用制度的明确规定,尽管在理论界存在较为强烈质疑的声音,但法律规范的这一规定却是理性探寻这项制度实际走向的一种基础。

第二节 刑事卷证运用的司法结构性缘由

探寻现行刑事卷证制度确立的真实原因,是解决乃至平息理论之争的有效途径。由表及里即由现象到本质的透析是人们认识事物的固有规律,它同样适用于对刑事卷证制度的基本认识。一项制度的产生和发展是由社会客观现实因素所限定和制约的。现行刑事诉讼法对刑事卷证制度的确认,理论和实务界公认的一个直接原因就在于符合我国司法实践的现实状况,法律规定只是适时地回应了司法实践的客观需要。从刑诉法立法和修改过程产生、发展前后对刑事卷证不同的态度可以证明这一事实。

如上所述,1979年刑事诉讼法在实质上对刑事卷证运用加以认可的背景除了司法的现实需要外,也在于受苏联刑事诉讼法律制度的影响。而1996年刑事诉讼法第一次修改正值西方尤其英美法系起诉状一本主义等刑事诉讼正当程序理念传入我国之时,理论界限制卷证移送的呼声占据上风,但彻底废除卷证移送制度又面临司法实务部门的巨大阻力。最终案件移送制度改为折中的复印件移送制度。然而,在1996年刑事诉讼法实施的16年中,复印件移送制度在实践中的推行步履维艰,与司法实践的现实需要不相适应。"长期以来,刑事法官已经习惯于通过查阅、研读卷证笔录来进行庭审前的准备工作,对于多份被告人供述笔录、证人证言笔录之间存在的矛盾,也可以借此加以研究,以弄清案件的事实争议问题。但是,根据修改后的刑事诉讼法,检察官在开庭前只向法院移送主要证据的复印件或者照片,法官对案件事实的认定又必须有足够的证据支持,尤其不能与卷证笔录发生明显的矛盾。而这一点单凭法庭上那种有选择的、摘要式的宣读卷证笔录的调查方式,是根本不可能得到实现的。"①在司法现实需要面前，法院与检察院相互间达成使用卷证的默契，检察机关直接或间接移送卷证，法院庭前阅览和使用卷证则成为既成事实。②鉴于法院系统对依赖于刑事卷证材料运用的现状，1998年最高法院、最高检察院、公安部、国家安全部、司法部会同全国人大常委会法制工作委员会发布实施《关于刑事诉讼法实施中若干问题的规定》。根据该规定，检察机关可以自行确定需要移送法院的"主要证据"的范围；法院发现检察机关移送的材料中缺少"主要证据"的，可以要求其补充材料，但"不得以上述材料不充足为由而不开庭审理。"③这一规定也为2012年刑事诉讼法修改恢复检察机关的全卷移送制度埋下伏笔。所以，对刑事卷证运用的高度重视，是我国司法现状反映的实际需要决定的，笔者将其称为司法实用主义哲学的实现因素所致。④ 2012年刑事诉讼法修正案对刑事卷证运用制度的确认应该说首先在于对我国当前刑事司法现实需要的一种回应。

然而，基于刑事司法的现实需要而确立的卷证材料移送和庭审运用制度

---

① 陈瑞华：《案卷移送制度的演变与反思》，《政法论坛》2012年第5期。
② 陈瑞华教授指出，"在那些具有巨大社会影响、特别是引起党政高层关注和批示的特殊案件中，'公检法三机关'往往会组成联合专案组，共同派员参与案件的侦查、审查起诉和法庭审判活动，法官完全可以在开庭前查阅全套案卷材料。不仅如此，在那些具有重大社会影响的案件中，检察机关也有可能在提起公诉时将全套案卷材料移送法院，'庭后移送案卷制度'可能临时改变成为'庭前移送案卷制度'。甚至在一些涉及诸多专业领域复杂问题的重大案件中，一些法院还可能主动向检察机关'借阅'案卷材料，以便在开庭前获得充分地研读案卷材料的机会。"陈瑞华：《案卷移送制度的演变与反思》，《政法论坛》2012年第5期。
③ 陈瑞华：《案卷移送制度的演变与反思》，《政法论坛》2012年第5期。
④ 就2012年刑事诉讼法恢复人民检察院全卷移送制度而推动的刑事卷证材料在审判阶段运用的现实依据来看，可以归纳几个学者的代表性观点：陈瑞华教授从司法现实需要角度分析认为，检察机关移送案卷可以保证法官庭前全面阅卷，从而进行全面的审判准备；可以有效地保证辩护律师查阅、摘抄、复制案卷材料，充分地进行辩护准备活动等。参见陈瑞华：《案卷移送制度的演变与反思》，载《政法论坛》2012年第5期。龙宗智教授从案卷使用的"外部必要性"条件提出，在一定情况下，证人不便或不能出庭作证，但案件事实的认定又确需该证人的证言内容。参见龙宗智：《证据法的理念、制度与方法》，法律出版社2008年版，第119页。我国台湾地区学者林钰雄教授则以诉讼经济性的立场认为，通过庭前证据准备以及庭审中代替直接人证的口头证明，可以达到提高审判效率和节约审判资源之效。参见林钰雄：《严格证明与刑事证据》，台湾文化出版公司2000年版，第60—61页。

第五章 我国刑事卷证运用理论与实践的悖反

又恰是学界可能对卷证制度提出质疑的原因所在。一般而言,根据刑事司法的现实需要确立的刑事卷证制度,实际上表明这一制度的推行是建立在物理性和外部性的原因之上,这种原因本身是不牢固的,也不能说明刑事卷证运用的正当性。从横向比较来看,英美法系国家刑事审判排拒卷证材料运用的历史由来已久,早期英美法系刑事审判的人、财、物等基础条件及人员素质驾驭审判的能力可能还不及当代我国刑事审判所具备的能力和基础条件。况且,随着我国社会经济和科技水平的发展,司法现实需要的这一物理性和外部性原因的变量正在向限缩刑事卷证运用的方向转变,刑事卷证制度确立的现实基础正被动摇。所以,以实用主义哲学阐释的刑事卷证制度合理性和现实性基础并不能成立。

如果将刑事卷证制度的生成和发展不是放在一个非确定的且不稳固的外部环境来审视,而是将其置于刑事诉讼体制内之一部分并与整个体制互动的关系中来考察,即将其作为内生于诉讼结构的一项制度来分析,观察这一体制和结构对其的影响,由此得出的结论可能更具本质性,也更接近于刑事卷证运用的真相。

一、公检法机构体制上的同一性形成的相互认同

我国公检法三机关是实施法律的专门机关,在政治术语的表达上,被统称为政法机关,由党的各级政法委员会统一领导。能够对它们进行明确区分的,是它们各自的名称以及与之适应的在司法中担负的不同法律职能和工作权限,由此可以初步将我国公检法机关界定为一种司法联合体,它们虽有不同结构但却具有同质性。

第一,在刑事诉讼中公安和检察机关并不被真正作为诉讼一方甚至控诉一方对待。它们属于同一政法机关序列之下,实际处于同一政治共同体之中,有共同的上级及其下达的工作指标和政治要求。在这一司法格局之下很难将其身份定位和职业取向严格分离。达马斯卡在对大陆法系政策实施型程序中

的控辩裁三方关系的分析中指出,"与其说私人当事人是面对着一个与自己大致上平等的对方当事人并在法庭上与之抗衡,不如说他是面对这一头强悍的国家政策的看门犬,后者与法官之间的区别仅在于其特殊的职能。"①与当事人主义诉讼模式不同,我国并无严格的诉讼一方概念。公安机关和检察机关共同被称为追诉机关,即使法院在一定程度上也被认为有着直接的关联性。因为我国刑事司法功能和主要价值取向在于追诉和惩治犯罪,这既是公安和检察机关的任务,也是法院的任务。三机关对犯罪追诉和惩治的效能又来自于它们专属的权威和精英传统,它们之间实际形成固有的信任关系。在三机关内形成的固有司法方式、做法和行为不是相互排斥而是相互联系,并被同类化和体系化了,相互之间存在一种内在的默契,因而彼此之间的行为自然被认同和接受。这当然包括法官对公安和检察机关制作卷宗的认同。②

第二,在刑事诉讼中三机关有着共同追求的目标和利益。正因追诉和惩治犯罪既是公安机关和检察机关的任务,也是法院的任务,由此形成三方的共同利益和诉求,成为将三者勾连起来的纽带。巴特对斯瓦特巴人原始状态下结盟条件的分析中指出,"他们之间的团结来自于相互往来中所带来的好处,在其中一方或双方看不到这种利益的时候,没有任何外在的限制来阻止他们终止这样的关系,从而结束这样的联盟。"③为共同的利益而结盟对于个人和机构来说并无二致,刑事诉讼的共同目标和利益实际成为公检法三机关自身的利益,他们为这一利益紧密相连不可分割,形成在中国司法中独特的一体多

---

① [美]米尔伊安·R.达玛什卡:《司法和国家权力的多种面孔——比较视野中的法律程序》,郑戈译,中国政法大学出版社2004年版,第233页。

② 作为大陆法系国家典型代表的法国,法官对于轻罪案件的处理可以建立在卷宗的基础之上,尽管卷宗多由法官并不信任的警察在侦查阶段制作完成,但由于是在检察官对侦查监督的条件下形成,法官对卷证的采纳,与检察官作为侦查监督者的实际身份和地位而非追诉者的因素是密切相关的。参见[英]杰奎琳·霍奇森:《法国刑事司法——侦查与起诉的比较研究》,张小玲、汪海燕译,中国政法大学出版社2012年版,第267页。

③ [德]弗雷德里克·巴特:《斯瓦特巴人的政治过程》,黄建生译,上海人民出版社2005年版,第152—153页。

第五章 我国刑事卷证运用理论与实践的悖反

面的司法共同体。在当代中国政治制度中仍采用精英统治和等级权威的结构之下,[1]公检法多面一体的结构则更为稳固,机构及机构内人员相互的认同感和接受度更高。

第三,公检法三机关活动方式的一体化。尽管公检法三机关有着不同的身份和职责要求,但由于公检法为完成刑事司法惩治和打击犯罪共同任务而结成的司法共同体(政治共同体),决定了在刑事诉讼中它们行为的同质性大于其异质性。我国刑事诉讼法第 7 条规定,人民法院、人民检察院和公安机关进行刑事诉讼,应当分工负责,互相配合,互相制约,以保证准确有效地执行法律。该法在规定三机关分工负责的基础上,又强调它们的配合和制约,且互相配合先于互相制约。显然,法律所确认的三机关诉讼活动的基本原则凸显了相互配合精神,在实际司法活动中,这种相互配合具体体现为三机关按照流水线作业的程序,运用案件办理的接力方式完成各自的工作职责,共同顺利处理案件。这一相互配合协同的作业方式,除了共同的诉讼目标和任务对它们提出的要求外,也在于诉讼体制内相同的结构性因素。我们可以将巴特所观察的早期斯瓦特巴人生活区域实际状况做一对比。在巴特看来,斯瓦特巴人生活的区域实际上是一个我们现在称之为的社区,"整个社区都成了一个生产单位,各自承担一定的责任,单位内部的合作得到了加强,因为各个土地所有者不得不分享有限的劳动力、依靠同样的作坊和运输工具。"[2]在当代中国公检法一体化的长期诉讼实践中,实际已形成较为牢固的、相对较难改变的具有同质性的诉讼资源、诉讼方式与格局以及附属性的有形与无形的条件,这对各自行为的趋同性产生了重要影响。

由公检法三机关同质性的机构特点、共同的诉讼目标和利益以及各自诉

---

[1] 参见[美]詹姆斯·R.汤姆等:《中国政治》,顾速、董方译,江苏人民出版社 2004 年版,第 28 页。
[2] [德]弗雷德里克·巴特:《斯瓦特巴人的政治过程》,黄建生译,上海人民出版社 2005 年版,第 125 页。

讼活动方式的单向性和一体化,决定了我国公检法三机关实际是一个浑然一体的、具有稳固性的司法共同体。这一共同体不仅达到了机构身份之间相互认同和接受的结果,而且其内部人员被看成是一个机体中的不同部分,他们构成一个单一部门领导下的统一官僚系统。① 其共同体内的人员,"随着时间的推移,他们与处在类似地位的其他个人之间还发展出一种认同感,从而使自己人和外人之间的界线变得日益牢固。"② 既然各自属于同类的机构,机构内的人们又属自己人,他们在诉讼中有着相同的法律价值取向、观念和情感,其行为自然能为对方所认同和接受。这里当然包括处于审判阶段的法院对前期侦查和起诉机关活动的主要载体方式即收集和制作的卷证材料的认同和接受,并且自己也以相同的方式和程序补充这一卷证材料。应该看到,由于我国固有的科层制的司法体制,刑事卷证实际成为将侦查、起诉和审判相连接的纽带,也是各类司法者相互联络的基础。达马斯卡对罗马教会法高度重视官方制作的卷证材料原因指出,在罗马教会所倡导的科层式司法组织下,曾经参与诉讼的不同级别和同一级别官员,通过卷宗的信息渠道联系在一起。③ 在当代中国具有浓郁科层等级制的司法体制之下,卷证材料的运用也属于这一具有实用主义特征的制度安排。

二、我国刑事诉讼的职权主义结构

我国传统的刑事诉讼结构仍类似于大陆法系国家的职权主义,有学者将职权主义结构概括为"社会利益优先,国家权力主导,追求实质真实,权利保

---

① 参见[美]米尔伊安·R.达玛什卡:《司法和国家权力的多种面孔——比较视野中的法律程序》,郑戈译,中国政法大学出版社2004年版,第295页。
② [美]米尔伊安·R.达玛什卡:《司法和国家权力的多种面孔——比较视野中的法律程序》,郑戈译,中国政法大学出版社2004年版,第28页。
③ 参见[美]米尔吉安·R.达马斯卡:《比较法视野中的证据制度》,吴宏耀、魏晓娜等译,中国人民公安大学出版社2006年版,第263页。

第五章 我国刑事卷证运用理论与实践的悖反

障主体多元"等核心价值。① 如果以审判中心理念进行观察,职权主义具有两个突出特点,一是法官对真实的追求产生对裁判的真实可靠性负责;二是裁判者依职权对事实的主动调查,而非控辩双方的对抗式调查。应该说,职权主义结构体现的上述两个特点,决定了我国刑事卷证材料的实际运用。由于在职权主义结构之下,法官对裁判的真实可靠性负有最终责任,与英美法系对抗式诉讼结构所决定的裁判者对案件事实的中立判断不同,法官对案件事实不仅是一种判断,而更重要的是对事实的审查和认定。审查和认定事实是一种主动的行为,需要调查核实证据材料,甚至可以有一定的取证活动。法官接触和阅览卷证材料,甚至对有关人证进行调查核实当然成为其工作的一部分。同时认定事实也是客观对待证据的过程。"在事实认定是由职权控制的情况下,某项证据究竟对哪一方有利已没有什么关系;重要的仅仅是这项尚未确证的证据是否有助于进一步的事实调查。"②刑事卷证主要为警方调查获取的证据材料,对追诉方有实质好处,但在职权主义的结构中其利益倾向并非为裁判者的关注点,而更在于其对查明案件真相的实际意义,就卷证材料的价值来看能为裁判者实际利用。控辩对抗制的诉讼结构不仅强调控辩双方在庭审中主导证据调查,而且需以庭审集中的审理方式进行这样的调查,因而调查的范围和供法庭裁决的证据材料都被限制在可控制的范围之内,③庭前形成的卷证材料不可能在有限的庭审时间所运用。与之相对应,职权主义结构之下,既然证据调查不是由控辩双方主导的对抗式调查,裁判者有着更大的证据调查空间,不仅在庭审中可采分段式的证据调查方式,而且证据调查也可不局限于庭审,而可以是庭前,甚至可以在庭后进行这样的调查。按照达马斯卡的观点,

---

① 参见施鹏鹏:《为职权主义辩护》,《中国法学》2014 年第 2 期。
② [美]米尔建·R.达马斯卡:《漂移的证据法》,李学军等译,中国政法大学出版社 2003 年版,第 115 页。
③ 参见[美]米尔建·R.达马斯卡:《漂移的证据法》,李学军等译,中国政法大学出版社 2003 年版,第 85 页。

这种分段式或零散型案件审理的方法对裁判者接触的证据范围和总量就不会有严格要求，从而为裁判者在庭前和庭后阅览和使用由官方所固定的证据材料提供了便利条件。①

三、刑事司法的政策导向

从司法类型学角度看，可以对刑事司法作出不同的分类，达马斯卡从司法实现的目标将刑事司法分为纠纷解决型和政策主导型两类司法模式。② 不同的刑事司法类型决定了不同的司法程序，也决定了不同的证据运用方法。从取证的角度来看，以采用卷证材料（卷证）为主的审判，属于一种单向取证（调查讯问）的方式，证据的引入是通过一个人或一个小组的活动实现的，而采用口证为主的审判，则属于一种双向取证（控辩竞赛）的方式，证据的引入是经由直接质证和交叉质证的双向过程完成的。③ 单向式和双向式取证方式的形成显然与其服务且服从的目标不同。④ 达马斯卡指出，围绕着竞赛这一主导形象而组织起来的程序同围绕调查这一主导形象组织起来的程序实际上并不是达致同一目标的不同结构性选择。他认为，双向式的风格比单向式风格更能推进纠纷解决目标的实现，而单向式的方法被证明在政策实施背景中更为有效。⑤ 从两种取证方式的性质和产生的实际效果来看，前者更适合于纠纷解决，后者更适于实现国家政策。

具体而言，在双向式的取证中，控辩双方能够通过全面展示本方的证据并

---

① 参见［美］米尔建·R.达马斯卡：《漂移的证据法》，李学军等译，中国政法大学出版社2003年版，第85页。

② 参见［美］米尔伊安·R.达玛什卡：《司法和国家权力的多种面孔——比较视野中的法律程序》，郑戈译，中国政法大学出版社2004年版，第131—145页。

③ 参见［美］米尔伊安·R.达玛什卡：《司法和国家权力的多种面孔——比较视野中的法律程序》，郑戈译，中国政法大学出版社2004年版，第143页。

④ 参见［美］米尔伊安·R.达玛什卡：《司法和国家权力的多种面孔——比较视野中的法律程序》，郑戈译，中国政法大学出版社2004年版，第131页。

⑤ 参见［美］米尔伊安·R.达玛什卡：《司法和国家权力的多种面孔——比较视野中的法律程序》，郑戈译，中国政法大学出版社2004年版，第144页。

对相对方提出的证据进行公开和平等的质询和交叉询问,使双方产生的争议事实得到合理解决(解释、说明),实际上达到解决双方分歧和纠纷的效果。而在单向式的取证中,卷证的取得和制作由侦查机关主导,在主要的大陆法国家,除了警察和检察官主导的侦查活动所形成的卷证材料外,部分国家规定预审法官在开庭前也可对已形成的卷证再行收集和制作(包括重新讯问形成法官的笔录材料或对侦查卷证进一步整理和加工而形成的材料)。由于这些材料主要是追诉犯罪的证据材料,加之在制作上比较规范,具有较强的司法政策的指向性和针对性,对完成国家惩治犯罪和保障人权任务,实现国家稳定社会秩序,保证社会安定团结的政策性目标具有重要意义。由此可以判断,在一国的法律实践中,如果刑事司法以纠纷解决的理念为主导,刑事审判就以双向式取证也即口证的方式为主,而强调国家政策为导向,刑事审判则以单向式取证也即卷证的方式为主。所以,由刑事卷证材料制作和运用表现的单向式取证模式显然与我国的刑事司法政策导向的特点有着密切关系,它决定于并受制于刑事司法的政策导向,反过来通过刑事卷证材料的有效运用又推动刑事司法政策目标的达成。

四、我国刑事司法组织体制和活动方式的行政化

我国司法组织体制向来具有浓厚的行政化色彩。以法院组织体制为例,我国法院体制的行政化体现在三个方面,一是法院本身的行政化。从最高人民法院到基层人民法院都有与之对应的行政级别,这属于一种法院外部的行政化。[1] 二是法院内部的行政化。我国法院内部组织实际上是按照科层制原理构建起来的,法院内存在着从普通法官经由庭长、院长到审委会这个明显具有从属性的层级化关系和建制,并且,各个层级都对应着外部行政谱系中的相应级别。[2] 三是法院之间的行政化。这在上下级法院的关系中表现得最明

---

[1] 参见张卫平:《论我国法院体制的非行政化》,《法商研究》2000 年第 3 期。
[2] 参见顾培东:《人民法院内部审判运行机制的构建》,《法学研究》2011 年第 4 期。

显。① 按照法律规定,我国上下级法院之间属于一种监督与被监督关系,上级法院通过审级发现和纠正下级法院审判的错误,下级法院独立行使审判权,但在现行司法体制之下,上下级法院则是一种命令和服从的关系。一方面上级法院对个案审判直接给予指示和意见,下级法院对案件的具体处理也可向上级法院请示汇报;另一方面最高法院通过批复、通知和解释等形式对各级法院的审判工作提出要求和给予指导。法院组织体制的典型行政化特征,决定了法院刑事审判活动运作方式的行政化。在我国,法院实际的庭审活动只是一种审判活动的外部形式,是一种所谓剧场化表演性质的活动,对审判及其结果具有决定意义的活动仍是法院内部案件处理的运作方式。这种方式被学者称为院庭长批案和审委会讨论决定案件的具有浓厚行政化色彩的家长式机制。

在我国司法实践中,刑事卷证材料的普遍运用与我国法院组织体制和活动方式存在的固有行政化特征显然有着密切关系。首先,法院之间(包括上下级法院之间、同级法院之间和不同区域法院之间)以及法院内部不同层级之间审判业务的日常运行是靠卷宗材料维系的。韦伯对于近代西方职务运作的条件曾指出,以原本草案形式保留下来的文书档案以及制作和传输这一文书的幕僚和写手所构成的机构发挥着基础作用。② 现代社会官僚组织体制和行政化的管理方式同样以文书档案的使用作为运行基础。就上下级法院之间的业务往来而言,一方面,上下级法院之间就案件的审理和最终决定形成的互动关系由卷证材料维系。除了适用制度内的二审程序进行的审判需依赖于一审移送的卷证材料外,③对一审法院刑事案件事实认定和定罪量刑问题的处

---

① 参见张卫平:《论我国法院体制的非行政化》,《法商研究》2000 年第 3 期。
② 参见[德]马克斯·韦伯:《韦伯作品集Ⅲ:支配社会学》,康乐、简惠美译,广西师范大学出版社 2004 年版,第 23 页。
③ 就审级监督程序而言,二审法院(上一级法院)审理的上诉和抗诉案件在 2012 年刑诉法修正案出台前基本属于运用一审移送的案卷材料实行书面审理,即便刑诉法修正案规定了二审法院直接开庭审判的原则,但二审法院开庭审理前仍需对案件进行全面审查,以决定是否需要纳入庭审程序,而全面审查则属于书面审查,主要通过阅卷审查来解决,同时与一审法院类似,开庭审理前也需通过阅卷了解案情为庭审作相应准备。

第五章　我国刑事卷证运用理论与实践的悖反

理,同样适用下级院向上级院的请示汇报或上级院主动发出的指示和命令这一制度外的行政机制加以解决,而上级院的决定显然不能只听取下级院的口头汇报,而需阅览一审原始卷证材料或经整理剪裁的卷证材料甚或卷证的复印材料,包括近年来使用更为便利的电子卷宗。另一方面,同级或不同区域法院之间形成审判业务关系也需卷证材料作为纽带。这里主要涉及审判管辖的移交、审判协作和已处理案件的审判经验或做法横向交流上,这些业务的完成除了文书材料的邮件往来、座谈和实地调查外,更多需要在它们之间形成的卷证材料流转来实现。

其次,法院内部因行政层级领导关系所形成的纵向审判管理通过卷材料来往传递和运用起着基础作用。单个法官永远不可单独作出判决这一法国古老谚语[1]同样适用于我国当代的法院体制。由于我国法院对内并未形成法官个人或合议庭对案件审判的相对独立体制,根据我国法院院庭长批案、审委会讨论和决定案件的分层管理体制,在案件实际庭审前或者案件实际宣判前,上述法院内部不同层级的组织或个人要介入案件的处理。承办人对案件的汇报或说明需要事先通过深入全面阅卷熟悉案情为基础,而不同层级领导或组织在听取汇报或说明中对于重点、疑点问题也需翻阅卷证材料或阅卷整理的笔录加以理解和澄清,卷证材料起到了连接法院内部审判层级管理的基础作用。

再次,法院内部行政化的横向审判流程管理更加依赖于卷证材料运用。一是,法院开庭审理前对案件是否适于庭审进行的甄别和过滤(包括通过调解或和解的形式化解其纠纷或为庭审的顺利进行提供条件),以及对于可能适用的繁简审判程序进行分流,都需通过阅卷了解案件的具体情况加以解决。二是,对于决定纳入庭审的案件还需通过庭前准备会议的形式,召集控辩双方就证据调查范围、证人出庭的名单、非法证据排除听取意见和做出决定。由于不是以直接庭审方式进行,一般都需通过对卷证的审查或核对加以解决。三

---

[1] 参见[美]米尔伊安·R.达玛什卡:《司法和国家权力的多种面孔——比较视野中的法律程序》,郑戈译,中国政法大学出版社2004年版,第273页。

是,对于立案、排期开庭、审理、审限跟踪、归档和移送上诉等审判流程的诸多环节都需在对案情性质、严重程度和具体特点等比较熟悉情况下才可正常运行,这些都离不开承办人对卷证材料充分全面的掌握基础之上。

总之,由公检法三机关同质性的机构特点、职权主义诉讼结构蕴含的实质真实价值取向以及刑事司法政策导向对单一取证方式的固有需求,决定了法院对前期侦查和起诉机关活动收集和制作的卷证材料的认同和接受。而我国法院组织体制和活动方式的行政化又为审判的卷证化运作提供了组织和手段基础。因而可以认为,我国刑事审判实践中的卷证"情结"实际存在深厚的司法结构性缘由。由对卷证的这一倾向性"情感"而发展为裁判者对卷证的习惯性依赖就可能产生审判程序和实体价值的偏离,当代中国刑事审判卷证运行出现的诸多问题多与此有关。然而,从制度理性及现实主义立场上看,这些问题实际上不是刑事卷证本身的问题,进而通过废止卷证的运用就可加以改变,因为司法结构性缘由的存在,我们难以改变刑事审判卷证化的"情结"。但裁判者对卷证的依赖则可通过意识观念的转变和外部机制的调节加以适当消解或阻断。

第三节　刑事卷证运用的理论之争及其消解

在我国当代刑事司法实务中,公检法机关不仅普遍承认和接纳刑事卷证,而且在办理刑事案件中无一例外地使用甚至依赖于刑事卷证材料。这与上述我国运用刑事卷证材料的现实体制性和制度性原因相对应,但在我国诉讼理论界对刑事卷证的运用尤其审判程序中的运用则是普遍反对或持批判态度的,而且反对或否定刑事卷证材料运用也存在一些现实性理由,这是刑事卷证材料运用犹豫的现实反映。但这些反刑事卷证运用的理由或论据是否能够作为支撑排拒刑事卷证的依据?如此理由是否是不可调和或消解的?对此,有必要对当代中国刑事卷证材料运用可能面临的主要障碍或不利因素进行一番梳理和分析,从中找寻消解这一迷思的基本路径。

第五章　我国刑事卷证运用理论与实践的悖反

一、刑事卷证材料固有的不可靠风险

刑事卷证材料中大多数属于人证材料,由于这些材料不是知情人面对法庭做出的口头陈述,而是侦查者对知情者的陈述以文字记录的形式形成和固定,或者侦查者在侦查活动中对自身侦查情况所做的书面记录。这些材料不可靠的风险主要体现在几个方面:

第一,材料的二手性。刑事卷证中的这些人证材料相对于原始口头陈述属于二手材料,存在固有的不可靠风险。一般认为,陈述证据有着天然的主观性,受人的因素影响较大,它需经过观察、知觉、记忆、表现和叙述之过程。在此过程中,因人的观察、知觉、记忆、表现和叙述能力的偏差而可能产生误差,如再经过传闻,易致信息失实,此乃双重过程产生误差的可能性更大。[1] 这实际上说明作为二手材料的书面证据在传递案件信息上的间接性,由于这些材料是侦查机关录取和制作的,在此过程中可能因为自身疏忽、认知能力等内在原因和当时的客观条件等外在原因而产生信息遗漏、丢失或扭曲的情形,有可能导致卷证材料的失真或瑕疵。

第二,文字对案件信息"改造"产生的风险。从我国刑事司法实践看,刑事卷证材料中的人证材料并非是对他人口头陈述的简单"复制",而不同程度存在通过文字的加工、整理、润色对陈述内容进行改造的现象。在实践中,这种改造可以是对他人陈述顺向的调整和修正,助于增强卷证的叙事能力和证明价值,但也可能是对他人陈述逆向的改造,书写者的情感、观念和个性等个体因素可能造成对卷证的不当"加工"。

第三,卷证材料的形成和制作缺乏可靠性的情况保障。一是,缺乏外部制约和抑制性的情况保障。侦查机关制作的卷证材料一般是在一个封闭的环境中由侦查者与被调查者一对一情况之下制作完成,既无相对中立的检察官、法

---

[1] 参见黄东熊:《刑事证据法则之新发展》,学林文化事业有限公司2003年版,第162—163页。

官在场督导,也无犯罪嫌疑人的律师或其他第三人陪伴提供相应的帮助或对侦查者制作卷证必要的制约,卷证形成的外部环境缺乏可靠性的情况保障。与此不同,庭上口证则是在控辩裁三方参与的开放式庭审中接受多方严格质证查证核实下形成的,具有内在程序性监督机制的保障。况且"法庭的建筑形式、法袍、法槌、肃立的法警、宣告并执行的法庭规则等,都作为法的布景和道具,成为法庭这一法的场域的构成要素,……形成了有利于公民诚实面对的环境与条件。"①二是,缺乏陈述者内省性的机制约束。由于侦查阶段人证调查主要是记录和固定证据,证据的调查和收集无需遵循严格的调查程序和询问规则,虽然法律规定询问被调查人前应向其宣讲法律有关如实陈述和提供证言,否则可能承担法律后果的规定,但对被调查人仍是形式的意义大于实质意义,对其内省性的约束显然不足。相反,在庭审之中,面对法官和旁听公众,证人公开做出讲真话的宣誓或口头承诺,能够激发证人讲出实情的特殊义务感,也能使证人产生作伪证要受到刑事惩罚的危机感。② 从而形成对自身强烈的内省性约束,保证其陈述的基本可靠性。

　　第四,对卷证材料的可靠性缺乏可检测的必要手段。对卷证材料运用产生的犹豫不决还在于裁判者没有有效手段检测这些材料的可靠性:一是,作为卷证材料来源的原始陈述者的可信性无法判明。达马斯卡认为,在时间有限的诉讼中,对二手信息的排斥很大程度上缘于难以确证原始陈述者的可信性。③ 原始证人所作陈述可靠性相当程度决定于原始证人的可信性,对原始证人可信性的审查和判断,需要该证人出庭,在面对法官和其他庭审参与者的情况下,运用品格证据材料所反映的其可信度状况加以审查认定。如果原始证人不出庭,就无法审查和判断证言提供者个人可信度的真实情况,卷证材料

---

① 龙宗智:《证据法的理念、制度与方法》,法律出版社 2008 年版,第 116 页。
② 参见[美]约翰·W.斯特龙主编:《麦考密克论证据》,汤维建等译,中国政法大学出版社 2004 年版,第 481 页。
③ See Mirjan R.Damask, *Evidence Law Adrift*, New Haven: Yale University Press, 1997, p.130.

第五章　我国刑事卷证运用理论与实践的悖反

内容的可靠性也就无从判断。这也是英美法系观察者们对大陆法系庭审中很少就证人信用进行质证表示相当惊讶的原因所在。[①]　二是,卷证材料内容的真实可靠性也无法进行有效的审查核实。对卷证材料真实性有效审查的方法在于,原始证人出庭做出口头陈述,并在控辩双方交叉询问的方式下进行质证,这种做法的有效性体现在两方面:其一,证言的内容应面对法庭进行直接的询问和回答才能判明其是否可靠。日本学界认为,供述笔录虽根据原供述人签名、盖章确认了笔录的正确性,但由于仍存在原供述人对记录人虚伪供述的可能性,因此仍有必要通过对原供述人的反询问,核实该供述的真实性。[②] 我国学者认为,通过庭审的对质询问检验原始陈述可靠性主要有四个途径:(1)当庭面对面的陈述可以防止说谎;(2)通过当面的对质可以发现错误和激发真实性记忆;(3)通过对质揭穿谎言;(4)通过双方到场和相互质询,使得事实裁判者能够直接和全面获取有关信息,从而判定陈述的真伪。[③]　其二,证言的可靠性可以通过裁者对原始证人的直接接触来实现。裁判者对陈述者的直接接触不仅可以获得对陈述内容的直观印象,也可以通过对证人外部表象的感性了解,包括对证人的表情、神态、肢体动作和语调、语速、语言方式等外部特征的观察,增强或减弱对其陈述内容真实性的认识。庭审中裁判者通过对证人的这些神情态度的观察,可以判断证人陈述之真伪。[④]

二、刑事卷证材料偏向性产生的审判不公

对于刑事卷证材料的运用,学术界普遍存在的一种担心在于,这些材料大部分是被告人有罪或不利于被追诉人的材料,裁判者接触和运用这些材料来

[①] 参见[美]米尔建·R.达马斯卡:《漂移的证据法》,李学军等译,中国政法大学出版社2003年版,第111页。
[②] 参见[日]土本武司:《日本刑事诉讼法要义》,董璠兴、宋英辉译,五南图书出版公司1997年版,第345页。
[③] 参见龙宗智:《证据法的理念、制度与方法》,法律出版社2008年版,第166—168页。
[④] 参见黄东熊:《刑事证据法则之新发展》,学林文化事业有限公司2003年版,第163页。

对案件事实进行认定,往往会形成不利于被告人的偏见,①从而可能造成对被告人审判的不公。在我国,刑事案件的侦查由专门负责追诉职能的公安和检察机关实施,虽然根据我国刑事诉讼法第 50 条的规定,检察人员、侦查人员必须依照法定程序,收集能够证实犯罪嫌疑人、被告人有罪或者无罪、犯罪情节轻重的各种证据。但在实践中公安和检察机关出于追诉犯罪的目标和职能需要,加之刑事侦查处于封闭和单向推进的状态之下,其他机关和个人很难介入其中,辩方与侦查者也缺乏双向互动和交涉机制,侦查机关主要收集被追诉人有罪或对其不利证据,侦查机关制卷中也无全面收集和形成卷证材料尤其吸纳辩方材料的制度,因而侦查机关制作的卷宗材料中绝大多数属于证明被告人有罪、罪重和具体犯罪细节的书面材料。应该承认,在多数案件侦查中,我国侦查机关形成和制作的卷证材料均有意或无意地过滤掉了对被告人有利的各种信息,即便在有的卷证材料中含有这样的信息,但对其不利的信息仍占主导地位。从客观角度分析,侦查讯问和制卷过程需遵循相应法律规范要求,侦查者也受其职责的道德和法律责任约束,这些有罪材料绝大多数仍是真实、可靠和有证明价值的材料,法院运用这些材料最终做出的有罪判决真正出现错误的比率仍是少数,案件处理的实体公正性仍有相应保证。运用这些卷证材料可能产生的审判不公主要还是由于法院接触和运用的大量材料是侦查机关收集的不利于被告人的材料,材料中没有或很少有辩方的辩解意见,实际上意味着法官在未充分听取和吸收辩方意见的情形下,匆忙作出裁判,法官因在客观上一定程度的非中立性导致其不公正性,因而在此情形下审判不公主要体现为审判程序的不公。然而,对于卷证材料的偏向性产生的审判程序的不公,可以通过卷证材料的形成和制卷过程中引入辩方的意见表达的方式和渠道加以有效解决。②

---

① 参见陈瑞华:《刑事诉讼的中国模式》,法律出版社 2008 年版,第 148 页。
② 侦查制卷中有关辩方介入和意见表达渠道主要是建立相应的接受辩方证据材料和并入案卷材料的机制。此问题将在本著作相关部分中详述。

三、刑事卷证材料运用对被告人对质询问权的损害

在我国学界,对于法官接触、阅览卷证材料尤其在庭审中实际运用卷证材料并作为裁判重要依据的做法产生的严重质疑在于,其实际剥夺或严重削弱了庭审中被告方的对质询问权。日本学者认为,承认传闻供述及供述代用书面的证据能力,被告就不能对原供述人进行反讯问,导致剥夺被告受宪法第37条保障证人询问权,并认为保障当事人的反询问权,是实行传闻法则最重要的根据。① 我国台湾地区学者黄东熊也认为,传闻陈述系本案审判外之陈述,如承认传闻陈述具有证据能力,将剥夺被告对原陈述者反对诘问之权利,是以基于实质上保障被告之反对诘问权之要求,自应否定传闻陈述与代替陈述之书面具有证据能力。② 我国大陆学者龙宗智教授认为,禁止书面证言运用的一个重要理由在于,保证被告的面对与质询权,这一权利是刑事被告的一项基本权利,也是各国最低限度的程序保障之一。③ 易延友博士认为证人出庭的问题实际是以被告人对质权保障为中心的问题,也间接表达了刑事卷证运用对被告人这一权利产生的不利影响的观点。④ 根据学界的观点,对被告人庭审对质询问权的保障,不仅是刑事审判程序正义的要求,而且对于查明证言的真实可靠性,保障案件处理的实体正义要求也是必要的。⑤

应该指出,刑事卷证的运用对被告人对质询问权存在一定不利影响,但两者也非处于一种根本对立的倾向,这主要是基于以下几个理由:

---

① 参见[日]土本武司:《日本刑事诉讼法要义》,董璠兴、宋英辉译,五南图书出版公司1997年版,第345—346页。
② 参见黄东熊:《刑事证据法则之新发展》,学林文化事业有限公司2003年版,第163—164页。
③ 参见龙宗智:《证据法的理念、制度与方法》,法律出版社2008年版,第117页。
④ 参见易延友:《证人出庭与刑事被告人对质权的保障》,《中国社会科学》2010年第2期。
⑤ 龙宗智教授认为,从庭审技术上看,对质询问的主要意义在于,使裁判者能够观察双方的态度和言辞,从而辨析证词的可靠性。参见龙宗智:《证据法的理念、制度与方法》,法律出版社2008年版,第117页。另有学者也认为,庭审交叉询问的主要功能之一在于检验证言的真实性或可靠性,防止无辜者遭受错误追究。

第一,刑事卷证材料的运用并不排斥证人的出庭作证。根据我国刑事诉讼法第 195 条的规定,如果控辩双方或一方对侦查机关录取的证言笔录存在异议,该证言对于定罪量刑具有重要意义,法院认为证人有作证必要的,证人应当出庭作证。显然,在我国刑事审判中,法庭普遍运用卷证材料的同时,在一定条件下也需通过证人的出庭做口头陈述判明其证言的可靠性,而非一律排斥证人出庭做出口头陈述。对已出庭的证人做出口头陈述中,被告人当然可以通过交叉询问的方式实现其对质询问权。从我国司法实践的实际情况看,因对证人证言有异议符合法律规定证人出庭条件的案件应该不在少数。

第二,对于证人未出庭而主要运用卷证材料审判的案件,也非存在对被告人对质询问权的根本损害。从上述有关学者的观点来看,被告人行使对质询问权的主要功能在于保证证言的真实可靠性,实现实体正义的价值。也就是说,只有当为保障证言的可靠性,使被告人免于被错误定罪的危险而行使其庭上的对质询问权才是有实际意义的。从我国刑事诉讼法规定的证人出庭条件看,其实质精神也在于保障证言的可靠性,从而保障裁判的正确性。因此,在相当多的案件中,根据法律规定证人不出庭而运用卷证材料进行的书面审,虽然在事实上损害了被告人的对质询问权,由于被告人这一权利的行使与案件最终的处理结果无涉,笔者将其视为被告人形式意义权利的让渡,是一种个人对程序性和实体性权利权衡基础上的主动取舍,而非其实质意义权利的丧失,更遑论公权力对私权利的一种抑制。

第三,被告人的对质询问权可以通过其他方式获得补救。如上所述,被告人的对质询问权行使并非只能通过公开的庭审活动中有关知情人出庭的特定时空才可实现,实际上也可在侦查或起诉阶段完成,其区别只是行使权利的时空不同而已。欧洲大陆早期运用卷证的刑事司法实践中,人证形成和卷证制作中允许被告人参与的做法①,我国台湾地区和大陆的学者也提出过被告

---

① 参见[美]米尔吉安·R.达马斯卡:《比较法视野中的证据制度》,吴宏耀、魏晓娜等译,中国人民公安大学出版社 2006 年版,第 263—264 页。

第五章　我国刑事卷证运用理论与实践的悖反

人对质询问权变通行使的建议。① 具体而言,被告人对质询问权在侦查或起诉阶段的行使可采两种方式:一是侦查或检察人员在询问证人等知情人过程中,应允许犯罪嫌疑人或其辩护律师在场,对这类人员陈述的真实可靠性进行对质询问;二是对侦查或起诉阶段制作的证人等知情人笔录允许被告人及其辩护律师提出意见,将意见记录于这类笔录之中。根据我国刑事诉讼法第161条的规定,侦查机关对于辩护律师提出的书面意见,应当附卷。这一规定是辩方参与侦查机关证据收集及卷证形成的约束作用体现,为侦查阶段犯罪嫌疑人对质询问权的行使提供了制度基础。

第四,刑事卷证材料的运用也有利于实现被告人庭上的对质询问权。法官庭前运用卷证,一方面,法官对卷证材料的了解和掌握实际上是庭审采取直接、口头审理方式的前提;另一方面,为被告人庭上对质询问权的行使提供直接帮助。正如达马斯卡所言:在广泛的官方侦查期间就已按部就班地为审判进行了准备。通过这种途径获取的材料又被保存、剪辑,并被摘要在官方卷宗中,它对后续的证明活动具有重要的组织意义。② 这表明,法官对卷证的准备和阅览,对法庭的直接审理方式的运用有着基础性作用,这显然在整体上有利于被告人庭上对质询问权的行使。他同样认为,"由于传闻的抗辩者现在也可以从审前程序获取有关信息,所以他在审判中要求该陈述者出庭或者作为替代措施去收集有关其可信度之信息的可能性就增加了。"③从庭前卷证的阅览或展示中了解的书面证言信息,从辩方的角度推动了证人的出庭并使辩方的对质询问权在口证的审理方式中得到保障。

---

① 参见林钰雄:《严格证明与刑事证据》,新学林出版股份有限公司2002年版,第61页;龙宗智:《证据法的理念、制度与方法》,法律出版社2008年版,第160页。
② 参见[美]米尔建·R.达马斯卡:《漂移的证据法》,李学军等译,中国政法大学出版社2003年版,第183—184页。
③ 参见[美]米尔建·R.达马斯卡:《漂移的证据法》,李学军等译,中国政法大学出版社2003年版,第182页。

四、刑事卷证材料运用导致裁判者的预判

在理论界看来,案件纳入正常审理程序之前,裁判者预先接触和阅览卷证材料,容易在大脑中形成对案件事实或信息的固有印象,学界将其视为对案情的先入为主,进而在此书面材料基础上产生对案件事实的预知性认识或预判。学界担心这种先入为主可能影响对案件事实的全面性认识,尤其对庭审中可能出现的新案情、新证据视而不见或内心的本能排斥,从而对通过庭审查明案件事实的真相产生不利影响。除此之外,裁判者的先入为主和预断对审判程序还带来两个延伸性的不利影响:

第一,庭审流于形式。从心理学的角度看,人们对于最先接触和了解的信息或事物能够留下深刻印象,尤其当这种信息的来源具有正统性和权威性,且信息的内容表述又具有合理性和逻辑严谨性的情况下,人们对该信息的认识更加深信不疑,难以被动摇或推翻,对接受新信息的愿望或兴趣明显减弱。显然,裁判者预先接触和了解由专门调查机关形成和制作的卷证材料本身符合人们通常具有的接纳这一材料的心理特征,裁判者通过对卷证材料的分析、整理和研判容易对卷证材料传递信息的认识产生固化,本着"卷证中没有的东西就不存在"[1]的内心自我暗示,其对通过庭审获取或接纳案件信息已缺乏应有的热情和兴趣。因而"在有条不紊、缜密周全的初步调查之后,在庭审中,案情几乎没有出现戏剧性变化的可能。"[2]学界所担心的庭审流于形式、走过场,戏剧化的表演色彩浓厚的现象可能难以避免。

第二,庭审丧失应有的独立性。裁判者庭前接触和阅览卷证材料并在对案件事实产生预断的条件下,庭审的实际过程变得形式化、空洞化和戏剧化,失去庭审的实际价值和意义的同时,由于卷证材料需要提交法庭,公诉人或裁

---

[1] [美]米尔伊安·R.达玛什卡:《司法和国家权力的多种面孔——比较视野中的法律程序》,郑戈译,中国政法大学出版社2004年版,第51页。

[2] Mirjan R.Damask, *Evidence Law Adrift*, New Haven: Yale University Press, 1997, p.72.

第五章 我国刑事卷证运用理论与实践的悖反

判者需要在庭审中宣读这些卷证材料,庭审实际成为主要围绕对卷证材料真实可靠性的进一步查证和核实的过程,且法院可以直接以卷证材料为依据做出裁决,因而整个法庭审理过程变成对侦查和起诉活动及其结果的审查和确认,[①]刑事庭审不仅未能阻断与审前程序尤其与侦查程序的联系,而且实际成为侦查程序的一个附属程序,刑事庭审的独立性尽失,西方主要法治国家所珍视的审判中心主义价值更付之阙如。

必须指出的是,裁判者庭前接触和阅览卷证材料对案情产生的先入为主和预判本身没有价值优劣之分,因为对先入为主的褒贬需观察对谁的先入为主,而预判也不等于预断以至擅断和偏见。从我国司法现实情况看,裁判者通过卷证材料产生的先入为主和预判的正向作用大于其负面影响:

第一,裁判者的先入为主和预判的正向作用建立在卷证材料本身的全面性和真实可靠性基础之上。如果侦查机关收集和制作的卷证材料本身是全面完整并具有不可置疑的真实性,裁判者运用这样的卷证形成的先入为主和预判本身是正面和积极的,对于庭审查明案件事实真相不仅不会产生阻碍,反而有利于最终裁判结果的可靠性。所以,运用卷证材料对庭审的影响关键不是裁判者的先入为主问题,而是如何保障卷证形成和制作质量和作为阅读者的法官无偏私地加以理解和接受的问题,这需要对卷证制作者和卷证最终使用者在职业道德和专业技能上的严格要求。从我国司法实践的情况看,裁判者通过阅卷有效了解和掌握案情,保证裁判最终的可靠性仍是主流倾向。

第二,基于卷证材料产生的先入为主和预判体现了庭审技术审判的固有特征。应该承认,裁判者庭前接触和阅览具有可靠性保障的卷证材料,对于裁判者明确审判目标,为庭审进行有效决策、周密准备和安排,掌控庭审的进程

[①] 参见陈瑞华:《案卷笔录为中心——对中国刑事审判方式的重新考察》,《法学研究》2006年第4期。

149

和方向,把握庭审的重点、难点和细节等技术审判的各个环节无疑具有重要意义。① 这种做法不仅有助于提高庭审的效率,降低审判的成本,促进庭审的结果更接近于真实,而且也为法庭的直接口头审理创造了条件。由于裁判者通过卷证材料事先了解和熟悉案情为庭审做了充分准备,使得庭审中对口头证据的质证和调查更为顺利。如果裁判者事先对案情不了解,对卷证中的证据不熟悉,反而影响接下来的正式庭审。正如达马斯卡所言,"如果对卷宗中的各种文书材料不熟悉,他(首席法官——笔者注)几乎无法有效地进行法庭询问。"②所以,裁判者庭前阅卷所形成的先入为主非但不会导致庭审的形式化和空洞化结果,反而有助于推动法庭对案件的直接审理过程。而对案件的这一审理方式的实施,确保了庭审的实质化路线的贯彻,庭审过滤和审查核实证据、厘清案情和适用法律的实质功能得以有效发挥,庭审的独立性地位也有了相应保障。③

第三,阅卷和用卷与裁判者的先入为主和预断并非属于唯一的因果关系。审判阶段属于整个刑事司法的末梢,从司法固有规律来看,裁判者庭前对案件事实的先入为主和预断与整个刑事司法的进程有着密切关系,而非与庭前接触和阅览卷证存在唯一联系。有学者指出,即便是采用起诉书一本主义,检察机关仅提交法院起诉书,起诉书作为单方面的有罪指控也会对法官产生被告人有罪的印象。并指出我国还存在影响法官预断的诸多非制度性因素,如在侦查终结的破案表彰,法官参与审前的公捕大会,侦查阶段新闻媒介单方面对案情的追踪报道或被害人上访的维稳压力等,裁判者对案情都可能产生先入

---

① 运用卷证的技术审判特点,可参见本著作相关论述部分。
② [美]米尔吉安·R.达马斯卡:《比较法视野中的证据制度》,吴宏耀、魏晓娜等译,中国人民公安大学出版社2006年版,第101页,注释[16]。
③ 不过,由于裁判者庭前阅览案卷材料所形成的先入为主或庭审中惯性地使用案卷而导致庭审形式化的固有风险,对于庭审中卷证与口证提交和审查的条件和程序仍需法律作出明确规定。

为主的认识和预断。① 这表明,只要案件经过侦查和起诉过程,裁判者都有诸多途径了解和掌握案情,其先入为主和预断本身具有不可避免性,其接触和阅览卷证材料并非是其产生先入为主的唯一途径,甚至某种程度上说,裁判者的先入为主和预断在其接触和阅览卷证材料前就已产生,其接触和阅览卷证材料只是进一步强化了这种先入为主和预断。从制度设计角度看,应把注意力更多地放在如何避免预断演化为裁判之上,更多地重视预断演化为裁判的可抵消性和可稀释性等问题。②

第四节　两大法系卷证材料运用的排斥及其基本认识

一、刑事卷证运用的制度性约束

学界对卷证材料在审判阶段运用持排斥态度的一个重要依据在于,现今两大法系的立法对刑事卷证材料在庭上的运用总体上均加以禁止。应该承认,英美法系各国推行的两项制度明确排斥卷证材料对审判活动的影响:一是证据法上的传闻证据排除规则。在英美法系的立法和判例中,庭外形成的言词证据材料如果用以证明所声称的内容为真实的,就属于传闻证据,法庭应予以排除。在英美法系各国,不仅他人庭上转述原始证人的陈述和证人自书的陈述属于传闻证据,而且庭前警察、检察官和预审法官制作的询问笔录或其他书面材料也属于传闻证据。根据传闻证据排除规则,属于卷证材料组成部分的侦查询问笔录或其他书面材料不能作为庭审调查的证据范围,更不能作为裁判的证据使用。二是美国起诉状一本主义的案件移送制度。该项制度要求

---

① 参见郭华:《我国案卷移送制度功能的重新审视》,《政法论坛》2013 年第 3 期。
② 参见仇晓敏:《刑事公诉方式复印件移送主义、起诉状一本主义抑或全案移送主义》,《中国地质大学学报》(社科版)2007 年第 3 期。

检察官向法官提起刑事指控时,只能向法官提交起诉状这一份材料,而不能向法官移送原始卷宗尤其涉及案内证据的卷证材料,裁判者应根据庭上亲历的听证和质证过程判明案情并以此作出裁判。显然,英美法系不仅禁止卷证材料提交法庭和在庭审中对其进行宣读和引证,而且不允许庭审法官审前接触和阅览卷证材料,其对卷证材料的禁用更为严格。

与此同时,大陆法系国家(日本除外)虽在法律上没有确立传闻证据排除规则,但又对包括卷证材料在内的二手材料的运用通过直接言词原则加以限制。德国学者罗科信教授认为,言词审判主义是指只有经由言词(一般而言指用德语)所陈述及提及之诉讼资料方得用为裁判之依据。而直接原则包含两层意思:一是负责审案的法院,需自行审理案件,不得将证据之调查工作委由他人完成;二是法院需自己将原始的事实加以调查,不得依据证据的代用品替代实质的直接审理。① 达马斯卡也认为,直接原则要求裁判者应当直接接触他据以作出判决的证据材料,所有合议庭成员都需听取证据,证人要亲自到庭作证。② 从对该原则的上述释义看,言词原则与直接原则相近,在大陆法系学理的表述上主要以直接原则来涵括。直接原则的精神实质在于裁判者亲自聆听原始的口头陈述审案,而不可用卷证材料等庭外书面材料代替证人的口头陈述查明案情,更不允许将这些书面材料作为最终裁判的依据。所以,大陆法系国家推行的这一原则,虽然形式上是对法官(法院)审理案件在程序和法官职责上的要求,但实际上又是对法官庭审中运用证据定案的限制。其与传闻证据排除规则有着相同的法理基础,只是在两者的法律模式、立法意旨和调整对象、规制内容等方面存在一定区别。③ 基于该项原则,现今主要大陆法系国家刑事诉讼法都对包括侦查卷证材料在内的庭外书面证据在庭审中的运用

---

① 参见[德]克劳思·罗科信:《刑事诉讼法》,吴丽琪译,法律出版社2003年版,第429页。
② 参见[美]米尔吉安·R.达马斯卡:《比较法视野中的证据制度》,吴宏耀、魏晓娜等译,中国人民公安大学出版社2006年版,第274页。
③ 参见龙宗智:《证据法的理念、制度与方法》,法律出版社2008年版,第144页。

做了较严格的限制。①

在当代我国学界整体"向西",尤其以英美法系诉讼理念和制度审视我国司法制度的背景下,两大法系国家在制度层面上对卷证材料审判阶段的运用普遍持排斥的态度,似乎能为我国立法和学理排拒卷证材料在审判阶段运用提供相应的论据。但这种简单的制度移植或拿来主义的做法,除了需面对西方刑事卷证材料禁用制度在中国司法体制和现实状况下所产生的水土不服问题外,更重要在于当代国内学界对两大法系书面证据材料(包括卷证材料)运用规范的认识,总体上仍限于以排除为主,例外或特殊情形下采纳的比较简单化的认识原则。就法律制度和司法实践的层面看,两大法系对于卷证材料运用所形成的规则和制度实际上具有复杂性和多样性,制度设计和实践操作都为卷证材料在审判阶段的运用留有较大空间。

二、英美法系刑事卷证运用的适当空间

总体来看,英美法系确立的传闻证据排除规则,对卷证材料在庭审和庭前的排拒更为严格,尤其美国的做法具有典型性。但对言词等书面证据材料的运用仍保留适当开放空间。

第一,传闻证据排除规则存在诸多例外情况或特殊情形。在英美法系主要国家,对包括卷证材料在内的书面证据材料可以在庭上运用的例外或特殊情形大致分为两类:一类是针对证据提供者的特殊身份或证据形成的特殊情形,以及证据反映的内容所决定的书面材料本身的可用性。在美国,该类作为

---

① 德国刑事诉讼法第250条第1款规定,对事实的证明如果是建立在一个人的感觉之上的时候,要在审判中对他询问。其第2款规定,禁止法庭对已宣读证人证言的书面笔录取代对证人本人的当庭询问。法国刑事诉讼法第324—345条有关重罪案件审判对证人出庭作证规则做出具体明确规定,排斥侦查案卷中证言笔录材料在庭审中的运用;对于轻罪案件的审判,法国刑事诉讼法第229条规定,任何笔录或报告,只有当其形式正规,其制作人系执行某项公务而制作的,而且系在行使职权时亲身看到、听到或者亲自确认的,方具有证明力。该法第430条进一步规定,除法律另有规定者外,确定有罪的笔录或报告,只具有普通情报的价值。

例外可在法庭上运用的证据材料多达24种。① 另一类是因证据提供者的客观原因或特殊情形而直接在庭上运用庭外言词类证据材料。《美国联邦刑事诉讼规则和证据规则》第804条明确规定不能作为证人出庭的各种情况包括:陈述者被法庭以存在免除证明关于该陈述者所做陈述内容的特权为由裁定免除作证;陈述者坚持拒绝对自己所做陈述的内容作证,尽管法庭命令这样做;陈述者声称对自己所做陈述的内容记不清了;陈述者由于死亡,或正患身体或精神上的疾病,因身体虚弱不能出庭作证等。

第二,犯罪嫌疑人或被告人的庭外自白(包括警察制作的讯问笔录)不因材料的二手性而排拒于法庭之外。对于庭外自白尤其警察侦查阶段制作的讯问笔录,英国普通法不将其作为传闻证据对待,当然不受传闻证据规则的制约。在美国,庭外口供虽属于传闻证据,但又作为传闻证据规则的重要例外同样不适用该规则。故作为卷证材料组成部分的嫌疑人自白不会因其庭外书面材料的属性丧失证据能力,被当然地挡在法庭之外。对其证据能力的法律规制主要关注于证据形成过程是否合法,通过确立非法证据(尤其以自白为主的言词证据材料)排除规则限定其证据能力。只要警方讯问方法、手段和程序合法并保障嫌疑人陈述的意志自由(陈述任意性),作为检警机关卷证材料中的自白就具证据能力,可以提交法庭作为证据调查范围,并在判明其具备相应证明力的条件下,作为裁判的主要证据使用。必须承认,在英美法系主要国家,检警机关调查制作的卷证材料中自白证据是一项重要材料,②在法官运用

---

① 参见《美国联邦刑事诉讼规则和证据规则》,卞建林译,中国政法大学出版社1996年版,第120—124页。

② 美国学者弗洛伊德·菲尼根据美国加州检、警刑事司法实践经验展示一起假设盗窃、抢劫案的侦办过程形成的案卷材料具体状况,其中警察侦查活动形成材料包括:犯罪报告;对犯罪嫌疑人甲的逮捕报告;犯罪嫌疑人甲的陈述;存在逮捕犯罪嫌疑人甲的合理根据的声明;对犯罪嫌疑人乙的逮捕报告等。检察官活动形成材料包括:对被告人乙的刑事控告书;对被告人乙的起诉书;对被告人甲的刑事控告书;对被告人甲的起诉书;被告人甲的答辩协议;被告人甲的缓刑建议等。参见[美]弗洛伊德·菲尼、[德]约阿希姆·赫尔曼、岳礼玲:《一个案例两种制度——美德刑事司法比较》,郭志媛译(英文部分),中国法制出版社2006年版,第二章。

非法证据排除规则过滤后均可进入法庭,在证据调查阶段可由控方加以呈现并可能作为裁判的最终依据。从非法证据(尤其自白证据)排除规则在英美法系证据规则体系中具有重要地位、得到普遍运用的事实,也可间接说明检警机关制作的这类卷证材料仍是法庭调查的重要证据。只是英美法系实行的起诉状一本主义的案件移送制度又禁止法官庭前接触和阅览这类卷证材料。

第三,当代英美法系对传闻证据排除规则运用的限制有逐渐弱化的趋势。由于受传统二元结构司法制度的影响,裁判者对待传闻保持比较警惕态度,但随着英美法系司法追求诉讼效率和实用主义精神的抬头,耗费大量司法资源的陪审团审判模式逐渐萎缩,简易审判程序或法官单独审理的程序已占有主导性地位,这为职业法官运用卷证材料的案件处理提供了基础。更为重要的是,庭前未经充分准备、一次性成形、强调出庭日的审判活动已经不再盛行:有效的证据开示制度、审前动议以及其他现代诉讼所熟知的诸多手段,已经缓解了自由采纳传闻证据在传统诉讼制度下可能引发的各种困难。①

三、大陆法系刑事卷证运用的实用主义立场

在传统大陆法系国家,早期刑事司法强调充分性理由所形成的庭审直接言词原则,与逐渐兴起的现代资产阶级自由心证原则的普遍推行产生冲突。虽然传闻证据排除规则只是对证据材料证据能力的规制,但在法律上又间接地限制或否定了证据的证明力。达马斯卡认为,所有的可采性规则——对于第二手材料的证明价值问题,这些规则预先作出了否定性判断——在本质上

---

① 参见[美]米尔吉安·R.达马斯卡:《比较法视野中的证据制度》,吴宏耀、魏晓娜等译,中国人民公安大学出版社2006年版,第285—286页。

就是荒谬的。在某些情况下,传闻证据可能比原始的口头证言更可信。① 由于缩小了事实裁判者可以适用的证据信息范围,而不会强迫裁判者按照法定的方式对可采性证据的证明力进行评价。从实用主义立场来看,卷证材料的证明力不应受到可采性规则的否定性判断。正是基于证据材料证明力不应由法律规则预先加以规定,而应由法官自由判断并加以利用的务实理念,②当代大陆法系国家在法律实践中对庭前形成的卷证材料采取了较之英美法系更加灵活甚至更为宽容的态度。

第一,检察官需将全部卷证材料连同起诉书移送给法院进行审查。德国刑事诉讼法第173条第1款规定,依法院要求,检察院应当向法院移送迄今为止由它掌握的案件材料、证据。这里的案件材料及证据包括检警机关制作的书面证据材料。而这些卷证材料可供法官在预审程序中决定案件是否纳入正式庭审之用。根据德国刑事诉讼法第199条的规定,对案件审判有管辖权的法院裁定案件是否开始审判程序,需由检察官在起诉书中提出开始审判程序的申请,并将卷证连同申请提交法院。根据法国刑事诉讼法第81条和第197条的规定,在预审法官初级预审和第二级预审管辖中,均要求检察官移送侦检卷证材料,以供预审法官或上诉法院审查起诉庭法官决定被告人是否按轻罪或重罪或违警罪移送起诉。从上述德法两国的规定来看,检察官移送的卷证材料对于法官在预审程序中对案件的过滤及程序繁简分流起到了重要作用,而且移送的卷证材料也为庭审法官的正式审判活动提供了充分准备。在德国法中,由于负责庭审的法官也负责对案件预审,庭审法官通过预审活动或直接阅览卷证材料,实际上为庭审作了必要准备,有助于厘清庭审事实调查的重点、难点和疑点,推动庭审的顺利进行。而根据法国刑事诉讼法的规定,预审

---

① 参见[美]米尔吉安·R.达马斯卡:《比较法视野中的证据制度》,吴宏耀、魏晓娜等译,中国人民公安大学出版社2006年版,第273页。
② 参见[美]米尔吉安·R.达马斯卡:《比较法视野中的证据制度》,吴宏耀、魏晓娜等译,中国人民公安大学出版社2006年版,第272页。

第五章 我国刑事卷证运用理论与实践的悖反

法官与庭审法官相分离,为阻断庭审与审前程序的固有联系,一般禁止庭审法官接触卷证材料。但根据达马斯卡的研究认为,在司法实践中庭审法官在开庭前通过预审法官向其汇报的案件情况间接接触卷证材料或直接阅览这些卷证材料已是普遍现象,[①]尤其属于违警罪、轻罪的案件,庭审法官审判前接触和阅览卷证材料并无制度上的障碍。根据法国刑事诉讼法第271条和第284条的规定,在重罪法庭审判前检察官需移送卷证材料和补充侦查的卷证材料,实际上表明重罪法庭的主审法官在开庭前也可查阅卷证材料,从而为庭审的顺利进行相应准备工作。

第二,在一定条件下允许庭外人证材料在庭上宣读或引证。从大陆法系主要法治国家的规定看,由于庭审实行直接言词原则,在一般情况下,庭审前的卷证材料尤其警方制作的人证材料不具证据能力,禁止在庭上宣读或引证,但与英美法系情况类似,在诸多例外或特殊情况下卷证材料在庭上也可使用。如根据德国刑事诉讼法第251条、第253条、第254条和第256条的规定,对于证人、鉴定人或者共同被指控人已死亡等四种特殊情形,可以宣读法官庭前的询问笔录,或者经检察官、辩护人和被告人同意的包括检警方制作的讯问笔录在内的其他笔录,以代替上述有关人证的庭上口头陈述;对于庭内外被告人自白相矛盾的,为查明自白真实性,也可宣读被告人的庭前自白;为唤起证人等的记忆需要,可以在庭上宣读警方、法官等制作的询问笔录。实际上上述卷证材料不仅在庭审中具备证据能力,而且只要查证属实也可作为裁判的重要依据。属于大陆法系的日本二战后"摆脱旧刑诉法的大陆法色彩,模仿、借鉴

[①] 达马斯卡认为,诉讼程序的设置犹如劳动分工,"就是让一位(或一组)官员来负责搜集信息,而让另一位(或一组)官员来负责做出判决。旧制度下的欧陆刑事程序再次为我们提供了一个良好的例证:在严重的刑事案件中,预审法官的职责仅限于开展有记录的调查。一旦调查完成,包含所有文件的卷宗就会被移送给初级决策者。"[美]米尔伊安·R.达玛什卡:《司法和国家权力的多种面孔——比较视野中的法律程序》,郑戈译,中国政法大学出版社2004年版,第273—274页。

英美法（特别是美国法）的法律制度和法律构造进行重新整合"，①确立了起诉书一本主义原则和传闻排除法则（日本刑事诉讼法第 320 条），但日本刑事诉讼法第 321—328 条又规定庭外书面材料可以作为证据使用的诸多例外情形：法官或检察官对被告人以外之人的陈述所做记录（询问笔录）或由该人提供的书面陈述，如果该人死亡、精神或身体障碍等原因不能在公审准备或公审期日陈述时，可作为证据；被告人所书写的供述书或有关机关（包括警察机关）对被告人陈述所做记录（供述笔录），以承认对被告人不利的事实为内容或者属于可以特别信赖的情形，也可作为证据；侦查机关制作的其他书面材料，如检察官、检察事务官或者司法警察所做勘验结果的书面报告材料，司法警察制作的其他书面笔录，②在具备法定条件下，均可作为证据。另外，经检察官和被告人或辩护人同意，庭前他人书写的陈述书或有关机关制作的笔录材料也可作为庭审证据。日本法对庭外书面材料作为庭审证据虽以例外的形式加以规定，但从上述规定的各种例外来看，庭外书面材料能够作为证据在庭上使用的情况实际上具有普遍性，其中能够在庭审中使用的警察笔录材料种类较多，且使用的限制较之德国等传统大陆法系国家更小。

第三，特定案件适用的专门审理程序普遍采用庭外的书面材料。在法国轻罪案件审理中，虽然证人依法应当出庭作证，但根据法国刑事诉讼法第 427 条、第 428 条和第 429 条的规定，庭前调查笔录或报告具有证据能力，能够提交法庭，其证明力的状况则由法官根据自由心证原则作出决定。而根据该法第 525 条的规定，适用简易审判程序审理的违警罪案件，应将追诉卷证和起诉

---

① 彭勃：《日本刑事诉讼法的理念与现实》（代序言），载《日本刑事诉讼法通论》，中国政法大学出版社 2002 年版。
② 在日本，司法警察的笔录除证言笔录外，包括报案笔录、悔过书、呈报文书、侦查报告、搜查查封笔录、醉酒鉴别卡片等。参见［日］田口守一：《刑事诉讼法》，刘迪等译，法律出版社 2000 年版，第 271 页。

书移送违警罪法庭,法官无需庭审,可以刑事命令宣布释放被告人或判处罚金。显然,对于违警罪适用的简易审判程序,庭前笔录等卷证材料可以直接作为裁判认定案件事实的依据,而无需经过庭审的直接调查程序。由于上述案件危害不大、影响较小,出于提高司法效率的考虑,在实践中大量的轻罪和违警罪案均在法官阅览和使用卷证材料下对案件迅速加以处理。① 在德国,适用刑事处罚令处理的案件,"对通过书面程序裁决案件的做法争议较小;它已真正成为裁决轻微犯罪的不可缺少的工具。"②另外,刑事审判中需要处理的程序事实,也可单独适用卷证来加以解决。日本学者就认为,"对于程序形成行为来说,为确保实现连锁式的程序之确实性,不如说书面主义更为适当。"③

从上述大陆法系国家卷证材料在审判阶段适用的情况看,卷证材料并非作为口头审理方式的一种例外加以运用,这与大陆法系秉持的庭审直接言词原则存在较大反差。达马斯卡认为,"欧陆的刑事审判实际上并不像某些教条主义者所宣称的那样是一项具有无比重要性的活动——它独立于早先的(渐进式地进行的)所有程序步骤,当庭产生出所有的材料以供裁断。"④庭前卷证材料的运用对大陆法系刑事审判产生的影响是全面和深入的。不仅在于庭审中卷证材料单独运用或与原始证人口头陈述合并运用的情形较多,而且更在于检察官移送卷证、法官庭前阅卷制度的普遍推行,使得庭审法官完全有条件庭前熟悉和掌握案内证据和事实的具体情况,由此"成为审判之基础,并

---

① See Bron Mckillop, *Readings and Headings in French Criminal Justice*; Five Cases in the Tribunal Correctionnel, 46 Am.J.Comp.L.757(1998).转引自左卫民:《刑事诉讼的中国图景》,三联书店2010年版,第128页。
② [德]托马斯·魏根特:《德国刑事诉讼程序》,岳礼玲、温小洁译,中国政法大学出版社2004年版,第209页。
③ [日]土本武司:《日本刑事诉讼法要义》,董潘兴、宋英辉译,五南图书出版公司1997年版,第210页。
④ [美]米尔伊安·R.达玛什卡:《司法和国家权力的多种面孔——比较视野中的法律程序》,郑戈译,中国政法大学出版社2004年版,第80页。

形成某种程度之心证,"①从而对庭审过程和最终结果产生实质性的导向作用。大陆法系国家对庭审中卷证材料宣读或引证以及作为裁判依据所起限制作用受到明显削弱,在司法实践中,将大陆法系国家刑事审判界定为一种实质意义的书面审判方式具有一定合理性。

第五节 当代中国刑事卷证运用的真实困境

从理论和实践来看,上述刑事卷证材料运用对刑事审判制度和结构以及审判实际结果所产生的负面影响可以消解或减弱,按照事物价值判断"两利相权取其重"原则,刑事卷证运用所带来的最大公约数使其可以在中国刑事司法中加以运用。但这并不意味着卷证材料的实践运行可以顺利推进。刑事卷证在中国的运用显然与主要大陆法系国家不同,作为当代中国刑事司法的一种典型现象,刑事卷证材料的运用面临自身特有的问题和困境。如果对此缺乏清醒的认识,我国刑事卷证制度也就无法真正建立和有效推行,卷证材料对中国刑事审判所能发挥的正向作用无法达成,刑事审判的程序正义与实体正义价值的结合也无从体现。

20世纪70年代末"两法"(刑法和刑事诉讼法)颁布实施直至21世纪初的20余年,刑事卷证在诉讼中的运行并未作为一个问题而被关注,从实用主义立场上看,它的运用没有出现严重问题而受到激烈的质疑和批判。尽管1996年修改后的刑事诉讼法对检察机关移送案件方式由全卷移送改为复印件移送,但实践中法官庭前或庭后仍要求移送卷证材料,法官阅卷为庭审做准备,庭审中卷证被宣读、引证和作为定案依据仍是常态,由此对审判过程和结果的积极意义仍大于消极意义。然而,进入21世纪后,基于各种外部原因和学界立场的变化,有部分学者以反省的姿态将刑事卷证的运用作为一个重

---

① 吴巡龙:《新刑事诉讼制度与证据法则》,新学林出版股份有限公司2005年版,第216页。

第五章　我国刑事卷证运用理论与实践的悖反

要问题提出来,在引导学界对这一问题探讨的同时,也产生了对刑事卷证不同的价值判断。我国立法对刑事卷证规定存在的硬伤,不仅导致刑事卷证实际运用的偏离,又成为部分学者对刑事卷证本身加以否定的客观基础。所以,当代我国刑事卷证运用的真实困境并非是卷证作为一种司法实践的客观存在所遭遇的"穷途末路",而是我国学界对刑事卷证理论研究导向的偏差以及刑事卷证制度本身的缺陷所引发的问题。

一、刑事卷证理论研究导向的偏差

任何一项制度的实际运行及其效果如何,与理论研究的先行和导向有着密切关系。由于刑事卷证问题不仅涉及刑事证据规则的建立和完善,而且关涉中国刑事审判结构乃至刑事诉讼整体结构的变化,在理论界受到较多关注,形成的相关学术论著丰硕。以进入新世纪以来为例,学界有关案卷(卷证)制度研究的情况如表5-1所示。[①]

表5-1　有关刑事案卷(卷证)问题理论研究的基本情况

项目内容	代表性学者	论文名称	出版物名称及发表时间	研究类型	代表性论文(篇)
侦查机关及法院案卷的结构及制作	左卫民;唐治祥;林劲松等	《中国刑事案卷制度研究:以证据案卷为重心》;《法院的案卷制作》;《刑事案卷内部结构比较考察》等	《法学研究》2007年第6期;《比较法研究》2003年第5期;《理论月刊》2012年第4期	实证研究;比较法考察等	16
检察机关案卷移送制度	陈瑞华;陈卫东;郭华;仇晓敏等	《案卷笔录中心主义——中国刑事审判方式的重新考察》;《案卷移送制度的演变与反思》;《我国案卷移送制度功能的重新审视》	《法学研究》2006年第4期;《政法论坛》2012年第5期;《政法论坛》2013年第3期	理论及规范分析	11

[①] 本著作调查分析的论文主要是中国知网发布的2000年以后公开发表的学术论文。

161

续表

项目\内容	代表性学者	论文名称	出版物名称及发表时间	研究类型	代表性论文(篇)
法庭审理案卷材料的证据能力与证明力	龙宗智;陈瑞华等	《论书面证据的运用》;《案卷笔录中心主义》等	《中国法学》2009年第5期;《法学研究》2006年第4期	证据学分析方法	4
案卷材料运用与审判程序及诉讼结构之关系	陈瑞华;何家弘;刘根菊等	《案卷笔录中心主义》;《刑事庭审虚化的实证研究》;《刑事审判方式的改革与案卷材料的移送》等	《法学研究》2006年第4期;《法学家》2011年第6期;《中国法学》1997年第3期	对策分析法、实证分析法、理论分析法	10
案卷材料运用之历史研究	[日]唐泽靖彦;柏桦等	《从口供到成文记录:以清代案件为例》;《清代州县司法与行政——黄六鸿与福惠全书》等	《从诉讼档案出发》,载于法律出版社2009年版;《北方法学》2007年第3期	案例及历史文献分析法	10

从表5-1所列情况来看,我国刑事卷证材料的理论研究趋于较为多样化和系统化的研究,其具有几个显著特点:第一,研究的规模和影响力较大。从表5-1统计的数据看,发表的有关刑事卷证问题的理论研究论文数量较多,参与研究的学者群也较大,尤其如龙宗智、陈瑞华、左卫民等在刑事诉讼法学界具有相当影响力的学者加入其中,论文刊载的学术载体如《法学研究》、《中国法学》等层次高、影响大,在整体上提高了这一领域学术研究的影响力。第二,研究的内容和范围比较全面和系统。刑事卷证的研究主要集中在几个领域:一是关注刑事卷证本身的特征和形成机理,就卷证的结构和组成、卷证制作的技术和程序规范等问题进行探讨(左卫民、唐治祥等);二是对检察机关移送卷证材料制度的分析(陈瑞华、郭华等)。与对刑事审判产生影响的关联性考虑,从我国刑事诉讼立法和两次修改的比较角度,对我国检察机关卷证移送的范围、方式、程序等制度进行探讨,成为学界研究的一个重点。三是将卷证中的人证等材料作为书面证据形式,从传闻证据规则和直接言词审判原则的角度,探讨其证据能力和证明力问题(龙宗智等)。四是就庭前及庭审卷证

第五章　我国刑事卷证运用理论与实践的悖反

材料运用对刑事审判程序、结构及结果的影响等司法理论和实践问题进行分析(陈瑞华、何家弘等)。另外,通过对国外学者论著的译介和分析等工作,审视我国清代等代表性朝代卷证形成和运用的基本情况。上述这些研究无疑都体现了研究的全面性,也是卷证制度的要害问题。第三,研究方法具有多样性。有学者(如左卫民等)从问题意识导入观察中国实践中刑事卷证基本形态和运行情况进行分析,研究方法较贴近实证或实践分析法。当然,由于研究问题的侧重点不同,有的学者采用诸如规范分析、比较分析及历史追述与反思等方法(唐泽靖彦、陈瑞华等)。

总体来看,不同学者从各自研究的领域和角度,运用不同的研究方法和技术路线,提出了对刑事卷证理论和制度的学术观点,得出了相应结论。但由于刑事卷证的移送和审判阶段的运用(庭前和庭审运用)问题是卷证材料问题的核心,也是本著作研究的主题,故笔者选取 10 篇涉及这一主题的论文,[1]从中梳理对于这一问题研究所形成的观点和结论,具体情况如表 5-2 所示。

表 5-2 选取的论文主要以卷证移送问题的研究居多,而完全从证据法学角度探讨卷证材料审判阶段运用规则问题的论文只有龙宗智教授和陈瑞华教授的两篇论文。尽管如此,从这些论文研究的主题中能够解决两个问题:一是检察院向法院移送卷证材料,必然涉及法官庭前接触和阅览卷证材料的问题,如果赞成移送则一般也赞成法官庭前对材料的接触和阅览;二是检察院移送卷证材料对庭审中卷证材料的运用也有直接影响,可据此判断卷证材料能否提

---

[1] 根据论文作者的代表性、发表刊物的影响力和发表时间等因素,选取如下 10 篇论文作为分析样本:陈瑞华:《案卷笔录中心主义——对中国刑事审判方式的重新考察》,《法学研究》2006 年第 4 期,《案卷移送制度的演变与反思》,《政法论坛》2012 年第 5 期;申为宽:《案卷移送、审前预断与公正审判的关系》,《广西政法干部管理学院学报》2012 年第 6 期;仇晓敏:《我国刑事公诉案件移送方式的弊端与选择》,《中国刑事法杂志》2006 年第 5 期;郭华:《我国案卷移送制度功能的重新审视》,《政法论坛》2013 年第 3 期;唐治祥:《意大利刑事卷证移送制度及启示》,《法商研究》2010 年第 2 期;孙远:《卷宗移送制度反思之改革》,《政法论坛》2009 年第 1 期;刘根菊:《刑事审判方式改革与案卷材料的移送》,《中国法学》1997 年第 3 期;林劲松:《我国侦查案卷制度反思》,《中国刑事法杂志》2009 年第 4 期;龙宗智:《书面证言及其运用》,《中国法学》2008 年第 4 期。

表 5-2 刑事案卷(卷证)理论研究主要问题的不同观点

项目	内容	检察机关移送案卷材料	案卷材料提交法庭调查	庭审案卷材料作为实质证据的运用	庭审案卷材料与口证材料结合运用	备注
赞成	论文数	4	3	3	2	论文多数发表于2012年刑事诉讼法修正案颁布以前。对于检察机关移送案件方式、案卷材料的证据能力和证明力的分析相对比较独立
	学者	郭华;孙远;唐治祥;仇晓敏等	郭华;唐治祥等	唐治祥;申为宽等	唐治祥等	
	观点	庭前审查之前适用"全案卷证移送主义",庭前审查之后卷证移送方式因案而异(唐治祥);全卷移送对法官庭前审查仍有实际意义(孙远);案卷移送辅之以答辩状能满足多元价值(仇晓敏);庭前案卷移送要与庭审实质化改革相协调(郭华)等	审查起诉阶段与移送法院的案卷材料保持一致,对于人民检察院未移送的案卷证据不得作为庭审证据出示(郭华)	对于控、辩双方要求或同意适用简易程序审理的案件,庭前审查法官应将全部案卷材料移送给庭审法官(唐治祥);案卷材料可以作为院庭长审批、审委会讨论决定及上级院指示等的重要依据(申为宽)	对于不符合或控、辩一方不同意适用简易程序审理的案件,庭前审查法官只能将证据目录、证人名单以及控、辩双方在庭前审查程序中形成的争点和双方没有争议的证据材料原件移送给庭审法官(唐治祥)	
反对	论文数	3	3	2	3	论文论述角度有所不同,但核心观点都主张实行较为彻底的口证审判方式
	学者	陈瑞华;林劲松等	陈瑞华;何家弘;林劲松等	陈瑞华;林劲松等	陈瑞华;林劲松等	
	观点	检察机关不仅不能在开庭前向法院移送任何案卷材料,而且即便在开庭审理结束后,也不应再行移送任何案卷材料(陈瑞华);实行起诉状一本主义原则(林劲松)	侦查机关制作的案卷材料不能作为审判基础(陈瑞华);实行直接言词原则和传闻证据排除规则,案卷笔录原则上不能作为审判证据使用(何家弘)	除了自愿的口供笔录外,其他书面案卷笔录均不得作为主要证据宣读和引证,更不得作为裁判的直接依据(陈瑞华)	庭外证言笔录与当庭证言之间,优先选择后者,只有在例外情况下接受前者(陈瑞华)	

164

续表

项目＼内容	检察机关移送案卷材料	案卷材料提交法庭调查	庭审案卷材料作为实质证据的运用	庭审案卷材料与口证材料结合运用	备注
折中 论文数	3	3	3	3	从不反对案卷材料移送角度看，属于折中观点，但庭审案卷材料的运用加以严格限制
折中 学者	龙宗智；刘根菊等	龙宗智；刘根菊等	龙宗智；刘根菊等	龙宗智；孙远；郭华	
折中 观点	适度阻断侦查与审判的连接，侦查取证只能作为审理的准备（龙宗智）；庭前移送主要证据的案卷材料，对于重大、疑难案件可在庭后移送全部案卷材料（刘根菊）	适用传闻证据排除规则和直接言词原则，但证人出庭仍应以有争议的重要证人为限（龙宗智）	适用简易程序、被告人认罪程序审理的案件，均使用书面证审理（龙宗智）；对于当庭出示的物证、书证，宣读的未到庭证人的证言笔录、勘验检查笔录等材料，应当庭移交合议庭（刘根菊）	对证人出庭情况下书面证言的使用，只要其制作时无违法情事，可以作为弹劾（质疑）证据使用（龙宗智）；案卷材料运用与落实直接言词原则、强化辩方辩护权等相结合（孙远；郭华）	

交法庭（涉及卷证证据能力问题）和庭审中能否作为实质证据宣读、引证或与口证并用及作为裁判的依据（涉及卷证证明力问题）。但移送卷证材料又非影响庭审卷证材料运用的唯一因素。控方除将卷证移送法庭外，也可在庭审调查阶段自行举证并接受对方质证，因而反对移送卷证材料的学者中，不能排除赞成庭审运用卷证材料之情形。

由表5-2可知，就检察机关移送案卷制度看，赞成、反对和折中的观点比较均衡，甚至反对的学者数量稍少，但反对者中有学界具有重要影响力的学者如陈瑞华教授，其又是较早推动刑事案卷讨论的学者。因而他对案卷移送所持反对态度仍是一种重要观点，对学界主张有深刻的导向作用。关于案卷材料可否进入庭审程序的问题，赞成、反对和折中的论文各为3篇，鉴于折中的论文多主张例外或特殊情形下案卷方可进入庭审的观点，可将其大致归入倾向于反对者的阵营，故对此问题持否定态度的学者仍占据多数。而刑事案卷在庭审中作为实质证据使用或与口证并行运用的问题，反对的论文分别为2

篇和3篇,赞成的论文则为3篇和2篇,正反两方面的观点基本持平。但折中的论文分别为3篇,其观点同样强调庭审中案卷材料运用限于特定案件范围(龙宗智等)或特定条件之下(刘根菊等),甚至主张以完善庭前审查程序、庭审证人作证制度及强化辩方辩护权等限制案卷材料的运用(郭华、孙远等),仍可基本归为反对者的阵营。所以,在中国学术界,总体来看,虽对案卷材料庭前法官阅览和整理多数人并不反对,但对案卷材料的庭审运用又比较排斥。由于检察机关移送案卷不仅是为了法官庭前阅卷以为庭审做准备,还有用于庭审的直接功效。因而对案卷庭审运用的排斥显然又会间接抑制案卷的移送和法官的阅卷。

  学界研究所得出的以上结论深刻地打上了英美法系的烙印。鉴于英语为对外交流普遍运用的工具,学界对英美法系的刑事司法制度更易接触和了解,从当今学界有关刑事案卷或书面证据研究所引用的外文资料绝大多数是英文资料的这一事实可得到证明。由此,我们对英美法系的刑事司法理论和制度更易亲近和接受,反而对与我国刑事诉讼理念和诉讼结构较为接近的大陆法系主要法治国家的做法则在不经意间被忽视了。现今学界对起诉状一本主义并未完全接纳,1996年刑事诉讼法修正案有关案件移送规定的复印件主义原则正是这一学术思想的体现。但传闻证据排除规则则为学界欣然接受,这也是当今学界将案卷材料排除于庭审之外的理念和思想基础。然而,这一学术观点存在的问题在于:一是,对英美法系排斥书面证据材料的制度和规则缺乏具体深入分析,有以偏概全之嫌。在英美法系主要国家,对案卷材料并未采取绝对排斥态度,除了传闻证据排除规则在诸多例外情况或特殊情形下可在庭审中使用外,犯罪嫌疑人或被告人庭外所作口供(包括警察制作的讯问笔录)本身不因其二手性而排拒于法庭之外;从程序需要来看,英美法系预审程序对案卷材料的运用也有一定加强。[①] 二

[①] 参见[美]弗洛伊德·菲尼、[德]约阿希姆·赫尔曼:《一个案例两种制度——美德刑事司法比较》,郭志媛译,中国法制出版社2006年版,第50—51、370—371页。

第五章 我国刑事卷证运用理论与实践的悖反

是,对英美法系这一证据规则推行中的制度因素缺乏认识。英美法系实践中普遍适用的辩诉交易制度、简易审判程序、有效的律师辩护制度以及对抗制模式等诉讼结构性因素对传闻证据排除规则的有力支撑,学界可能疏于关联性思考,尤其缺乏与中国制度背景因素的对照分析。三是,大陆法系主要法治国家有关案卷材料移送和庭审运用的立法、实践和理论缺乏全面、系统和具体的分析和研究。尤其在大陆法系刑事司法研究领域有着重要影响的达马斯卡等人有关审判结构和证据法中涉及的书面材料运用观点缺乏基本的了解和掌握。

以片面的国外立法和学术理论看待和审视当代中国刑事案卷与审判的关系,所得出的结论并不客观,对我国刑事案卷理论研究及制度建设产生的负面影响是明显的:一是,现今学界观点引导了案卷材料研究的方向。由于有影响力学者观点的正统性和权威性,使得相反的观点、看法或灵活性、多样性的论点可能难以生成和获得有力支持。如果缺乏公允的理论和舆论导向,合理的刑事案卷移送制度及证据规则就难以真正建立,也必然影响到司法实践中对案卷材料的有效运用。尽管理论界对案卷运用的排斥态度并未根本改变立法和司法中的案卷"情结",但对刑事案卷制度的科学设置和有效运行产生了影响(本著作将论及)。二是,学界观点抑制了案卷制度及运用规范的研究。由于学界将研究重点置于庭审口证及证人出庭制度的领域,对关涉案卷问题的研究也限于案卷移送及相应证据规则的范畴,对于案卷制作、收集的程序性和实体性条件,文本自身的内外特征及功能,案卷移送、阅览和使用的具体要求和程序,案卷运用的有效法律规制等案卷自身的关键问题缺乏具体系统研究。这一局面必然对案卷制度及其运用的公允性和客观性的认识和判断产生负面影响。

二、刑事卷证法律规范体系的缺位

从司法实践来看,刑事案卷包括诉讼文书卷和证据卷,对这些材料尤其证据材料的形成、制作、移送和使用等环节,刑事诉讼法、最高人民法院《关于适用〈中华人民共和国刑事诉讼法〉的解释》(以下简称《刑事诉讼法解释》)、最高人民检察院《人民检察院刑事诉讼规则》(以下简称《刑事诉讼规则》)和公安部的《公安机关办理刑事案件程序规定》(以下简称《公安规定》)等四个法律规范性文件均有相应规定。表5-3列出了四个法律规范性文件规定的基本情况。

表5-3 四个法律规范性文件有关刑事案卷(卷证)的规定

内容	项目	《刑事诉讼法》	《刑事诉讼法解释》	《刑事诉讼规则》	《公安规定》
	条文数	约28个条文	约55个条文	约48个条文	28个条文
刑事案卷形成和制作	条文	第119条、第121条、第122条、第126条、第127条等9个条文	无	第181条、第188条、第194条、第195条、第197条、第198条、第208条等13个条文	第169条、第170条、第205条、第206条、第207条、第212条、第216条等21个条文
	内容	讯问/询问笔录、勘验检查笔录、搜查笔录等制作程序和审查更正要求,审判笔录的制作和审查要求	无	讯问嫌疑人、询问证人等笔录,勘验检查、搜查、扣押、辨认等调查笔录等制作的条件、程序和要求等	讯问嫌疑人、询问证人等笔录,勘验检查、搜查、扣押、辨认等调查笔录等制作的条件、程序和要求等
刑事案卷移送和使用	条文	第162条、176条、第231条、第232条等	第53条、第55条、第60条、第65条	第269条、第342条、第343条、第359条等6个条文	第288条、第289条等
	内容	公安机关移送案卷材料审查起诉,检察机关移送案卷材料提起公诉,一审法院将案卷移送二审法院等	辩护律师、其他辩护人和诉讼代理人查阅、摘抄、复制案卷材料等	向公安机关、上级检察院等移送案卷材料补充侦查、审查撤案,向法院提起公诉移送案卷材料等	侦查终结的案件将全部案卷材料、辩护意见等移送检察机关等

168

第五章 我国刑事卷证运用理论与实践的悖反

续表

内容	项目	《刑事诉讼法》	《刑事诉讼法解释》	《刑事诉讼规则》	《公安规定》
刑事案卷证据能力	条文	第56条、第58条、第59条、第60条、第192条第3款	第71条、第74条、第76条、第86条、第88条、第89条、第90条、第92条、第94—95条、第103条、第105条、第123—125条、第127—137条等25个条文	第264条、第265条、第266条、第341条、第393条、第396条、第410—412条等14个条文	无
	内容	非法方法收集口供等言词证据和不符合法定程序收集的其他证据的排除,非法证据法庭调查等	违反法定程序、条件或有瑕疵的被告人供述、证人证言、鉴定意见、物证、书证、侦查笔录等取舍的实体性和程序性规定	检察机关审查逮捕、审查起诉阶段对侦查阶段违法取证的审查和排除;法庭审理中公诉人对取证合法性的证明等	无
刑事案卷证明力	条文	第55条、第61条和第195条等	第83、第84条、第87条、第91条、第93条、第96条、102条、第143—144条、第218条、第248—251条等18个条文	第397条、第403—406条、第408条等	无
	内容	口供运用规则,证明标准和法庭证据调查等	对被告人供述、证人证言、书证、侦查笔录等审查认定要求,以及对上述证据材料法庭调查程序等	申请法庭对证据材料的出示、宣读,供述笔录宣读的条件,讯问合法性证明的材料范围等	无

169

续表

内容 \ 项目		《刑事诉讼法》	《刑事诉讼法解释》	《刑事诉讼规则》	《公安规定》
刑事案卷二审等审判程序的运用	条文	第231条、第232条、第234条、第251条	第381—382条、第384条、第387条、第396条、第400条、第416条、第425条、第434条等12个条文	第448—449条、第453条等	无
	内容	一审法院向二审法院以及按死刑复核程序移送案卷材料以供庭前审查和庭审运用	上诉、抗诉案件移送案卷,二审法院审查和阅览案卷,复核死刑及死缓案件报送的案卷材料和法律文书等	第二审程序中检察人员对卷证材料的审查、调查和要求补充侦查等	无
刑事案卷制作和运用的程序控制	条文	第123条、第161条、第173条、第192条等	第57—60条等	第331条、第336条、第360条	第209条等
	内容	讯问过程的录音录像,侦查和审查起诉阶段辩护律师意见记录在案或附卷,证人出庭作证等	辩护方申请法院调取、收集或协助收集对被告人有利的证据材料等	翻供、翻证材料移送法院,审查起诉阶段向公安机关调取有利于被告人证据材料等	对犯罪嫌疑人有利的事实、各种证据材料及辩护意见等的核查、记录和附卷等
备注		《刑事诉讼法解释》《刑事诉讼规则》《公安规定》所列条文涉及的内容,如与刑事诉讼法相同或相近的不再列出。			

从该表可见,除《刑事诉讼法解释》和《刑事诉讼规则》对刑事案卷规定的条文分别为55条和48条外,其他两个法律规范性文件涉及案卷材料规定的条文数大致相当,均为28条,但它们规范的内容和侧重点明显不同。

刑事诉讼法涉及刑事案卷材料制作程序和要求的内容大致有9个条文,主要包括侦查阶段讯问和询问笔录、勘验检查笔录、侦查实验笔录、搜查笔录、查封扣押清单等制作程序和审查更正要求,审判笔录的制作和审查要求等;刑事案卷材料的移送和运用大致有3个条文,涉及侦查阶段公安机关向检察机关移送案卷审查起诉、检察机关向法院移送案卷提起公诉和一审法院向二审法院移送案卷的要求;有关案卷材料证据能力和证明力的问题大致有8个条文,涉及对非法言词证据和书证排除的实体性和程序性规则,对鉴定意见作为庭审证据的限制以及庭审中对一般证据查证属实、证言宣读、质证等证明力规则的规定。另外,该法典涉及侦查阶段讯问犯罪嫌疑人进行录音、录像,辩护律师意见的记录或书面意见附卷,审查起诉阶段辩护人等意见记录或附卷,审判阶段证人、鉴定人出庭对案卷材料证明力的审查判断等规定。

《刑事诉讼法解释》有关人证笔录、侦查笔录及书证材料等的证据能力和证明力的要求分别有25条和18条,主要涉及这些证据材料因收集方法和程序的非法性而排除,材料的审查认定以及庭审内外证言、口供的运用等原则性规定。另外,也有若干条文对刑事案卷材料程序性控制、辩护律师等的查阅及二审程序、死刑复核程序的案卷移送等做了相应规定。《刑事诉讼规则》和《公安规定》属于对检察机关和公安机关职能活动的规范。这两个法律规范性文件对刑事案卷材料制作程序及相关内容都做了具体全面规定,分别涉及的条文有13条和21条,主要包括讯问犯罪嫌疑人、询问证人和被害人等人证笔录,勘验、检查、搜查、扣押等物证调查笔录的制作条件和程序规定,以及有关辩护律师意见及有利辩方证据的记录或附卷等的制约性规定。对于审判阶段案卷材料的运用,两者均无规定。由于检察机关担负公诉职能,《刑事诉讼规则》还对检察机关庭审中有关人证笔录、侦查笔录及书证材料宣读、播放、出示以及侦查者出庭问题做了规定。这些规定实际上涉及这类笔录庭审中证明力的审查,而有关其证据能力的认定则适用于刑事诉讼法典和《刑事诉讼法解释》。

尽管四部法律规范性文件对于刑事案卷均从不同侧重点进行了相应规定,但总体来看,刑事案卷的法律规制并未真正确立,存在较为明显的缺陷:

第一,缺乏对刑事卷证制度的统一规定。从四部法律文件的规定看,涉及刑事卷证内容的规定主要分散在侦查程序、审查起诉程序、庭前审查程序、一审程序、二审程序、再审程序和死刑复核程序以及证据制度章节中,没有相对集中的一章或一节对刑事卷证制度的专门规定。应该指出,我国刑事诉讼实践反应的现实情况表明,卷证材料是贯穿整个刑事诉讼活动的载体,对各诉讼环节都有基础性意义。即便由于刑事卷证的属性、范畴和功用的复杂性难以将其集中于一章做出具体的统一规定,但对于涉及刑事卷证条件和运用的基本问题也需专门规定。由于最高人民法院、最高人民检察院和公安部三个法律文件属于解释性规范,对于刑事卷证作出专门统一规定不妥,但具有指引性的刑事诉讼法典则可作出这样的规定。另外,现行各法律文件规定的内容来看,主要还是根据诉讼进程对卷证材料的一种伴随规定,无论卷证材料的制作还是移送甚或审查运用等均是作为诉讼的附带活动规定的一项内容,具有对诉讼程序的依附性,其作为证据的独有价值和对诉讼重要影响的意义没有显现出来。

第二,对刑事卷证材料缺乏明确界定。在我国法律规范中,刑事卷证材料主要是以各类笔录(尤指侦查阶段制作的笔录)和书证的形式出现的。[①] 只有在公安机关移送检察机关审查起诉、检察机关向法院提起公诉以及一审法院将案件移送二审法院的规定中,才出现移送"案卷"材料的字眼。上述四个法律文件中无一对刑事卷证的内涵和外延作出明确界定,也未对刑事卷证包括的种类、范围以及其基本属性和特征等内容作出具体规定。这一隐形卷证制度的现状使得我国至今对卷证的基本认识是含混不清的,在实际运用中一旦与我国法定证据规则尤其与口证规则遭遇之时,如何在审判中对待和处理案卷材料缺乏统一而合理的认识,刑事案卷材料的运用就会出现偏颇,对审判的程序意义和实体结果产生消极影响。

第三,刑事卷证材料形成和制作环节缺乏应有规范。刑事卷证材料的形

[①] 涉及刑事案卷材料内容的规定主要用询问或讯问笔录、勘验检查、搜查扣押、查封、辨认等侦查笔录,鉴定意见,物证调查制作的清单,侦查中制作的图画、照片及其他物证复制品等替代。

成和制作关乎卷证材料的质量。从现行法律文件的规定来看,刑事诉讼法、《刑事诉讼规则》和《公安规定》等三个法律文件都规定侦查机关对相应人证和物证调查应制作笔录、制作的内容和顺序以及对笔录的审查和更正程序。《刑事诉讼规则》对笔录材料的文字形式提出要求,如该规则第188条规定,讯问笔录应当忠实于原话,字迹清楚,详细具体,并交犯罪嫌疑人核对。《公安规定》对卷证笔录形式条件也有相应规定,如该规定第200条规定,制作讯问笔录应当使用能够长期保持字迹的材料。然而,上述三个法律文件对笔录制作的规定仍有三个缺陷:一是虽对笔录记录的大致内容和顺序以及忠实于原话或如实记录提出要求,但缺乏从笔录形成的质量和阅读笔录者的习惯对笔录文字形式、文体以及笔录总结性记录等适度加工方面做出规定;二是对笔录的文字表现形式、格式等笔录外部形式未做具体和统一规定,可能影响信息传输和接受的质量;三是笔录制作过程未确立必要的外部监督和制约机制。我国法律有关讯问过程采取单一问答的模式,也即讯问者和被讯问者的两方面对方式。笔录制作既无检察机关的介入,也无辩护人或其他第三人的参与,其制作的正当性和可靠性无法保障。

第四,刑事卷证材料的证据能力和证明力规则并未真正确立。从证据属性看,卷证材料属于书面证据的典型形式,实践中也主要从证据材料的角度对其加以运用。从四个法律文件来看,有关卷证材料的证据能力与证明力的规定明显不足:一是基本法律规范性文件规定的固有缺陷。如表5-3所示,除刑事诉讼法和《刑事诉讼法解释》对卷证材料证据能力与证明力有相应条文规定外,《公安规定》未对卷证证据能力和证明力做出相应规定,《刑事诉讼规则》也仅从卷证的证明力方面做出规定,这对于两个主要的侦查机关从证据角度把握卷证材料的可靠性和合理性产生影响。二是现有法律规范对于卷证材料的证据能力是一种近乎绝对的肯定,缺乏必要的抑制性或限制性规定。刑事诉讼法和其他法律规范性文件均将刑事证据分为八类,其中有关口供、证言和被害人陈述等人证由于没有限定证据的形式,书面证据(主要为侦查机关制作的笔录)和口头证据形式均有证据效力,加之法律没有确立传闻证据排除规则,实际上以笔录形式体现的卷证材料具有当然的证据能力,可以畅行无阻地进入法庭。而只对鉴定人依法应出庭而不出庭,其鉴定意见应被排除于法庭之外的规定。尽管对卷证材料证据能力可以通过法律确立的非法证据排除规则加以规制,但非法证据排除存在严格条件的限制,对其证据能力的规范作用仍是有限的。所以,在卷证材料证据能力上实际形成采纳是原则,而排除是例外的局面,这与对待传闻证据排除是原则,采纳是例外的通行准则比较,又有矫枉过正的倾向。三是有关卷证材料的证明力规则几近缺失。由于我国传统上对官方制作的卷证材料存在一种天然的信赖,加之卷证材料的证据能力与证明力无论在法律还是实践中缺乏明确界限,甚至对卷证材料证据能力的认可导致对其证明力的确认,因而各类法律文件对卷证材料证明力判断应达至何标准、有何具体依据等没有相应规定,对卷证材料证明力庭审调查的程序性规范也较原则,具体的庭审交叉询问和争点质证规则并未确立。同时,由于庭审的书面审理方式盛行,庭审围绕对卷证材料的审查和确认展开,即便有个别证人出庭,但又作为对卷证材料印证和确认的手段,卷证材料庭审调查程序流于形式。

第五,卷证材料移送和使用没有实质性和限制性规定。由表5-3所示,四个法律文件对卷证材料的移送均有不同程度的规定,但仅限于对应否移送、移送的阶段和时间提出的原则性要求,对于卷证移送的一些具体问题没有相应规定:一是移送哪些卷证材料不明确。卷证移送存在于公安机关向检察机关、检察机关向法院以及一审法院向二审法院移送的几个诉讼阶段,从法律规定看,移送的卷证材料是指负有移送义务机关制作的全部卷证材料。但在实践中,卷证材料类型和构成比较复杂。以侦查卷证为例,侦查阶段制作的卷证包括侦查卷宗(正卷)、侦查工作卷宗(副卷)和秘密侦查卷宗(绝密卷)三种类型。侦查卷宗包括法律文书和证据卷,侦查工作卷主要是证线索材料、侦查报告和侦查文书副本等,而秘密侦查卷宗包括各种秘密侦查措施的内部审

第五章 我国刑事卷证运用理论与实践的悖反

批、使用及侦查结果的档案材料等。① 显然,侦查机关应移送的卷证材料应限于第一类可以公开的卷证,后两类案卷则属于内卷不应移送,现行法的规定存在不严密之处。二是移送的卷证材料适格性没有规定。虽然上述法律文件明确规定公安和检察机关在各自的侦查和起诉阶段对于非法获取的证据材料(包括人证书面证据材料)不能作为定案依据或起诉依据,但对于如此的非法证据是否移送的问题则无明确规定,从而在移送材料的环节没有把握证据准入关,直接影响下一环节对案件审查判断的质量。三是对于已移送的卷证材料如何阅览和使用的规定几乎是空白。现行法对于移送卷证材料的目的和功能没有具体规定,因而对于已移送的卷证材料检察机关、审判机关及辩护方庭前和庭后阅览的程序和方法以及庭审如何引用等问题缺乏具体规定。尤其在裁判书中如何运用卷证材料作为事实依据缺乏有技巧的规定,直接影响裁判的公正性和公信力。

由上观之,现行法律规范有关刑事案卷材料制作和运用的制度建设仍有较大缺陷,刑事案卷的立法主要是一种概括性、零散性和附属性的立法,难以对案卷材料的实际运用起到应有的指引和规范作用,而且这一制度上的硬伤可能成为理论界对整个案卷制度诟病的一个当然理由。

综上所述,基于中国刑事司法现状和实际需要所揭示的刑事卷证运用的实用主义哲学,反映了我国刑事卷证在司法中运用的必要性和可行性,而上述我国刑事司法结构和制度与刑事卷证材料运用的自洽性则反映出我国刑事司法对卷证材料的运用存在一种更深层的结构性依赖。这表明我国当代刑事司法对卷证材料运用尤其审判阶段的运用具有必然性和不可或缺性。"在制度存在的理由没有消失之前,对制度所做的任何改变,都是徒劳无功的。"②任何对刑事卷证材料所持的消极排拒态度都是不切实际的,而对其有原则的接纳

---

① 参见左卫民:《中国刑事案卷制度研究——以证据案卷为重心》,《法学研究》2007年第6期。
② 陈瑞华:《案卷移送制度的演变与反思》,《政法论坛》2012年第5期。

和因势利导则是较为明智的。

从学界对此问题的认识看,已开始发生向后一态度的转变,但不能忽视的一种现象是,在学界对于卷证与口证关系处理的问题上,以不否定卷证材料的移送和运用为基础,但又通过完善口证的庭审运用以及相关的审判制度的改革来抑制或限制卷证材料的运用,实际上仍强调刑事审判口证方式和直接言词原则的主导性思维。如有学者认为,现代意义的卷证移送制度应建立在保证庭审实质化的基础之上,为此,在程序设计上应倾注于审判直接言辞原则的落实,保障证人、鉴定人出庭作证制度的推行,在程序制度安排上应将辩护律师阅卷制度、庭前会议制度及证据开示制度结合考虑,在庭审机制上应建立真正的对抗制机制,法官转向中立地位,检察官当事人化,辩护人担当起积极抗辩的责任等。[①] 如此的制度安排虽一方面强调卷证移送和使用制度的合理化,但另一方面却旨在进一步强化庭审的实质化及相关的审判原则、制度和程序,并以此消除卷证移送制度对其带来的冲击和影响。然而,这种卷证移送制度实质上的调和论点,并不能真正解决卷证材料移送后的有效和合理运用问题。

当代中国刑事审判实质化改革路线强调口证的方式实现庭审的控辩对抗,这与中国长期以来实行的卷证笔录中心主义的审判方式存在尖锐冲突,冲突是一个此消彼长的过程,从司法运行的规律看,卷证在司法中的运用不是一个逐渐减弱的过程,而是一个不断增强的过程。正如有学者指出的那样,"从某种角度看,人类的日常活动尤其是司法活动是一个从口头方式走向文字方式,从简单运用文字走向精细运用文字的过程。"[②]如果承认当代中国刑事卷证审判阶段运用不可避免且发挥着重要积极影响作用的话,对于刑事卷证材料的运用带给刑事审判的诸多不利影响,最终需要通过刑事卷证制度本身的完善及相关制度的调节加以解决,而非以对案卷的"休克疗法"或所谓的调和

---

① 参见郭华:《我国案卷移送制度功能的重新审视》,《政法论坛》2013年第3期。
② 左卫民:《中国刑事案卷制度研究——以证据案卷为重心》,《法学研究》2007年第6期。

路径来凸显庭审实质化为原则的审判程序和制度的改革。

从上述我国刑事卷证运用在理论、立法和司法中所存在的现实困境看,实际上均与我国刑事卷证制度本身的问题密切相关,完善刑事卷证制度就是旨在改变人们对于卷证材料运用预设的对正当程序和实体公正价值产生掣肘的固有偏见的基础上,通过对刑事卷证本体静态系统、动态运行机制和外部制约制度等一系列制度的调整和完善,改变我国理论和实践对待刑事卷证运用两种不均衡的态度,保障刑事卷证材料合理、科学和有效的运用,实现其对刑事审判实体公正性和效率最大化价值的同时,又不违背甚或有利于促进审判程序公正性的底线要求。

第六章　我国刑事卷证证据能力及文本的规范

　　刑事卷证需具备何种条件才有证据的资格并提交法庭？在严格实行传闻排除规则的英美法系各国，作为书面证据形式的卷证一般被排斥在法庭之外，不具有证据能力，只是将被告人自白及具有特定情形的其他证言作为例外对待。即使在大陆法系主要法治国家，尽管在刑事司法实践中，卷证已被裁判者所实际利用，无论是庭前的接触和阅览，还是庭审中的直接或间接的沿用和引证均为一种常态。但由于庭审贯彻直接言词原则，至少在法律上大陆法系各国原则上对卷证仍持排除的态度，只是排除的范围和程度上弱于英美法系各国。我国学界基本上继受两大法系有关卷证证据能力的法律规制和理论态度，对于刑事卷证证据能力采取"排除加例外"的原则，并根据我国司法的具体情况对卷证排除的例外做了细致例举。卷证之所以要排除源于两方面原因：一是它的书面性（派生性）可能产生的不可靠性。"在时间有限的诉讼中，对二手信息的排斥很大程度上缘于难以确证原始陈述者的可信性。"[1]二是它的运用对被告人庭审对质权的削弱而产生的审判不公。就前者而言，正如本著作分析的那样，以文字（官文）集合形式体现的卷证价值及功用，正是我们

---

[1] Mirjan R.Damask, *Evidence Law Adrift*, New Haven: Yale University Press,1997,p.130.

第六章 我国刑事卷证证据能力及文本的规范

对刑事卷证可以加以运用的基本前提。就后者而言,运用卷证对被告人审判的不公仅产生于庭审中卷证单独运用或过度依赖的情形。然而,除了特殊情况外,卷证的运用并不排斥言词证据提供者在庭审中的口头陈述,尤其将卷证的运用限定于确认其证据能力而非当然认可其证明力的时候,与口证在庭审中的运用并不冲突,反而形成互补。所以,刑事卷证本身的书面性或可能产生的公正审判问题难以成为决定其证据能力的因素。

所以,刑事卷证本身的书面性或文字性不是决定其证据能力的因素,刑事卷证的书面性对于刑事审判实害的结果并无相应的司法实证情况的有力证明,[1]因卷证的书面性或文字属性而排除卷证是对卷证价值预断和焦虑的体现,缺乏可靠理由。从司法现实来看,"法官于审判前已先接触证据,成为审判之基础,并形成某种程度之心证;审判中随在意传闻法则排除,不仅制度并不一贯,是否能完全除去该传闻证据对法官的影响,亦令人怀疑。"[2]在裁判者庭前普遍接触和阅览卷证的情况下,卷证对定案已有明显的导向作用,对卷证在法律形式上的排除并无现实意义。

刑事卷证的证据能力不适宜于传闻证据规则的规制,[3]但作为法官庭前准备和法庭可采的证据,又需符合一定的证据能力条件,以实现上述对卷证运用可靠性和可控性的要求。[4] 根据材料能够证明案情(可靠性的情况保证)和

---

[1] 虽然我国司法实践中典型冤假错案揭示的突出原因,与对审前活动尤其侦查活动中获取的不实口供笔录的运用存在直接关系,但这类口供笔录的运用产生的错案与刑讯逼供等非法取证行为有关,而口供笔录的传闻性及传闻证据排除规则的缺位并没有直接联系。而本著作表达的思想就在于,通过对包括口供笔录在内的卷证材料制作和运用的科学合理的规范,降低卷证运用可能产生影响实体和程序公正的风险。

[2] 吴巡龙:《新刑事诉讼制度与证据法则》,新学林出版股份有限公司2005年版,第216页。

[3] 从材料获取的非专业性和可靠性存疑等因素的考虑,前期调查违纪案件的纪检监察人员、其他非案件承办人员等制作的书面材料;庭外知情人或被追诉人的自书材料;第三人转述的证言材料等应受传闻证据排除规则的规制。

[4] 为实现卷证运用的可靠性和可控性目标,对于不符合证据能力条件的卷证,不仅禁止在庭审中提出、审查和使用,而且检察官不应移送、法官庭前也不应接触和阅览。

符合程度正义(事实判断和价值无瑕的标准)的基本要求,刑事卷证的证据能力需要对卷证的形成、制作过程和运用环节进行规范。

第一节 刑事卷证形成机制和文本制作规范

刑事卷证作为最终检察机关提起公诉的重要证据材料和法庭事实调查环节所依赖的主要证据来源,首先保证侦查阶段刑事卷证整体制作合法性和规范性,确保刑事卷证文本内容和形式的合理性和有效采用,属于刑事卷证规范和制度构建的最基础环节。刑事卷证基础工作的这一环节具体包括刑事卷证制作主体、刑事卷证形成与制作的程序以及刑事卷证文本的内容和形式的表达等三个方面的制度构建。

一、刑事卷证制作主体的规范

刑事卷证的生成或制作主体具有特定性,他以自身的特定职责和专业素质条件而产生,系在各类人证、书证和其他证据收集、调查的侦查活动中对证据以文字材料或录音录像的形式或手段加以固定、整理和制作的主体。"笔录之制作应先符合法定条件,即由具有犯罪调查权之司法警察人员,依据法定之文书格式,在合法之时间,以适正之询问方式,就个案进行实体讯问,使笔录之内容符合刑事实体法之法定构成要件,此种笔录就具有证据能力"。[1] 技术型官僚体制之下的大陆法系各国实践中,司法官员制作的案卷材料可以在诉讼中运用,但"对于私人制作的书面材料中包含的证人证言,法庭施加的限制与对传闻证人口头转述的证言的限制完全相同",[2]这也可认为是对私人制作的书面证据材料在法庭运用中的排斥倾向。所以,我国当代案卷材料的制作

---

[1] 林培仁:《侦讯笔录与移送作业》,元照出版有限公司2014年版,第9页。
[2] [美]米尔吉安·R.达马斯卡:《比较法视野中的证据制度》,吴宏耀、魏晓娜译,中国人民公安大学出版社2006年版,第265页。

首先应确保制作材料主体的专职属性,并将其作为笔录材料取得证据资格的重要条件。刑事卷证制作主体的专属性,实际上是对这一主体资格法律规范的严格要求:

1. 担负案件侦查职能或相应诉讼活动职能的公安司法人员。我国刑事诉讼法第54条规定,审判人员、检察人员、侦查人员必须依照法定程序,收集能够证实犯罪嫌疑人、被告人有罪或者无罪、犯罪情节轻重的各种证据。显然,刑事诉讼活动中,收集调查证据的特定主体限定为审判人员、检察人员和侦查人员。

侦查人员负责在案件侦查阶段调查取证。根据我国刑事诉讼法第108条第1款的规定,"侦查"是指公安机关、人民检察院对于刑事案件,依照法律进行的收集证据、查明案情的工作和有关的强制性措施。该法第19条规定,刑事案件的侦查由公安机关进行,法律另有规定的除外。刑事诉讼法将侦查机关的侦查人员主要界定为公安机关和检察机关的侦查人员。但刑事诉讼法第308条又规定,军队保卫部门对军队内部发生的刑事案件行使侦查权。中国海警局履行海上维权执法职责,对海上发生的刑事案件行使侦查权。对罪犯在监狱内犯罪的案件由监狱进行侦查。2015年7月1日通过的《中华人民共和国国家安全法》第42条规定,国家安全机关、公安机关依法搜集涉及国家安全的情报信息,在国家安全工作中依法行使侦查、拘留、预审和执行逮捕以及法律规定的其他职权。2017年11月4日修改通过的《中华人民共和国海关法》第4条规定,国家在海关总署设立专门侦查走私犯罪的公安机构,配备专职缉私警察,负责对其管辖的走私犯罪案件的侦查、拘留、执行逮捕、预审。海关侦查走私犯罪公安机构根据国家有关规定,可以设立分支机构。各分支机构办理其管辖的走私犯罪案件,应当依法向有管辖权的人民检察院移送起诉。由此可见,军队保卫部门、中国海警局、监狱、国家安全机关和海关内设公安机构负责所管辖领域的犯罪侦查的人员也属于侦查人员范畴。

检察人员负责自身立案管辖案件侦查和审查起诉阶段的补充侦查的调查

取证。刑事诉讼法第 19 条规定,人民检察院在对诉讼活动实行法律监督中发现的司法工作人员利用职权实施的非法拘禁、刑讯逼供、非法搜查等侵犯公民权利、损害司法公正的犯罪,可以由人民检察院立案侦查。对于公安机关管辖的国家机关工作人员利用职权实施的重大犯罪案件,需要由人民检察院直接受理的时候,经省级以上人民检察院决定,可以由人民检察院立案侦查。而根据最高人民检察院《关于人民检察院立案侦查司法工作人员相关职务犯罪案件若干问题的规定》(2018 年 11 月 24 日颁行)的规定,将检察机关立案侦查的司法工作人员职务犯罪案件明确规定为 14 种犯罪案件。① 换言之,检察机关的检察人员可以对 14 种司法工作人员职务犯罪案件侦查活动中调查取证。需指出的是,检察人员只能对 14 种司法工作人员的职务犯罪调查取证,对这 14 种之外的职务犯罪案件,包括过去由检察机关侦查的贪污贿赂等职务犯罪案件,检察机关的检察人员都无调查取证权,当然也不是相应刑事卷证制作的主体;另外,根据刑事诉讼法等的规定,检察机关对 14 种职务犯罪案件只是可以立案侦查,而非享有专有侦查权,如果存在法律的特别规定也可能排除检察机关对上述职务犯罪案件的侦查,其检察人员也就不再具有相应刑事卷证的制作主体资格。

审判人员负责审判阶段调查取证。刑事卷证主要形成和制作于案件的侦查或补充侦查阶段,也可能在审查起诉阶段部分案件由检察机关补充侦查而制作相应的补充性质的卷证材料,而审判阶段主要是对移送的侦查卷证以及

---

① 《关于人民检察院立案侦查司法工作人员相关职务犯罪案件若干问题的规定》第 1 项规定,人民检察院在对诉讼活动实行法律监督中,发现司法工作人员涉嫌利用职权实施的下列侵犯公民权利、损害司法公正的犯罪案件,可以立案侦查: 1. 非法拘禁罪(刑法第 238 条)(非司法工作人员除外);2. 非法搜查罪(刑法第 245 条)(非司法工作人员除外);3. 刑讯逼供罪(刑法第 247 条);4. 暴力取证罪(刑法第 247 条);5. 虐待被监管人罪(刑法第 248 条);6. 滥用职权罪(刑法第 397 条)(非司法工作人员滥用职权侵犯公民权利、损害司法公正的情形除外);7. 玩忽职守罪(刑法第 397 条)(非司法工作人员玩忽职守侵犯公民权利、损害司法公正的情形除外);8. 徇私枉法罪(刑法第 399 条第 1 款);9. 民事、行政枉法裁判罪(刑法第 399 条第 2 款);10. 执行判决、裁定失职罪(刑法第 399 条第 3 款);11. 执行判决、裁定滥用职权罪(刑法第 399 条第 3 款);12. 私放在押人员罪(刑法第 400 条第 1 款);13. 失职致使在押人员脱逃罪(刑法第 400 条第 2 款);14. 徇私舞弊减刑、假释、暂予监外执行罪(刑法第 401 条)。

审查起诉阶段的补充卷证进行审查和运用的阶段,但审判阶段也可成为刑事卷证材料延伸补充过程或刑事卷证材料的整理和转换过程。这不仅在于刑事诉讼法第54条调查取证贯穿于刑事诉讼的全过程,审判人员可以收集证据这一总的规定,而且在于审判人员调查取证的两个具体需求:其一,公诉案件庭前审查或准备过程中形成的司法卷证材料。借鉴德、法等主要大陆法系国家的做法,为避免侦查阶段形成的卷证材料直接为法官所用,导致法官先入为主或预断的倾向,有效阻断侦查活动与审判活动的直接联系,承办案件的法官可以通过庭前对侦查卷证材料进行必要的编辑、删减等形式形成整理后的卷证,或者通过再行讯问或询问等人证调查方式收集、制作相应口供、证言等笔录。这些笔录实际上是在审判阶段由法官形成的司法卷证材料,可以在庭前作为对案件事实审查准备的依据,甚至也可成为庭审中的证据材料加以使用。其二,法庭审理过程中可以进行庭外调查。我国刑事诉讼法第196条规定,法庭审理过程中,合议庭对证据有疑问的,可以宣布休庭,对证据进行调查核实。人民法院调查核实证据,可以进行勘验、检查、查封、扣押、鉴定和查询、冻结。也就是说,在公诉案件一审程序中,合议庭可以通过庭外调查收集证据,对案件已有证据进行核实。从法律规定合议庭调查所采用的措施来看,主要是物证、书证调查措施,但在勘验、检查、查封、搜查、扣押冻结等调查过程中同样需要其制作调查笔录。另外,刑事诉讼法也未排斥合议庭在庭外对被告人或证人、被害人等采取讯问或询问等措施,从而也可能形成相应的书面笔录。这些笔录均可成为审判案卷材料,作为对审前程序中形成的刑事卷证材料的重要补充,对审判中的事实认定发挥直接作用。然而,上述两类审判阶段形成的卷证材料作为证据的运用,显然需对制作这类材料的主体身份加以限制。第一类材料制作的主体限于庭前审查和准备活动的司法人员,可以是合议庭成员(陪审员除外),也可以是参与庭前审查的法官助理或经授权的法官,而第二类材料的制作主体则只能是作为合议庭成员的法官,而非其他法院的工作人员。

从上述三类人员作为制作和形成刑事卷证的主体的情况来看,显然具有严格的限定性:首先,刑事卷证材料需由负有侦查、检察和审判职能的侦查机关、检察机关和审判机关加以制作和形成。如果有关书面材料本身不是出自上述公安司法机关制作的,而由其他机构、组织或公民个人制作或提供,即使具有法定的证据种类的特征,并有相应的证明价值,同样不能纳入卷证材料加以利用。这也是刑事司法中普遍运用卷证的主要大陆法系国家的一个重要原则。在大陆法系国家,"对于私人制作的书面材料(诸如信件、日记或备忘录之类)中包含的证人证言,法庭施加的限制与对传闻证人口头转述的证言的限制完全相同。"①其次,刑事卷证必须由负有侦查、检察(审查起诉和补充侦查)和审判职能的专职侦查人员、检察人员和审判人员制作完成。公安机关、检察机关和人民法院的在编工作人员,只要不是负有侦查、检察和审判职能的人员均不具有调查取证和制作刑事卷证的主体资格。再次,刑事卷证还应限定为负责本案的侦查人员、检察人员和审判人员制作完成。如果某人仅有侦查人员、检察人员和审判人员的身份和职责,但并非承办本案的上述人员,同样不具备本案调查取证主体的资格。同时,承办本案的上述人员在办理案件中还存在具体的分工,也只有实际负责本案调查取证的人员才最终具备主体资格。例如,本案的侦查人员有的负责人证和物证调查的,而有的负责采用强制措施,有的负责采用技术侦查措施,后两者非具有调查取证资格;又如,本案的检察人员有的是负责侦查监督或审查起诉的,也非具有调查取证主体资格。再如,审判阶段的调查取证分为庭前司法卷证的制作和庭审中的调查取证两种情形,由此形成的卷证材料作为证据的运用,显然需对制作这类材料的主体身份加以限制。第一类材料制作的主体限于庭前审查和准备活动的司法人员,可以是合议庭成员(陪审员除外),也可以是参与庭前审查的法官助理或经授权的法官,而第二类材料的制作主体则只能是作为合议庭成员的法官,而非其他法院的工作人员。

2. 担负案件调查取证职责的公安司法人员与刑事卷证的制作主体相一致。

---

① [美]米尔吉安·R.达马斯卡:《比较法视野中的证据制度》,吴宏耀、魏晓娜等译,中国人民公安大学出版社 2006 年版,第 265 页。

第六章　我国刑事卷证证据能力及文本的规范

刑事诉讼中对案件的调查取证活动的目标在于最终形成、提取和固定证据,这一调查取证活动实际上由调查取证活动行为或手段本身和由此制作和固定的证据材料所构成,而后一阶段可视为调查取证活动产生的最终结果。从保障刑事卷证的可靠性和严密的规范性角度考虑,刑事卷证的制作者和固定者必须是刑事诉讼中负有调查取证职责的侦查人员、检察人员和审判人员。如侦查阶段讯问犯罪嫌疑人、询问证人和被害人等人证调查人员均是相应讯问笔录、询问笔录的制作者,而依职权实施勘验检查、辨认、侦查实验以及实施搜查、扣押等物证调查的侦查人员与制作相应侦查笔录的人员是一致的。刑事诉讼法第122条规定,讯问笔录应当交犯罪嫌疑人核对,对于没有阅读能力的,应当向他宣读。如果记载有遗漏或者差错,犯罪嫌疑人可以提出补充或者改正。犯罪嫌疑人承认笔录没有错误后,应当签名或者盖章。侦查人员也应在笔录上签名。犯罪嫌疑人请求自行书写供述的,应当准许。必要的时候,侦查人员也可以要犯罪嫌疑人亲笔书写供词。该法第200条规定,侦查人员应当将问话和犯罪嫌疑人的供述或者辩解如实地记录清楚。制作讯问笔录应当使用能够长期保持字迹的材料。该法第202条规定,犯罪嫌疑人请求自行书写供述的,应当准许;必要时,侦查人员也可以要求犯罪嫌疑人亲笔书写供词。犯罪嫌疑人应当在亲笔供词上逐页签名、捺指印。侦查人员收到后,应当在首页右上方写明"于某年某月某日收到",并签名。根据《公安规定》第207条的规定,讯问犯罪嫌疑人制作笔录的要求,同样适用于询问证人、被害人。根据《公安规定》的规定,勘验检查、搜查、查封扣押等物证调查活动制作的相应笔录也需由侦查人员完成。[1]

---

[1] 《公安规定》第216条:勘查现场,应当拍摄现场照片、绘制现场图,制作笔录,由参加勘查的人和见证人签名。对重大案件的现场,应当录像。其第217条:检查的情况应当制作笔录,由参加检查的侦查人员、检查人员、被检查人员和见证人签名。被检查人员拒绝签名的,侦查人员应当在笔录中注明。其第226条:搜查的情况应当制作笔录,由侦查人员和被搜查人或者他的家属,邻居或者其他见证人签名。其第229条:执行查封、扣押的侦查人员不得少于二人,并出示本规定第二百二十三条规定的有关法律文书。查封、扣押的情况应当制作笔录,由侦查人员、持有人和见证人签名。对于无法确定持有人或者持有人拒绝签名的,侦查人员应当在笔录中注明。

所以,从法律规范要求的角度看,刑事卷证的制作者必须为负有调查取证职责的侦查人员、检察人员和审判人员,而非由单独的卷证制作者完成这一工作,也非公安司法机关内部的刑事卷证保管者、储存者或档案管理者。刑事卷证制作者与案件调查取证者的一致性要求,不仅在于对刑事卷证制作的规范性和专业性要求使然,而且也是保证证据调查过程与其结果一致性,防止非了解案件实际情况的人员介入证据形成过程而影响卷证可靠性的重要举措。刑事卷证制作主体与实施调查取证主体的一致性要求也可视为刑事卷证取得证据能力,其得以进入法庭判断相应证明力的一个前提条件。我国台湾地区学者认为,笔录之制作应先符合法定条件,即由具有犯罪调查权之司法警察人员,依据法定之文书格式,在合法之时间,以适正之询问方式,告知诉讼权利事项后,就个案进行实体讯问,使笔录之内容符合刑事实体法之法定构成要件,此种笔录即具有证据能力,再由法院就笔录之实质内容审视待证事实之关联程度,论价其证据证明力,供为裁判被告是否成立犯罪之依据。①

负有调查取证的这三类人员可以是制作和固定刑事卷证的唯一主体,也可是组织、领导刑事卷证制作和固定的主体,并可有公安司法机关的其他专业技术人员参与。如根据刑事诉讼法第123条规定,侦查人员在讯问犯罪嫌疑人的时候,可以对讯问过程进行录音或者录像;对于可能判处无期徒刑、死刑的案件或者其他重大犯罪案件,应当对讯问过程进行录音或者录像。录音或者录像应当全程进行,保持完整性。《公安规定》第208条规定,讯问犯罪嫌疑人,在文字记录的同时,可以对讯问过程进行录音或者录像。对于可能判处无期徒刑、死刑的案件或者其他重大犯罪案件,应当对讯问过程进行录音或者录像。显然,口供等人证调查中录音录像的制作,需要对录音录像的时间、角度、画面清晰度和后期制作的整理、调整以及固定和保存等技术指标提出要求,需要录音录像的专业技术人员的参与和把握,因而其制作过程不限于侦查

---

① 参见林培仁:《侦讯笔录与移送作业》,元照出版有限公司2014年版,第9页。

第六章　我国刑事卷证证据能力及文本的规范

人员而包括相应的技术人员是比较合理的。

3. 法律规范特别规定或经授权的特殊主体。刑事卷证的制作限定于履行刑事案件侦查、检察和审判职责的侦查人员、检察人员和审判人员主要是刑事诉讼活动对特定主体要求的自然逻辑延伸。然而，根据司法实践的现实条件、办理案件的客观需要以及与国家机构体制改革相适应，法律规范做出特别规定的主体也可成为刑事卷证制作的合法性主体。从我国立法来看，刑事卷证的制作有两类特殊主体：

(1)《中华人民共和国宪法修正案》等规定的国家各级监察委员会。根据2018年3月11日《中华人民共和国宪法修正案》第123条至第127条的规定，设立国家监察委员会和地方各级监察委员会。监察委员会依照法律规定独立行使监察权，不受行政机关、社会团体和个人的干涉。监察机关办理职务违法和职务犯罪案件，应当与审判机关、检察机关、执法部门互相配合，互相制约。根据宪法修正案的上述规定，2018年3月20日通过的《中华人民共和国监察法》(以下简称《监察法》)第3条规定，各级监察委员会是行使国家监察职能的专责机关，依照本法对所有行使公权力的公职人员(以下称公职人员)进行监察，调查职务违法和职务犯罪，开展廉政建设和反腐败工作，维护宪法和法律的尊严。根据《监察法》第20条至第28条的规定，监察机关的调查人员有权对涉嫌职务犯罪的被调查人员采取讯问、询问、留置、搜查、调取、查封、扣押、勘验检查、技术调查等措施。根据《监察法》第41条的规定，调查人员采取的这些调查措施应该形成笔录、报告等书面材料，并由相关人员签名、盖章。调查人员进行讯问以及搜查、查封、扣押等重要取证工作，应当对全过程进行录音录像，留存备查。而根据《监察法》第33条的规定，监察机关依照本法规定收集的物证、书证、证人证言、被调查人供述和辩解、视听资料、电子数据等证据材料，在刑事诉讼中可以作为证据使用。同时，为保证这些证据材料形成和运用符合基本法律规范要求，《监察法》规定监察机关在收集、固定、审查、运用证据时，应当与刑事审判关于证据的要求和标准相一致。对于监察机关调查的职务犯罪案件移送审查起诉问题,根据监察法第45条的规定,对涉嫌职务犯罪的人员,监察机关经调查认为犯罪事实清楚,证据确实、充分的,制作起诉意见书,连同案卷材料、证据一并移送人民检察院依法审查、提起公诉。

  由此可见,根据《监察法》上述若干规定,监察机关调查人员依法定职责对职务犯罪的调查,虽不属于刑事诉讼中的侦查活动,其采取的类似于侦查活动的讯问、询问、搜查、调取、查封、扣押、勘验检查等调查措施所收集和制作的书面卷证材料,也不属于严格意义上的刑事卷证材料,但正如有学者指出的那样,监察委员会的职务犯罪调查有犯罪侦查之实,而无犯罪侦查之名。[①] 根据《监察法》的规定可以作为刑事诉讼中的证据使用,在检察机关对职务犯罪案件的审查起诉中,要求监察机关将这些书面证据材料连同起诉意见书一并移送检察机关,作为对职务犯罪案件事实认定的重要证据。同时,为适应国家监察体制改革的需要,保证监察机关对职务犯罪调查与刑事诉讼的有效衔接,2018年10月26日十三届全国人大常委会第十六次会议对刑事诉讼法再次进行修改。根据新修改的刑事诉讼法第170条的规定,人民检察院对于监察机关移送起诉的案件,依照本法和监察法的有关规定进行审查。人民检察院经审查,认为需要补充核实的,应当退回监察机关补充调查,必要时可以自行补充侦查。这一规定表明,人民检察院对于职务犯罪的审查起诉建立于监察机关职务犯罪调查的基础上,对案件事实的审查也基于监察机关调查收集的证据材料。根据刑事诉讼法第176条的规定,人民检察院认为犯罪嫌疑人的犯罪事实已经查清,证据确实、充分,依法应当追究刑事责任的,应当作出起诉决定,按照审判管辖的规定,向人民法院提起公诉,并将案卷材料、证据移送人民法院。如果人民检察院起诉的案件属于监察机关调查移送起诉的职务犯罪案件,实际上表明监察机关收集制作的各类卷证材料可以作为法院审判活动所审查和运用的证据范围。由于监察机关职务犯罪调查形成和制作的卷证材

  [①] 参见龙宗智:《监察体制改革中的职务犯罪调查制度完善》,《政治与法律》2018年第1期。

料可以在刑事诉讼中作为证据使用,这类卷证材料也可视为一种特殊的刑事卷证材料,监察机关从事专职职务犯罪调查的人员也就取得这类刑事卷证制作主体的资格。

(2)刑事诉讼法特别规定的行政执法机关执法人员。长期以来,我国行政执法机关在行政执法或查处行政违法案件中,为查明事实真相依职权进行调查取证也需制作和形成相应的讯问、询问笔录以及勘查检查、查询、查封、扣押等笔录材料。一般情况下,这些证据材料可以用作认定行政违法事实的依据,但在这类行政违法行为或案件与刑事案件存在交叉或内在联系的情形下,由于这类证据材料收集和制作的主体系行政执法人员,而非侦查人员或检察人员,因而也就不具备刑事卷证制作主体的资格,这些书面证据材料不能作为刑事卷证材料在诉讼中使用,需要侦查人员或检察人员再行讯问或询问制作笔录加以转换。虽然这种做法有基于刑事案件性质不同,对刑事卷证形成的专业性和严格合法性的考虑,但从司法实践情况看,这种做法过于僵硬和死板,不利于顺利追诉犯罪和提高诉讼效率。鉴于此,2012年修改后的刑事诉讼法首次确认这类书面证据材料可以作为诉讼证据。根据刑事诉讼法第54条的规定,行政机关在行政执法和查办案件过程中收集的物证、书证、视听资料、电子数据等证据材料,在刑事诉讼中可以作为证据使用。虽然根据上述法律规定,行政机关收集的证据材料能够作为刑事诉讼证据的范围主要是物证、书证、视听资料、电子数据等实物证据,没有明确规定被调查人的口供、证人证言、受害人的陈述、鉴定意见等书面证据材料可以作为诉讼证据,但该法又使用罗列方法指出可以作为诉讼证据的材料范围,并以"等"字省略了其他可包容的证据材料。从立法精神上讲,突出对行政机关取得的实物证据诉讼法律效力的认可,但又不排除口供、证言等人证书面材料作为诉讼证据的可能性,说明立法者将上述书面人证材料诉讼法律效力的认定权交由司法者进行裁量的意图。

从司法解释的具体规定来看,在刑事诉讼法立法精神的基础上,表现出对行政机关收集制作的书面人证材料的诉讼效力明显加以灵活处理的态度。根据《刑事诉讼规则》第64条的规定,行政机关在行政执法和查办案件过程中收集的物证、书证、视听资料、电子数据证据材料,应当以该机关的名义移送,经人民检察院审查符合法定要求的,可以作为证据使用。而行政机关在行政执法和查办案件过程中收集的鉴定意见、勘验、检查笔录,经人民检察院审查符合法定要求的,可以作为证据使用。人民检察院办理直接受理立案侦查的案件,对于有关机关在行政执法和查办案件过程中收集的涉案人员供述或者相关人员的证言、陈述,应当重新收集;确有证据证实涉案人员或者相关人员因路途遥远、死亡、失踪或者丧失作证能力,无法重新收集,但供述、证言或者陈述的来源、收集程序合法,并有其他证据相印证,经人民检察院审查符合法定要求的,可以作为证据使用。《刑事诉讼规则》的上述规定,需要注意两点:其一,行政机关行政执法和查办案件中收集的各类书面人证材料可以在一定条件下作为检察机关侦查和起诉活动的证据材料使用,而不因这类证据材料收集主体的非司法属性排斥于诉讼之外。其二,因人证材料的类型和性质的不同,作为诉讼证据的条件也不相同。根据上述司法解释的规定,行政机关收集的鉴定意见、勘验、检查笔录只要符合法律规定的基本条件和程序收集的,可以作为诉讼证据使用;而行政机关收集的供述、证言或者陈述则要求严格,须在诉讼中因客观原因无法再行收集,且行政机关收集的来源、程序合法,保证这些材料的基本真实可靠性,才可作为诉讼证据使用。

　　由上观之,由于行政机关在行政执法和查办案件中收集的有关口供、证言、陈述以及勘验检查笔录等书面证据材料,在具备相应法定条件下可以在诉讼中使用,从而同样可视为一种特殊的刑事卷证,行政机关的执法人员也就具备作为该类卷证材料制作主体的资格。但作为这类特殊卷证的主体有着较严格条件的限制:必须是在该行政机关承担行政执法职责的工作人员,行政机关的其他人员不在此列;必须为查办该行政违法案件而具体承担调查职责的行政执法人员;该行政执法人员必须直接或组织、领导其他相关人员进行上述人证调查材料的收集、制作工作等。

法定的调查取证主体开展的收集证据活动,由于以法定职权实施,对于调查取证的对象而言就具有配合和提供证据的义务。刑事诉讼法第54条规定,人民法院、人民检察院和公安机关有权向有关单位和个人收集、调取证据。有关单位和个人应当如实提供证据,有利于在刑事诉讼活动的相应阶段有效快捷地获取证据。

出于保证卷证制作质量和规范化的需要,卷证只能由承办案件的侦查者制作,其他人员的记录及陈述者的自书材料(侦查者审查认可的除外)均不得归入卷宗。正如上述大陆法系主要法治国家对私人制作的书面材料中涉及证人证言受限于传闻证据规则是一致的。因为非承办案件的侦查者与没有履行侦查职能的一般人员具有相似性。同时,制作者自身的专业技能、职业道德素养、文字表达甚至电脑操作能力均应有相应要求。

二、刑事卷证形成与制作程序的规范

刑事卷证形成与制作程序的控制属于对刑事卷证形成过程的基础性规范,可以从卷证的源头上保障这类证据材料的品质和可靠性,也能体现卷证形成过程中诉讼相关各方权利与义务关系的实际状况,而一定程度上影响程序的正当性,因而从卷证文本的制作程序加以规范,对刑事卷证在刑事诉讼尤其审判阶段的运用具有重要意义。

1. 我国刑事卷证形成与制作程序的规范现状及其问题。在我国现行刑事诉讼法和司法解释中,主要强调对刑事卷证制作的前置人证调查活动程序的法律规范,而忽略作为人证调查结果的刑事卷证制作或生成程序的法律规范。

(1)从对讯问犯罪嫌疑人、询问证人和被害人笔录形成和制作的规范来看。刑事诉讼法第118条至第127条对讯问犯罪嫌疑人、询问证人和被害人等的侦查人员人数、地点、期间、权利及义务告知等程序事项均有明确规定,而涉及讯问或询问制作的笔录程序问题则只有两个条文的规定。刑事诉讼法第122条规定,讯问笔录应当交犯罪嫌疑人核对,对于没有阅读能力的,应当向他宣读。如果记载有遗漏或者差错,犯罪嫌疑人可以提出补充或者改正。犯罪嫌疑人承认笔录没有错误后,应当签名或者盖章。侦查人员也应当在笔录上签名。犯罪嫌疑人请求自行书写供述的,应当准许。必要的时候,侦查人员也可以要犯罪嫌疑人亲笔书写供词。该法第126条规定,本法第122条的规定,也适用于询问证人。上述法律规范主要侧重于对笔录形成后对其内容的检验和审查做出规定,而忽视对刑事卷证形成之前和制作过程进行程序性制约。而且强调通过犯罪嫌疑人行使制约权利对笔录内容进行纠错,而非侦查人员或检察人员依职责主动进行审查加以纠正。从侦查实践情况看,犯罪嫌疑人对讯问笔录进行核对或侦查人员对其进行宣读的情况并不多见,而确实发现笔录遗漏或差错而加以纠正的情况更少之又少。至于讯问或询问笔录是否应该制作,具体由谁制作,在什么时间、什么地点制作,制作笔录的内容与讯问或询问中回答的内容一致的要求,以及制作笔录的方式和手段等,刑事诉讼法并未明确规定。

对于监察机关对职务犯罪进行的调查,《监察法》第20条规定,对涉嫌贪污贿赂、失职渎职等职务犯罪的被调查人,监察机关可以进行讯问,要求其如实供述涉嫌犯罪的情况。另外,该法第21条规定,在调查过程中,监察机关可以询问证人等人员。对于讯问或询问笔录制作,该法第41条规定,调查人员采取讯问、询问、留置、搜查、调取、查封、扣押、勘验检查等调查措施,均应当依照规定出示证件,出具书面通知,由二人以上进行,形成笔录、报告等书面材料,并由相关人员签名、盖章。调查人员进行讯问以及搜查、查封、扣押等重要取证工作,应当对全过程进行录音录像,留存备查。由此可见,《监察法》与刑事诉讼法相比较来看,有关讯问或询问的程序和相应笔录制作的问题,监察法的规定比较简略,既欠缺对询问被害人程序的规定,也无对讯问犯罪嫌疑人或询问证人的地点、期间、权利及义务告知等程序事项的明确规定。对于讯问或询问笔录的制作仅规定可以制作,至于谁制作,在何时、何地,以何种方法以及制作笔录内容的具体要求等方面均无明确规定。在监察机关成立前,职务犯罪的侦查由检察机关负责,并遵循上述刑事诉讼法的规定,而刑事诉讼法有关讯问犯罪嫌疑人或询问证人的程序严于监察法的规定。由此可见,监察机关行使职务犯罪调查权后有关讯问犯罪嫌疑人或询问证人的程序和制作笔录规范的要求有所降低。尽管这种现象与监察机关的性质和监察对象的特殊性存在一定关系,但从职务犯罪调查与刑事诉讼有效衔接以及刑事司法标准一体化的角度看,监察机关职务犯罪调查的讯问或询问及相应卷证制作的程序规范也应纳入侦查讯问程序整体设计中加以考虑。

最高人民检察院的《刑事诉讼规则》对讯问或询问笔录制作的规定相对较为具体,涉及笔录制作的规定有6个条文。其中第188条规定,讯问犯罪嫌疑人,应当制作讯问笔录。讯问笔录应当忠实于原话,字迹清楚,详细具体,并交犯罪嫌疑人核对。犯罪嫌疑人没有阅读能力的,应当向他宣读。如果记载有遗漏或者差错,应当补充或者改正。犯罪嫌疑人认为讯问笔录没有错误的,由犯罪嫌疑人在笔录上逐页签名、盖章或者捺指印,并在末页写明"以上笔录我看过(向我宣读过),和我说的相符",同时签名、盖章、捺指印并注明日期。如果犯罪嫌疑人拒绝签名、盖章、捺指印的,检察人员应当在笔录上注明。讯问的检察人员也应当在笔录上签名。该条不仅明确规定检察机关讯问犯罪嫌疑人应该制作讯问笔录,而且对笔录制作的内容、质量及其犯罪嫌疑人对笔录的核对和签名等均有具体规定。与此同时,公安部的《公安规定》第199条、第205—209条等共6个条文对讯问犯罪嫌疑人笔录应记载的犯罪嫌疑人到案的方式、笔录制作的保存要求、笔录内容交犯罪嫌疑人核对或者向他宣读,文字记录中进行录音录像等事项做出规定。其中第205条规定,侦查人员应当将问话和犯罪嫌疑人的供述或者辩解如实地记录清楚,制作讯问笔录应当使用能够长期保持字迹的材料。这一规定表明公安机关讯问犯罪嫌疑人同样强调制作笔录及对笔录质量的要求。但《公安规定》中并未对询问证人及被害人笔录制作做出相应规定。上述两个规范性文件的规定与刑事诉讼法和《监察法》的规定相类似，基本上也不涉及讯问或询问笔录制作的其他较重要的程序规范。

（2）从对勘验检查、查封、搜查、扣押等物证调查的笔录形成和制作的规范来看。刑事诉讼法第133条、第135条、第140条和第142条对于侦查机关进行勘验检查、侦查实验、搜查、查封、扣押等物证调查活动均明确规定制作相应的笔录或物品查封扣押清单，并要求侦查参与人签名或盖章。① 然而，这类笔录制作仍存在一定缺陷：一是，有关侦查机关开展的其他侦查活动或采取的侦查措施，如辨认活动、逮捕等强制措施的使用，技术侦查措施的使用等，均未规定制作笔录；二是，已有的笔录制作缺乏相应的制作条件、制作方式与内容、笔录核对检查及保存等程序规定。对职务犯罪的调查，《监察法》第23条、第24条、第25条、第26条、第28条等明确规定，监察机关可以采取查询、冻结、搜查、查封、扣押、勘验检查、委托鉴定和技术侦查等措施，对这些措施的使用条件和程序提出了要求，而对于这些调查措施运用情况的笔录制作仅在该法第41条做出规定。从内容上看，只是要求调查人员制作相应笔录或报告，但有关制作的条件、方式与内容、笔录核对检查及保存等程序问题也无明确规定。

最高人民检察院的《刑事诉讼规则》对勘验检查、查封、搜查、扣押等物证

---

① 刑事诉讼法第133条规定：勘验、检查的情况应当写成笔录，由参加勘验、检查的人和见证人签名或者盖章。其第135条规定：为了查明案情，在必要的时候，经公安机关负责人批准，可以进行侦查实验。侦查实验的情况应当写成笔录，由参加实验的人签名或者盖章。其第140条规定：搜查的情况应当写成笔录，由侦查人员和被搜查人或者他的家属，邻居或者其他见证人签名或者盖章。如果被搜查人或者他的家属在逃或者拒绝签名、盖章，应当在笔录上注明。其第142条规定：对查封、扣押的财物、文件，应当会同在场见证人和被查封、扣押财物、文件持有人查点清楚，当场开列清单一式二份，由侦查人员、见证人和持有人签名或者盖章，一份交给持有人，另一份附卷备查。

第六章 我国刑事卷证证据能力及文本的规范

调查的笔录形成和制作的规范,涉及8个条文,[1]是所有解释性法律规范中相对比较全面具体的一种规定。归纳这些规定的情况体现出几个特点:首先,明确规定检察机关侦查中进行的勘验检查、查封、搜查、扣押、辨认、查询、冻结、侦查实验,乃至采取技术侦查措施均须制作笔录,实际上做到了各侦查活动笔录的全覆盖。其次,对笔录制作的内容提出要求,如对查封、扣押的物品需详细记载的名称、型号、规格、数量、质量、颜色、新旧程度、包装等主要特征,又如对技术侦查措施适用的记录要求写明获取证据的时间、地点、数量、特征以及采取技术侦查措施的批准机关、种类等。再次,为保证笔录的真实有效采取相

---

[1] 《刑事诉讼规则》第181条规定:人民检察院对于直接受理案件的侦查,可以适用刑事诉讼法第二编第二章规定的各项侦查措施。刑事诉讼法规定进行侦查活动需要制作笔录的,应当制作笔录。必要时,可以对相关活动进行录音、录像。第196条规定:检察人员对于与犯罪有关的场所、物品、人身、尸体应当进行勘验或者检查。必要时,可以指派检察技术人员或者聘请其他具有专门知识的人,在检察人员的主持下进行勘验、检查。其第197条规定:勘验时,人民检察院应当邀请两名与案件无关的见证人在场。勘查现场,应当拍摄现场照片。勘查的情况应当写明笔录并制作现场图,由参加勘查的人和见证人签名。勘查重大案件的现场,应当录像。其第198条规定:人民检察院解剖死因不明的尸体,应当通知死者家属到场,并让其在解剖通知书上签名或者盖章。死者家属无正当理由拒不到场或者拒绝签名、盖章的,不影响解剖的进行,但是应当在解剖通知书上记明。对于身份不明的尸体,无法通知死者家属的,应当记明笔录。其第208条规定:检察人员可以凭人民检察院的证明文件,向有关单位和个人调取能够证明犯罪嫌疑人有罪或者无罪以及犯罪情节轻重的证据材料,并且可以根据需要拍照、录像、复印和复制。其第209条规定:调取物证应当调取原物。原物不便搬运、保存,或者依法应当返还被害人,或者因保密工作需要不能调取原物的,可以将原物封存,并拍照、录像。对原物拍照或者录像应当足以反映原物的外形、内容。调取书证、视听资料应当调取原件。取得原件确有困难或者因保密需要不能调取原件的,可以调取副本或者复制件。调取书证、视听资料的副本、复制件和物证的照片、录像的,应当书面记明不能调取原件、原物的原因,制作过程和原件、原物存放地点,并由制作人员和原书证、视听资料、物证持有人签名或者盖章。其第212条规定:人民检察院根据侦查犯罪的需要,可以依照规定查询、冻结犯罪嫌疑人的存款、汇款、债券、股票、基金份额等财产,并可以要求有关单位和个人配合。查询、冻结前款规定的财产,应当制作查询、冻结财产通知书,通知银行或者其他金融机构、邮政部门执行。冻结财产的,应当经检察长批准。其第230条规定:采取技术侦查措施收集的物证、书证及其他证据材料,检察人员应当制作相应的说明材料,写明获取证据的时间、地点、数量、特征以及采取技术侦查措施的批准机关、种类等,并签名和盖章。对于使用技术侦查措施获取的证据材料,如果可能危及特定人员的人身安全、涉及国家秘密或者公开后可能暴露侦查秘密或者严重损害商业秘密、个人隐私的,应当采取不暴露有关人员身份、技术方法等保护措施。必要时,可以建议不在法庭上质证,由审判人员在庭外对证据进行核实。

应措施,如对笔录制作完毕强调侦查人员、见证人、犯罪嫌疑人等参与人员的签名或盖章。对勘验检查、搜查、辨认等活动,调取、查封、扣押的物件或证据材料等必要时可以进行拍照或录像。但上述规定主要是对各类侦查笔录内容和笔录形成后的程序规范,而仍缺乏对笔录制作之前和制作过程本身以及可能影响笔录制作可靠性和合理性的因素加以程序规范。公安部的《公安规定》对上述物证调查的笔录形成和制作的规范,涉及10个条文,①与《刑事诉讼规则》的规定有一定相似性,但笔录制作适用的对象范围与《刑事诉讼规则》有所不同:《公安规定》对查询、冻结、技术侦查等措施的适用没有制作笔录的要求,而《刑事诉讼规则》则有明确规定;《公安规定》中要求查封、扣押情况除拟定清单外,还需制作相应笔录,而《刑事诉讼规则》没有这一要求。总体而言,《公安规定》同样侧重于对笔录内容和笔录形成后的签字或盖章,以及必要的拍照和录像的程序性保障规定,也未对笔录制作的条件和制作过程

---

① 《公安规定》第216条规定:勘查现场,应当拍摄现场照片、绘制现场图,制作笔录,由参加勘查的人和见证人签名。对重大案件的现场,应当录像。其第217条规定:检查的情况应当制作笔录,由参加检查的侦查人员、检查人员、被检查人员和见证人签名。被检查人员拒绝签名的,侦查人员应当在笔录中注明。其第218条规定:为了确定死因,经县级以上公安机关负责人批准,可以解剖尸体,并且通知死者家属到场,让其在解剖尸体通知书上签名。死者家属无正当理由拒不到场或者拒绝签名的,侦查人员应当在解剖尸体通知书上注明。对身份不明的尸体,无法通知死者家属的,应当在笔录中注明。其第221条规定:为了查明案情,在必要的时候,经县级以上公安机关负责人批准,可以进行侦查实验。进行侦查实验,应当全程录音录像,并制作侦查实验笔录,由参加实验的人签名。其第226条规定:搜查的情况应当制作笔录,由侦查人员和被搜查人或者他的家属,邻居或者其他见证人签名。如果被搜查人拒绝签名,或者被搜查人在逃,他的家属拒绝签名或不在场的,侦查人员应当在笔录中注明。其第229条规定:查封、扣押的情况应当制作笔录,由侦查人员、持有人和见证人签名。对于无法确定持有人或者持有人拒绝签名的,侦查人员应当在笔录中注明。其第230条规定:对查封、扣押的财物和文件,应当会同在场见证人和被查封、扣押财物、文件的持有人查点清楚,当场开列查封、扣押清单一式三份,写明财物或者文件的名称、编号、数量、特征及其来源等,由侦查人员、持有人和见证人签名,一份交给持有人,一份交给公安机关保管人员,一份附卷备查。其第232条规定:扣押犯罪嫌疑人的邮件、电子邮件、电报,应当经县级以上公安机关负责人批准,制作扣押邮件、电报通知书,通知邮电部门或者网络服务单位检交扣押。其第239规定:需要冻结犯罪嫌疑人在金融机构等单位的存款、汇款、债券、股票、基金份额等财产的,应当经县级以上公安机关负责人批准,制作协助冻结财产通知书,通知金融机构等单位协助办理。其第262条规定:对辨认经过和结果,应当制作辨认笔录,由侦查人员、辨认人、见证人签名。必要时,应当对辨认过程进行录音录像。

第六章　我国刑事卷证证据能力及文本的规范

提出具体的程序要求。

2. 刑事卷证形成与制作程序设计的构想。刑事卷证形成和制作过程与调查取证过程虽然存在密切联系，甚至两者被认为侦查活动的不可分割的一个整体，但刑事卷证形成和制作毕竟是讯问或询问产生的结果，其与讯问或询问行为仍存在明显差异，两者并不应混同。因而两者又是适当分离的，遵循的程序和制度规范应有所区别。同时，人证调查和物证调查活动的特点和规律本身存在差异，两项活动的卷证笔录材料制作程序也应有所区别。

（1）讯问犯罪嫌疑人、询问证人和被害人笔录形成和制作的规范。首先，有关制作主体的要求。现行刑事诉讼法和有关司法解释均规定讯问或询问的主体不得少于两人，至于参与侦查讯问（询问）的侦查人员如何分工没有具体规定。为了保证人证调查笔录的全面、系统和可靠性，参与具体讯问或询问的侦查人员与笔录记录人员相分离，换言之，讯问人员不应又是记录人员。从人证调查科学分工的角度看，一名侦查人员讯问或询问，另一名侦查人员制作笔录较为合理。当前司法改革中确立的主办侦查人员制度实施以来，可以考虑以侦查团队的形式在上述人证调查中进行适当分工，侦查人员负责讯问活动，而可由助理侦查人员或书记员负责制作笔录。既可提高侦查效率，也可一定程度上保持制作笔录的中立和客观。其次，制作的时间和地点要求。刑事诉讼法和司法解释没有对笔录制作的具体时间和地点做出明确规定，虽然有的法律规范规定讯问或询问应该制作笔录，但不能以此推定制作笔录的时间和地点与讯问或询问活动本身是一致的，而且有些法律规范如《监察法》并未有人证调查活动制作笔录的规定。所以，人证调查活动的笔录制作时间和地点须有明确规定。出于人证调查记录的实时和连贯需要，保证笔录内容的真实、客观和完整性，防止其被人为篡改、伪造和删减等的风险，笔录制作需与讯问或询问过程在时间和地点上保持一致性，也就是讯问或询问过程中同步进行完整的笔录制作，而禁止在人证调查活动结束后在同一地点或其他地点制作笔录，或者对未完成的笔录加以补充和完善。再次，制作笔录的内容与讯问或询问中回答的内容一致性的要求。人证调查笔录是对讯问或询问过程中犯罪嫌疑人、被害人和证人口头陈述所做的书面记录,不仅应真实记录上述人员口头陈述的内容,不能加以改造或变造,而且也应是对这些人员陈述的原话进行完整和自然的记录,不能对其陈述的内容有所遗漏。如果上述人员口头陈述的内容多于或少于书面笔录材料的内容,均说明笔录材料缺乏应有的真实性和完整性,实际影响该类笔录材料的证据能力和证明价值。最后,笔录制作中的录音录像手段运用。在讯问或询问过程中进行全程的录音录像,不仅对监督侦查人员人证调查过程合法性和正当性,保障犯罪嫌疑人的基本人权有着重要意义,而且本身也属于口供等人证材料的一种重要形式,对于当前笔录材料制作过程和内容缺乏有效监督手段的条件下,其能起到对笔录制作过程(制作的主体、地点、时间)的监督,以及印证上述笔录材料内容真实性和完整性的作用。从我国刑事诉讼法和有关司法解释规定看,公安机关和检察机关侦查活动中录音录像手段的运用主要限于讯问犯罪嫌疑人过程中,对于询问证人、被害人过程并未规定可以进行录音录像。而且对讯问犯罪嫌疑人的录音录像,除了人民检察院《刑事诉讼规则》明确规定检察机关自行侦查的案件在讯问犯罪嫌疑人中应进行全程录音录像外,[1]公安机关侦查的案件讯问犯罪嫌疑人适用录音录像手段则限于可能判处死刑、无期徒刑及其他重大犯罪案件,其他刑事案件则由侦查机关决定适用。[2] 所以,有关人证调查过程中录

---

[1] 人民检察院刑事诉讼规则第190条规定:人民检察院办理直接受理侦查的案件,应当在每次讯问犯罪嫌疑人时,对讯问过程实行全程录音、录像,并在讯问笔录中注明。

[2] 刑事诉讼法第123条规定:侦查人员在讯问犯罪嫌疑人的时候,可以对讯问过程进行录音或者录像;对于可能判处无期徒刑、死刑的案件或者其他重大犯罪案件,应当对讯问过程进行录音或者录像。录音或者录像应当全程进行,保持完整性。《公安规定》第208条规定:讯问犯罪嫌疑人,在文字记录的同时,可以对讯问过程进行录音或者录像。对于可能判处无期徒刑、死刑的案件或者其他重大犯罪案件,应当对讯问过程进行录音或者录像。前款规定的"可能判处无期徒刑、死刑的案件",是指应当适用的法定刑或者量刑档次包含无期徒刑、死刑的案件。"其他重大犯罪案件",是指致人重伤、死亡的严重危害公共安全犯罪、严重侵犯公民人身权利犯罪,以及黑社会性质组织犯罪、严重毒品犯罪等重大故意犯罪案件。对讯问过程录音或者录像的,应当对每一次讯问全程不间断进行,保持完整性。不得选择性地录制,不得剪接、删改。

第六章 我国刑事卷证证据能力及文本的规范

音录像手段的运用可以借鉴《监察法》第41条的规定,对于讯问犯罪嫌疑人过程应当全程录音录像的案件范围加以适当扩大。对于录音录像手段的适用,除了考虑可能判处的刑罚严重程度这一因素外,还可将案件的性质、犯罪的情节以及犯罪嫌疑人个人特质等因素纳入考量范围。另外,对于询问证人、被害人过程也可考虑适当运用录音录像手段,对于可能判处无期徒刑、死刑的案件或者涉及关键性证人的案件,在对证人、被害人询问过程中也应全程录音录像。

(2)勘验检查、查封、搜查、扣押等物证调查的笔录形成和制作的规范。总体上,有关物证调查笔录制作程序的规范与人证调查笔录具有相似性,但由于物证调查对象属于特定的物品和痕迹,调查中的及时性和技术性特点突出,因而物证调查笔录制作程序的要求又有自身特点:

首先,物证调查笔录签名和盖章制度的完善。我国刑事诉讼法及相应司法解释只是规定勘验检查、搜查、查封、扣押等调查所制作的笔录,有关侦查人员、犯罪嫌疑人和见证人等应签名和盖章。但没有具体规定参加物证调查活动的有关人员尤其是犯罪嫌疑人和见证人在签名或盖章前,有对笔录内容进行了解并提出异议的权利。这导致在司法实践中对笔录签名和盖章的程序不规范,签名或盖章形同虚设,难以起到通过签名或盖章这一环节保障笔录客观真实性的重要意义。当事人和见证人通过签名活动对笔录真实可靠性提出质疑的权利成为世界各国的通行做法。如德国刑事诉讼法第166条a第(三)规定,笔录要交给所涉及审理参加人阅读或者向他宣读核对,核实的,应予注明。得到核实或者提出了何异议,都应当在笔录中注明。做记录后,被涉及的参加人如果表示舍弃核实的,可以不交予阅读或者宣读或者播放录音;在笔录中对表示的舍弃应当注明。又如俄罗斯刑事诉讼法第166条和第167条规定,物证调查笔录签名前,笔录应当提交所有参加侦查行为的人了解,同时应当向这些人说明他们有权在笔录中提出关于补充和修改笔录的意见。关于补充和修改笔录的意见均应由这些人签字予以说明和证明。所以,为保证物证调查笔录有关人员签名或盖章所起的应有作用,应对笔录的签名或盖章程序提出以下要求:一是参加物证调查的人在签名或者盖章前,有了解笔录内容的权利。只有在了解笔录内容并认为笔录内容真实可靠,有关人员在笔录上的签名或盖章方可视为其真实意愿的表示,从而保证物证调查笔录能够发挥证据证明案情的作用。二是对笔录签名或盖章者对笔录内容有提出异议的权利。在对笔录内容了解阅读的基础上,如果认为笔录的内容有不真实、错漏之处,参加物证调查活动的有关人员有权对笔录内容提出修改或者补充,对其提出的修改或补充意见是否采纳,均应在笔录中注明。三是有拒绝在笔录上签名或盖章的权利。参加物证调查的上述有关人员对笔录内容持不同意见而又不被采纳的,其可以拒绝在笔录上签名或盖章,但需将其拒绝的情况及理由在笔录中注明。

其次,物证调查笔录制作时间的确定。由于物证调查对象本身提取和固定的时间上的要求,加之调查过程对具体环节及细节的把握非常严格,需要及时对所了解和知晓的情结加以及时记录,防止因时间的推移调查对象的变化以及调查人员自身记忆力的降低,对笔录制作质量产生的影响,而强调物证调查笔录制作的及时性。在美国,"笔录一般都是在获取线索或者在获取线索之后立即制作。在接到执行现场勘查任务的电话就应立即开始做笔录并且一直持续到案件侦查结束为止。"① 法国刑事诉讼法第66条规定,司法警察在执行第54条至第62条规定而制作笔录的,应当现场制作,并且在笔录的每一页上签字。俄罗斯刑事诉讼法第166条第1项也规定,侦查行为的笔录应当在侦查行为进行过程中或侦查行为终结后立即制作。当然,在我国,对物证调查笔录制作的及时性可以具体提出以下要求:一般情况下,物证调查笔录应在物证调查过程中进行制作,如勘验检查、搜查、扣押和查封等更强调细节情况把握的调查活动,相应笔录制作应调查中完成。而侦查实验、辨认以及强制措施

---

① [美]韦恩·贝尼特等:《犯罪侦查》,但彦铮等译,群众出版社2000年版,第93页。

运用等活动,由于对形成笔录的时间要求不是特别急迫,可以在调查活动结束后及时制作笔录。

再次,与物证调查笔录制作相关的见证人制度的完善。从我国刑事诉讼法及相关司法解释的规定看,见证人适用于勘验检查、搜查、查封、扣押等物证调查活动中。① 而其他诸如侦查实验、辨认、鉴定、技术侦查等调查活动中,则并未规定可以邀请见证人在场,并且见证人有权在相应笔录中签名或盖章。同时,已有见证人参与的物证调查活动中,见证人应享有的权利和承担的义务,也没有具体明确的规定。鉴于此,可从如下方面进一步完善我国物证调查活动中的见证人制度:

一是以法律形式明确规定见证人应到场的侦查活动范围。我国刑事诉讼法虽然规定见证人适用于勘验检查、搜查、查封、扣押等物证调查活动中,但见证人到场是强制性的,还是任意性的,法律并未明确规定,故有必要在刑事诉讼法中明确规定在上述侦查活动中见证人应该到场。同时,在侦查实验、辨认、强制措施运用等活动中原则上也应邀请见证人到场,而涉及国家秘密和个人隐私的除外。

二是明确规定见证人的权利和义务以及相应法律后果。其一,见证人的权利。见证人在物证调查和笔录制作中的权利包括:物证调查活动过程中的在场权、申诉权和对物证调查笔录内容的知悉权及修改、异议等权利。调查活动的在场权是见证人参与调查活动和对笔录情况进行监督制约的基本条件,而且需明确见证人"双在场"的权利,即调查过程和笔录记录过程的在场,并非只是前者而排斥后者。见证人申诉权或投诉权的行使主要针对物证调查或强制措施适用过程中违反法律规定的条件和程序的行为,而申诉或投诉的对

---

① 刑事诉讼法第133条规定:勘验、检查的情况应当写成笔录,由参加勘验、检查的人和见证人签名或者盖章。其第139条规定:在搜查的时候,应当有被搜查人或者他的家属,邻居或者其他见证人在场。其第142条规定:对查封、扣押的财物、文件,应当会同在场见证人和被查封、扣押财物、文件持有人查点清楚,当场开列清单一式二份,由侦查人员、见证人和持有人签名或者盖章,一份交给持有人,另一份附卷备查。

象可以是本侦查机关或其上级机关,也可以是负有法律监督职能的检察机关。见证人这一权利的有效行使最终有利于增进上述侦查笔录制作的规范性和可靠性。另外,见证人对上述侦查笔录内容的知悉、修改和异议权的行使更在于保障笔录内容本身的真实性和可靠性。然而,见证人及时有效地行使上述各项权利,需要以侦查机关承担相应的告知义务作为保障,在立法中明确规定侦查机关对邀请的参与调查活动的公民告知其享有的基本权利和承担的义务是必要的,而且应将这一告知情况记录在笔录中。其二,见证人的义务。见证人的义务包括:在物证调查笔录中签名或盖章的义务、对参与上述侦查活动中所知晓的案件情况保守秘密的义务以及必要时出庭作证的义务。见证人在笔录中签名或盖章的作用,主要是证明见证人在场的事实以及对记录本身真实有效性的证明,也是自身对参与调查活动及笔录制作过程负责的一种表现,可以强化见证人的负责精神。而对见证人保守秘密和出庭作证义务的要求,属于见证人应履行的基本义务。作为一种特殊类型的证人介入侦查活动当然应该承担保密和出庭的义务。至于见证人出庭作证的必要条件,可以考虑在庭审中对该侦查笔录的可靠性存在异议,无相应途径和手段加以证明的,制作笔录的侦查人员出庭说明情况的条件下,见证人就需出庭对侦查人员的陈述加以印证。其三,相应法律后果。见证人违反其应尽的法律义务如泄密应承担相应的民事和刑事法律责任;参照刑事诉讼法第193条的规定,对于无正当理由拒不出庭的见证人,可以强制其到庭,或对其训诫、罚款,情节严重的,可以对其处以10日以内的拘留处罚。而对于应有见证人在场的调查而见证人不在场,或者见证人未在相应调查笔录上签名或盖章,或者见证人应出庭而未出庭等情形下,对侦查机关调查活动产生的法律后果表现为:侦查活动存在一定程度的违法或一定程度的瑕疵,由此制作的侦查笔录也可视为违法,是否认定其丧失证据能力而应被法庭所排除,则是后续有关刑事卷证受非法证据排除规则规制的部分需探讨的重要问题。

第二节　刑事卷证运用所受非法
证据排除规则的调整

非法证据排除规则是决定刑事卷证最终证据能力的重要规则,只有经过适用非法证据排除规则检验和过滤的刑事卷证才具有证据能力,也才可以在侦查、起诉和法庭审判阶段加以运用。如果说刑事卷证形成和制作过程的法律规范是解决对人证和物证调查等活动以及卷证形成的规范问题,非法证据排除规则的运用则是解决这些调查活动以及刑事卷证制作已产生违法和不当而应对卷证的证据能力加以认定和处理的问题。通过非法证据排除规则的运用排除非法获取的刑事卷证材料,使得经这一排除规则过滤后的卷证材料具备材料真实可靠性和合法性两个根本要素。

我国非法证据排除规则的确立最早出现于1996年刑事诉讼法修改后的最高人民法院和最高人民检察院的司法解释之中。[1] 但早期非法证据排除规则仅适用于非法言词证据的排除,因而可称之为狭义的非法证据排除规则。[2] 2010年最高人民法院、最高人民检察院、公安部、国家安全部和司法部共同发布《关于办理刑事案件排除非法证据若干问题的规定》和《关于办理死刑案件审查判断证据若干问题的规定》,除了明确重申非法言词证据在检察机关审查起诉阶段和法院审判阶段应加以排除外,主要对审判阶段非法言词证据排

---

[1] 1998年最高人民法院《关于执行〈中华人民共和国刑事诉讼法〉若干问题的解释》第61条规定,凡经查证确实属于采用刑讯逼供或者威胁、引诱、欺骗等非法的方法取得的证人证言、被害人陈述、被告人供述,不能作为定案的根据。1999年《人民检察院刑事诉讼规则》第265条第1款规定,以刑讯逼供或者威胁、引诱、欺骗等非法的方法收集的犯罪嫌疑人供述、被害人陈述、证人证言,不能作为指控犯罪的根据。

[2] 1997年最高人民检察院《人民检察院实施中华人民共和国刑事诉讼法规则(试行)》第233条第2款规定了非法实物证据的裁量排除规则,即:"对于以非法的方法收集的物证、书证,经审查核实能够证明案件真实情况的,可以作为指控犯罪的依据,但非法收集证据的手段严重损害犯罪嫌疑人及其他有关公民合法权益的除外。"但在1999年最高人民检察院施行的《人民检察院刑事诉讼规则》(修正)中进行了删除。

除的申请、证明责任承担、证明标准适用、侦查人员及相关人员的出庭说明以及法庭对非法取证的调查等程序问题作出规定。而对于可能判处死刑的案件中,犯罪嫌疑人或被告人的口供以及证人证言违反法律禁止的方法和程序获取的,应加以严格排除。2012年修改后的刑事诉讼法首次以法典的形式正式确立了非法证据排除规则,不仅对非法言词证据在法定的条件下加以排除,而且对违反法律规定,严重损害司法公正获取的物证和书证,不能补证或做出合理解释的,也应依法加以排除。2013年最高人民法院印发的《关于建立健全防范刑事冤假错案工作机制的意见》,2017年6月最高人民法院、最高人民检察院、公安部、国家安全部、司法部颁布《关于办理刑事案件严格排除非法证据若干问题的规定》,以及2017年11月最高人民法院出台《人民法院办理刑事案件排除非法证据规程(试行)》等若干司法解释及司法规范性文件,或者扩大非法口供排除的范围,或者重申对非法证据尤其非法口供的严格排除,或者对非法证据排除的操作程序做出具体明确规定等。这些法律规范的发展变化表明,非法证据的排除逐渐受到立法和司法系统的重视,并强调通过严密的司法操作程序尤其是法院的审判程序有效排除这些符合法定排除标准的非法证据。在这些非法证据中,由于刑事卷证实际上是上述证据生成或固定的主要形式(如口供、证言等言词证据均需以笔录的卷证形式表现),或者是这些证据记载的主要方法(物证调查需要笔录加以记载),对上述非法证据的认定和排除,也就是对刑事卷证的整理、矫正和取舍,从而起到对其证据能力的规范作用。

然而,当前我国非法证据排除的立法规范仍存在较大缺陷,除了学界和司法界普遍认为的非法证据排除规则缺乏可适用的具体标准和依据而丧失其可操作性外,有学者更指出我国非法证据排除规则的片面性和不周延性,即我国非法证据排除体现的"三突出"[①]和确立的"痛苦规

[①] 所谓非法证据排除的"三突出"是指首先突出的是排除非法言词证据,而对非法实物证据的排除则限定了较严格的实体条件和程序条件(违反法律规定的程序,严重损害司法公正,且不能补证或做出合理解释);其次,在非法言词证据排除中,突出非法口供的排除。从现行刑事

则"。① 从对刑事卷证法律控制和制约的角度看,我国非法证据排除规则还存在两个明显缺陷:一是现行法律规范对非法言词证据的排除,主要是对讯问或询问过程中违法使用的方法、手段以及程序所产生的非法证据(无论是口头陈述的证据还是笔录形成的证据)排除。对笔录材料即卷证材料制作和形成过程的违法是否排除以及排除的标准没有给予特别关注,这也是导致司法实践中侦查人员疏于笔录制作的条件和程序,笔录制作质量不高,甚至影响笔录可靠性的重要原因。二是有关非法证据排除范围的设定,现行法律规范还缺乏包容性。现行法律规范所设定的非法证据排除的范围明确限定为口供、证言、被害人陈述等言词证据和书证、物证等实物证据,但从刑事卷证范围看,还有一类重要的证据材料——物证调查或侦查措施使用中所形成的笔录,在我国刑事诉讼法规定的证据类型中归为侦查笔录。尽管这类证据材料与物证调查活动有着密切关系,系物证调查活动形成的书面记录,但本身不属于物证,而属于独立证据。如上所述,这类证据材料的形成和制作有着明确而严格的法律规定,非法或不当制作和形成的笔录材料也应存在对其过滤取舍的问题,这是对这类卷证材料法律规范落实的必要手段,也是保障其证据价值的不可或缺的条件。所以,鉴于我国非法证据排除规则在刑事卷证领域适用存在的上述问题,在现行刑事诉讼法和相应司法解释规定的基础上,可以分别就人

诉讼法的规定来看,将非法口供的排除置于其他非法证言、被害人陈述等言词证据排除之前;最后,对非法口供的排除又突出刑讯手段获取的口供排除,而对威胁、引诱、欺骗等非法方法获取的口供没有明确规定具体处理原则,而仅用"等"字替代其他非法方法的表述,实际意味着这些方法获取的口供处理,公安司法机关可以适当裁量。

① 龙宗智教授指出,刑讯逼供获取的口供排除由三要件构成,一是刑讯逼供或类似的方法;二是产生他人肉体或精神上的痛苦;三是违背他人陈述的意志自由。但三个条件中,嫌疑人"在肉体上或精神上遭受剧烈疼痛或痛苦"的标准,才是判定口供非法并予排除的关键,而方法要件与意志要件都依附于这一涉及人体感受的主观要件。而这一标准,也正是联合国反酷刑公约对"酷刑"所设定的判断标准。因此,相对于国外排除非法口供是以供述的任意性(自愿性)为中心建立排除规则,即"自白任意性规则",我国排除非法口供的证据规则,可以概括称为"痛苦规则"或"酷刑规则"。参见龙宗智:《我国非法口供排除的痛苦规则及相关问题》,《政法论坛》2013年第5期。

证调查形成的卷证材料和物证调查(包括相应侦查措施使用)中所形成的卷证材料适用非法证据排除规则提出完善的方案。

一、非法证据排除规则适用于人证调查形成的卷证材料

非法证据排除规则适用于人证调查形成的卷证材料,与现行非法言词证据排除规则的适用大体是一致的。但现行非法言词证据排除规则主要是通过对刑事卷证前置性的人证调查活动的规制决定刑事卷证的排除与否,基本上不包括对刑事卷证形成过程的法律评价因素考量卷证材料的取舍,因而传统非法证据排除规则的适用不能完全解决刑事卷证取舍的全部情况。基于此,根据刑事诉讼法和相关司法解释的规定,结合刑事卷证自身的属性和法律规范特征等因素,可以对刑事卷证材料适用非法证据排除规则提出以下具体建议。

1. 因侦查讯问或询问的方法、手段违法而产生的刑事卷证排除问题。

(1)口供笔录材料的排除。根据刑事诉讼法第56条的规定,采用刑讯逼供等非法方法收集的犯罪嫌疑人、被告人供述应当予以排除。而根据《刑事诉讼规则》第65条的规定,刑讯逼供是指使用肉刑或者变相使用肉刑,使犯罪嫌疑人在肉体或者精神上遭受剧烈疼痛或者痛苦以逼取供述的行为。显然,刑讯逼供的实质在于使犯罪嫌疑人遭受肉体或者精神上的剧烈疼痛或痛苦,包括直接使用肉刑的刑讯和变相使用肉刑的刑讯。《关于建立健全防范刑事冤假错案工作机制的意见》第8条规定,采用刑讯逼供或者冻、饿、晒、烤、疲劳审讯等非法方法收集的被告人供述,应当排除。其中冻、饿、晒、烤、疲劳审讯等非法方法即属于变相刑讯方法。所以,根据刑事诉讼法和相关司法解释性文件的规定,对于采用刑讯或变相刑讯方法使犯罪嫌疑人遭受剧烈疼痛或者痛苦做出的口供,由此形成的口供笔录材料应该予以排除。当然,采取所谓的刑讯方法(无论直接还是变相刑讯方法)没有达到使人遭受剧烈疼痛或者痛苦程度,由此获取的口供笔录虽属非法口供,也可作为证

据使用。

对于刑事诉讼法第 56 条规定的"等"之后的其他非法方法,学术和实务界大致有三种意见。一是"等"等同于、等效于"刑讯逼供"。意在严格限制排除范围,避免排除范围较宽而妨碍打击犯罪。二是"等"系其他"残忍、不人道、有辱人格的方法",以及法律所禁止的"威胁、引诱、欺骗"的方法收集的证据。即以联合国反酷刑公约相关规范和刑事诉讼法第 50 条关于证据方法禁止的规定为依据,强调维护取证程序的正当性。三是"等"系其他严重违法,包括违法实施"威胁、引诱、欺骗等非法方法"收集证据的行为。这是介于前两种观点之间的折中主张。① 根据最高人民检察院的《刑事诉讼规则》第 67 条的规定,其他非法方法是指采用以暴力或者严重损害本人及其近亲属合法权益等进行威胁的方法,使犯罪嫌疑人遭受难以忍受的痛苦而违背意愿作出的供述,以及采用非法拘禁等非法限制人身自由的方法。最高人民法院的《刑事诉讼解释》第 123 条也规定,采用殴打、违法使用戒具等暴力方法或者变相肉刑的恶劣手段,采用以暴力或者严重损害本人及其近亲属合法权益等相威胁的方法,采用非法拘禁等非法限制人身自由的方法,使被告人在肉体上或者精神上遭受剧烈疼痛或者痛苦,迫使被告人违背意愿供述的,应当认定为刑事诉讼法规定的"刑讯逼供等非法方法"。实际上最高人民法院和最高人民检察院的司法解释持上述第一种意见。尽管学界和司法实务界对"其他非法方法"认识不同,但鉴于《关于建立健全防范刑事冤假错案工作机制的意见》第 8 条对变相刑讯这一相当强迫程度的方法已有明确规定,因而有关刑事诉讼法规定的"其他非法方法"可以视为上述第三种意见所认为的非法方法。对于采用其他非法方法形成的口供笔录是否排除的问题,根据《人民法院办理刑事案件排除非法证据规程(试行)》第 1 条的规定,对于采用暴力或严重损害本人及近亲属的合法权益等威胁方法以及采用非法拘禁等非法方法

---

① 参见龙宗智:《我国非法口供排除的痛苦规则及相关问题》,《政法论坛》2013 年第 5 期。

获取的口供笔录应加以排除,①但对引诱、欺骗等其他非法方法取得的口供笔录是否排除,相关司法解释没有规定。在理论界比较一致的看法在于,对于这类非法方法获取的口供笔录可以在特定条件下加以排除,至于适用的排除条件,有的认为以上述非法方法的性质、严重程度为依据,有的认为应以犯罪嫌疑人做出口供的自愿性为标准。但这些建议或者难以有效掌握,或者标准失之宽泛,留有司法者较大裁量余地;同时,所设的条件又较低,缺乏可行性。有学者建议,可以以刑事诉讼法第48条关于"证据必须经过查证属实,才能作为定案的根据"为依据,以客观真实性为由,排除相关口供。这一建议相对比较严格,也可具体衡量,在实践中经初步判断因上述违法可能导致口供虚假的,可以排除这一口供笔录。

(2)其他言词笔录材料的排除。根据刑事诉讼法第56条的规定,采用暴力、威胁等非法方法收集的证人证言、被害人陈述,应当予以排除。与非法口供笔录排除的规定所不同的是,非法证人证言、被害人陈述的排除适用范围除了暴力方法(类似于口供中的刑讯方法)外,还包括采用威胁方法。而《刑事诉讼规则》第66条、《公安规定》第71条以及《刑事诉讼法解释》第125条等均明确规定对采用暴力、威胁等非法方法收集的证人证言、被害人陈述应当依法排除。② 同时《人民法院办理刑事案件排除非法证据规程(试行)》第2条进一步规定,采用非法限制他人人身自由等方法取得的证人证言、被害人陈述也应加以排除。由上可见,我国刑事诉讼法和有关司法解释对非法证言及被

---

① 《人民法院办理刑事案件排除非法证据规程(试行)》第1条规定:(二)采用以暴力或者严重损害本人及其近亲属合法权益等进行威胁的方法,使被告人遭受难以忍受的痛苦而违背意愿作出的供述;(三)采用非法拘禁等非法限制人身自由的方法收集的供述。

② 《刑事诉讼规则》第66条规定:对采用刑讯逼供等非法方法收集的犯罪嫌疑人供述和采用暴力、威胁等非法方法收集的证人证言、被害人陈述,应当依法排除,不得作为移送审查逮捕、批准或者决定逮捕、移送起诉以及提起公诉的依据。《公安规定》第71条规定:采用刑讯逼供等非法方法收集的犯罪嫌疑人供述和采用暴力、威胁等非法方法收集的证人证言、被害人陈述,应当予以排除。《刑事诉讼法解释》第125条规定:采用暴力、威胁以及非法限制人身自由等非法方法收集的证人证言、被害人陈述,应当予以排除。

害人陈述笔录的排除,主要体现在以下几个方面:首先,采用暴力方法获得的上述言词证据的排除。暴力方法类似于获取口供的刑讯方法,可以包括直接暴力和间接暴力两种方法。根据《关于建立健全防范刑事冤假错案工作机制的意见》第8条的规定,间接暴力方法的外延也可泛指采用冻、饿、晒、烤、疲劳询问等非法方法收集的证人证言。因而对于采用直接或间接暴力方法使证人或被害人遭受剧烈疼痛或者痛苦违背意愿做出的证言或陈述应加以排除。其次,采用威胁及非法限制他人自由方法获得的证言或被害人陈述笔录的排除。对此,可以参考《人民法院办理刑事案件排除非法证据规程(试行)》第1条的规定,只要采用暴力或严重损害本人及近亲属的合法权益等威胁方法以及采用非法拘禁等非法方法获取的证言或被害人陈述笔录应加以排除。另外,对于采用引诱、欺骗等非法方法取得的上述言词类证据材料,这类证据的初步真实性是否受到实质性影响的因素可以作为排除的重要考量因素。但由于提供上述言词证据的主体与口供主体存在本质区别,而且被害人的陈述与一般证人证言也不同,更强调其陈述的意志自由,故上述言词证据的排除除了考虑其证据本身的真实可靠性外,还应设定保证程序正当性的因素,如证人、被害人基本的诉讼权利以及陈述的意志自由等是否得到保障,以体现这类言词证据"宽排除"的基本精神。

2. 因侦查讯问或询问的程序违法而产生的刑事卷证排除问题。刑事诉讼法有关非法言词证据排除规则适用范围主要是针对采用刑讯等非法方法获取的口供,以及采用暴力、威胁等非法方法获取的证人证言和被害人陈述,而对于程序性违法获取的上述言词证据材料是否排除却无明确规定。然而,有关执行刑事诉讼法的最高人民法院司法解释以及有关非法证据排除的司法规范性文件对程序性违法取得的言词证据则纳入了非法证据排除的范畴。从对刑事卷证严格规范、程序正当化及卷证审判阶段运用可靠性的有效保障看,对于程序性违法取得的言词类笔录材料纳入排除范围是必要的。

从现行法律规范的规定上看,讯问犯罪嫌疑人的过程或环节有比较细致的规定,这些过程或环节均属于讯问的程序性要求。但对讯问过程和讯问结果以及被讯问人产生重要影响,也即对涉及讯问活动的司法程序和实体公正性产生实质影响的程序,则主要包括讯问的主体、时间、地点、讯问中合适成年人在场以及讯问中的录音录像等环节。有关刑事卷证制作的基础法律规范明确阐述人证调查和刑事卷证制作主体,必须为负有侦查职责的侦查人员或监察委员会的调查人员,且前后两种行为的主体需保持一致性,尽管对于违反上述侦查活动及相应卷证制作主体要求的行为而产生的刑事卷证,刑事诉讼法和相应司法解释没有明确规定加以排除,但由于侦查活动及相应制卷的主体特定性是法律规范的基本要求,违反侦查活动主体要求而产生的刑事卷证应属于自动排除范畴。对于这一重大违法可能的补救方法限于在程序倒流中(如补充侦查)再行由侦查人员或特定调查人员重新调查并制作卷证。所以,此处主要论述有关讯问活动的地点、讯问中合适成年人在场以及讯问中的录音录像等环节违法产生的刑事卷证排除问题。

首先,讯问地点的违法对刑事卷证排除产生的影响。刑事诉讼法和最高人民法院的《刑事诉讼法解释》及最高人民检察院的《刑事诉讼规则》均规定讯问犯罪嫌疑人的地点严格划分为两种情况:已被羁押的犯罪嫌疑人在看守所进行讯问,而未被羁押的犯罪嫌疑人则在其住所或所在单位或者在侦查机关所在地进行讯问。对于没有按规定的地点进行的讯问,上述法律规范并无排除由此产生的口供笔录材料的规定。实际上讯问的地点选择不同,对讯问效果及被讯问人权利保障产生的影响是不同的。其中对已被羁押的犯罪嫌疑人的讯问,由于其犯罪的性质和危害程度较大,严格执行讯问地点的法律要求对维护其正当权益更有必要。因而其他司法规范性文件对于已被羁押的犯罪嫌疑人讯问地点不仅明确作出规定,而且对于违反规定进行的讯问产生的口供笔录在一定条件下加以排除。根据《关于建立健全防止刑事冤假错案工作机制的意见》第8条的规定,除情况紧急必须现场讯问以外,在规定的办案场所外讯问取得的供述,应当排除。这里指的办案场所是指已被羁押的犯罪嫌疑人的羁押场所(主要是看守所)以及公安机关和检察机关等侦查机关的办案场所,如侦查机关的审讯室或讯问室等。从司法实践情况看,对于已被采取逮捕或拘留等羁押措施的犯罪嫌疑人办理羁押手续之前进行的讯问应在侦查机关的审讯场所进行,而已羁押在看守所的犯罪嫌疑人的讯问则应在看守所的讯问场所进行。在这些场所之外的任何地点进行的讯问均属于严重违反讯问的程序要求,对由此取得的口供笔录应予以排除。该项规定也表明,对于未被羁押的犯罪嫌疑人如果讯问的地点不是犯罪嫌疑人的住所或所在单位而在其他任何地点,也属于讯问程序违法,但这一行为的违法程度较之前者较轻,由此取得的口供笔录是否排除可以综合考虑案件的性质和其他情况决定。

2017年最高人民法院、最高人民检察院、公安部、国家安全部、司法部联合发布的《关于办理刑事案件严格排除非法证据若干问题的规定》第9条规定,拘留、逮捕犯罪嫌疑人后,应当按照法律规定送交看守所羁押。犯罪嫌疑人被送交看守所羁押后,讯问应当在看守所讯问室进行。因客观原因侦查机关在看守所讯问室以外的场所进行讯问的,应当作出合理解释。根据该条规定的精神,已被羁押的犯罪嫌疑人应该在看守所进行讯问,在看守所外讯问而获得的口供笔录应加以排除。但对因客观原因在看守所之外进行讯问的,能够做出合理解释的,口供笔录也可以使用。实际上,该条规定与《关于建立健全防范刑事冤假错案工作机制的意见》第8条规定的不同之处在于,一是,对于已被羁押的犯罪嫌疑人讯问地点不在看守所的,取得的口供笔录应予以排除,而对未被羁押的犯罪嫌疑人不在法律规定的地点进行讯问而取得的口供笔录则没有规定应予以排除;二是,不在看守所进行讯问在一定条件下(客观原因并能合理解释的)口供笔录也可采纳。显然,《关于办理刑事案件严格排除非法证据若干问题的规定》实际上收紧了而非放宽了非法口供排除的范围。

2017年最高人民法院颁布的《人民法院办理刑事案件排除非法证据规程(试行)》第26条规定,经法庭审理,具有下列情形之一的,对有关证据应当予以排除:(三)对于侦查机关没有在规定的办案场所讯问,现有证据不能排除以非法方法收集证据情形的。这是对侦查讯问场所不符合法律规定而排除口供笔录的新近规定。从中可以看出,该项规定又进一步提高了讯问地点不合法而排除口供笔录的门槛。如果属于已被羁押犯罪嫌疑人违反看守所讯问的规定,只有在现有证据证明侦查机关非法取得或现有证据不能排除非法取得的情形,口供笔录才应排除。这类口供笔录的排除实际上是讯问地点违规和非法取供两个条件。至于非法取供的情形法律规范没有规定,一般理解为取供方法、程序等非法均可属于此范围。

虽然上述法律规范存在不一致之处,但均要求对已被羁押的犯罪嫌疑人讯问应在看守所进行,并将违反这一规定的讯问作为排除口供笔录的重点。总体来看,《关于办理刑事案件严格排除非法证据若干问题的规定》和《人民法院办理刑事案件排除非法证据规程(试行)》,较之《关于建立健全防范刑事冤假错案工作机制的意见》对于已被羁押犯罪嫌疑人不在看守所讯问取得的口供笔录的排除门槛有所提高,比较符合我国的司法现状。然而,上述两个司法规范性文件对排除这类口供的条件仍存在一定冲突,相对而言,《人民法院办理刑事案件排除非法证据规程(试行)》第 26 条规定的在看守所讯问并属于非法方法取得的口供笔录加以排除较为合理。因为口供的排除实质上在于讯问的方法和手段的违法可能导致对他人基本人权和口供真实价值的损害,而不同讯问地点的选择如果没有导致讯问非法方法的使用,这类口供笔录也可以采纳。但对这类口供笔录的取舍,讯问方法是否合法的证明是一个难点,根据刑事诉讼法和相关司法解释的规定,犯罪嫌疑人需要提出非法取供的初步材料或线索。

其次,违反讯问或询问中合适人员在场取得的口供笔录排除。最高人民法院的《刑事诉讼法解释》第 94 条规定,被告人供述具有下列情形之一的,不得作为定案的根据:(二)讯问聋、哑人,应当提供通晓聋、哑手势的人员而未提供的;(三)讯问不通晓当地通用语言、文字的被告人,应当提供翻译人员而未提供的;(四)讯问未成年人,其法定代理人或者合适成年人不在场的。该解释第89条规定,证人证言具有下列情形之一的,不得作为定案的根据:(三)询问聋、哑人,应当提供通晓聋、哑手势的人员而未提供的;(四)询问不通晓当地通用语言、文字的证人,应当提供翻译人员而未提供的。同时,该解释第92条规定,对被害人陈述的审查与认定,参照适用本节的有关规定。由此可见,根据最高人民法院《刑事诉讼法解释》的上述规定,在侦查和起诉阶段讯问或询问的犯罪嫌疑人、证人、被害人属于聋哑人,不通晓当地通用语言、文字的人员,在讯问或询问过程中应当提供而未提供通晓聋、哑手势的人员和翻译人员的,所获取的供述笔录、证人证言笔录和被害人陈述笔录将被排除。这里所说的应当提供是指这类人员依法应该享受适当人员的服务,而且公安检察机关有条件、有能力提供的情况。

另外,对于未成年犯罪嫌疑人的讯问,现行法律规范均有适当成年人在场的规定。刑事诉讼法第281条规定,对于未成年人刑事案件,在讯问和审判的时候,应当通知未成年犯罪嫌疑人、被告人的法定代理人到场。无法通知、法定代理人不能到场或者法定代理人是共犯的,也可以通知未成年犯罪嫌疑人、被告人的其他成年亲属,所在学校、单位、居住地基层组织或者未成年人保护组织的代表到场,并将有关情况记录在案。讯问女性未成年犯罪嫌疑人,应当有女工作人员在场。最高人民法院的《刑事诉讼法解释》第93条也规定,对被告人供述和辩解应当着重审查以下内容:(三)讯问未成年被告人时,是否通知其法定代理人或者有关人员到场,其法定代理人或者有关人员是否到场;(四)讯问女性未成年被告人时,是否有女性工作人员在场。然而,现行刑事诉讼法和最高人民法院的司法解释并未规定对上述未成年犯罪嫌疑人讯问时相应合适成年人不在场而取得的口供笔录加以排除。显然,对特殊讯问对象取得的笔录排除范围仍显不足。应该指出,合适成年人在场对缓解未成年人的紧张情绪或者防止讯问中的强迫方法的使用,有效保障其陈述的意志自由和其他合法权益有着重要作用,合适成年人不在场的讯问存在侵权或口供笔录不可靠的风险性。所以,最高人民法院的司法解释应该明确规定除了情况紧急或合适成年人无法到场情形之外,无成年人在场对未成年人的讯问取得的口供笔录应予排除。

再次,讯问中违反录音录像规定取得的口供笔录的排除。刑事诉讼法第123条规定,侦查人员在讯问犯罪嫌疑人的时候,可以对讯问过程进行录音或者录像;对于可能判处无期徒刑、死刑的案件或者其他重大犯罪案件,应当对讯问过程进行录音或者录像。录音或者录像应当全程进行,保持完整性。根据该法规定,讯问中的录音录像包括任意性和强制性录音录像两种情形。对于强制性录音录像的案件,侦查机关没有录音录像而取得的口供笔录,该法没有规定应加以排除。而有关的司法解释和其他司法规范性文件中对违反录音录像的强制性规定而获取的口供笔录则规定在一定条件下予以排除。《关于建立健全防范刑事冤假错案工作机制的意见》第8条规定,除情况紧急必须现场讯问以外,未依法对讯问进行全程录音录像取得的供述,应当排除。《人民法院办理刑事案件排除非法证据规程(试行)》第10条规定,侦查人员在讯问犯罪嫌疑人的时候,可以对讯问过程进行录音录像;对于可能判处无期徒刑、死刑的案件或者其他重大犯罪案件,应当对讯问过程进行录音录像。《人民法院办理刑事案件排除非法证据规程(试行)》第26条规定,经法庭审理,具有下列情形之一的,对有关证据应当予以排除:(二)对于应当对讯问过程录音录像的案件没有提供讯问录音录像,或者讯问录音录像存在选择性录制、剪接、删改等情形,现有证据不能排除以非法方法收集证据情形的。上述三部司法规范性文件对于讯问中未依法进行录音录像取得的口供笔录排除的条件存在不同规定。但《人民法院办理刑事案件排除非法证据规程(试行)》的规定更为全面合理:其一,排除的范围更广。不仅对于依法未进行录音录像的口供作为排除对象,而且对于讯问录音录像存在选择性录制、剪接、删改等情形,影响录音录像真实和全面性的,也作为排除对象。其二,排除的条件设定为现有证据不能排除以非法方法收集证据情形的,表明排除这类口供的实质条件仍在于可能采用非法方法获取的口供加以排除,确保口供材料的实质合法性和可靠性。

3. 讯问或询问笔录材料制作中的违法而排除的问题。现行刑事诉讼法并无对笔录制作违法而排除该笔录的规定,当前学术界对非法证据排除规则的探讨中也忽视了这类非法证据的排除。事实上,讯问或询问笔录制作中的违法对笔录本身制作的人权保障、程序正当性和笔录的真实可靠性、完整性有着直接影响。从有关司法规范性文件的规定看,对于这类非法证据的排除有一定的关注。最高人民法院的《刑事诉讼法解释》第94条规定,被告人供述具有下列情形之一的,不得作为定案的根据:(一)讯问笔录没有经被告人核对确认的。该解释第95条规定,讯问笔录有下列瑕疵,经补正或者作出合理解释的,可以采用;不能补正或者作出合理解释的,不得作为定案的根据:(一)讯问笔录填写的讯问时间、讯问人、记录人、法定代理人等有误或者存在矛盾的;(二)讯问人没有签名的;(三)首次讯问笔录没有记录告知被讯问人相关权利和法律规定的。该解释第89条规定,证人证言具有下列情形之一的,不得作为定案的根据:(二)书面证言没有经证人核对确认的。该解释第90条规定,证人证言的收集程序、方式有下列瑕疵,经补正或者作出合理解释的,可以采用;不能补正或者作出合理解释的,不得作为定案的根据:(一)询问笔录没有填写询问人、记录人、法定代理人姓名以及询问的起止时间、地点的;(三)询问笔录没有记录告知证人有关作证的权利义务和法律责任的;(四)询问笔录反映出在同一时段,同一询问人员询问不同证人的。该解释第92条规定,对被害人陈述的审查与认定,参照适用本节的有关规定。根据上述司法解释的规定,讯问或询问笔录制作中出现未经被告人、证人、被害人核对确认的,属于应该排除的证据。而对于具有上述司法解释规定的制作瑕疵的笔录材料,则规定在不能补证或者作出合理解释的,才应该加以排除。总的来看,上述司法解释对讯问或询问笔录制作违法而加以的排除分为两种程度不同的情形是合理的,但这两种情形的认定,实际上需要运用录音录像的手段才能有效推行,这里存在两个突出问题:一是,根据现行法律规范的规定,录音录像只适用于讯问犯罪嫌疑人过程,而不适用询问证人、被害人过程;二是,即使讯问中的录音录像规定为讯问过程中的录音录像,并未明确要求笔录制作过程也应录音录像。所以,我国侦查活动中的录音录像制度尚须进一步完善,对于可能判处无期徒刑、死刑的案件或者其他重大犯罪案件,询问证人和被害人的过程应进行全程录音录像;而讯问或询问笔录的制作过程也应进行相应的录音录像。

二、非法证据排除规则适用于物证调查形成的卷证材料

作为对物证调查活动进行实时记录的卷证材料大致包括勘验检查、查封、搜查、扣押、冻结、辨认以及侦查实验等笔录材料,可以将其统称为侦查笔录。这些笔录材料所受法律规制的影响在于几个方面:一是这些材料形成和制作的主体资格是否符合法律规定的条件。对于这类笔录主体资格问题,如本著作相应部分所述,物证调查的主体应为负有本案侦查职责的侦查人员,并且侦查笔录的制作主体也需与物证调查活动的主体保持一致。如果侦查笔录的制作主体并非为上述主体,该笔录制作当属根本性违法,尽管刑事诉讼法律规范没有做出排除规定,但这类笔录材料的排除本身无需法律规范特别强调,应视为自动排除。二是物证调查活动本身的条件、程序、方法等的法律规范对相应笔录材料的合法性产生的影响。物证调查活动的合法性直接影响的是作为物证调查结果的物证材料本身的合法性,以至影响物证材料本身的排除。但在有些物证调查中对法律规范的遵循直接影响调查笔录的合法性因素,从而引发这类笔录材料的排除问题。如勘验检查笔录,本身是勘验检查活动的最终成果,其合法性因素除受制作过程对法律规范遵循的影响外,也受勘验检查活动对法律规范遵循的直接影响。因物证调查活动的违法,也就存在相应笔录材料排除的问题。三是这类笔录材料制作本身有着明确的法律规范。违反笔录制作法律规范除了影响笔录形成的正当性和合理性问题,对物证调查活

动对象的合法权益乃至笔录材料本身的真实可靠性也会产生影响。然而,刑事诉讼法对这类笔录的排除没有明确规定,相应司法解释也未做统一规定。这一现象并非为立法者和司法解释的制定者忽略了这一排除问题,而应是对侦查人员制作的这类笔录材料持当然信任的缘故,这与长期以来对出自公安司法机关的鉴定材料的当然信赖而疏于审查判断有着相似之处。应该承认,这类笔录材料属于办案的侦查人员对其具体侦查活动的情况所做记录,也为侦查活动本身的知情者,其所形成的笔录本质上属于人证材料,由于主观或客观原因违反法律规范在制作和形成过程违反法律规范将损害笔录材料的品质,从而影响材料运用的正当性和合理性,因而需要将其纳入排除的视野。以下选取几类涉及非法因素的侦查笔录对其排除进行分析。

1. 勘验检查笔录。根据最高人民法院《刑事诉讼法解释》第102条的规定,人民法院审判活动中对勘验检查笔录需要对其勘验检查活动本身的合法性、勘验检查笔录内容的规范性和补充勘验检查手续的完整性等进行审查。[①] 该解释第103条规定,勘验、检查笔录存在明显不符合法律、有关规定的情形,不能作出合理解释或者说明的,不得作为定案的根据。可见,对于违反法律规定制作的勘验检查笔录在一定条件下应加以排除。这里所指的一定条件包括:一是,勘验检查活动及笔录制作明显不合法。根据刑事诉讼法第130条、第132条和第133条等的规定,勘验检查的侦查人员没有持有证明文件,勘验检查过程没有见证人在场,检查妇女没有女工作人员在场等,应属于明显不合法。二是,对不合法行为不能作出合理解释或者说明的。包括侦查人员不能

[①] 《刑事诉讼法解释》第102条规定:对勘验、检查笔录应当着重审查以下内容:(一)勘验、检查是否依法进行,笔录的制作是否符合法律、有关规定,勘验、检查人员和见证人是否签名或者盖章;(二)勘验、检查笔录是否记录了提起勘验、检查的事由,勘验、检查的时间、地点,在场人员、现场方位、周围环境等,现场的物品、人身、尸体等的位置、特征等情况,以及勘验、检查、搜查的过程;文字记录与实物或者绘图、照片、录像是否相符;现场、物品、痕迹等是否伪造、有无破坏;人身特征、伤害情况、生理状态有无伪装或者变化等;(三)补充进行勘验、检查的,是否说明了再次勘验、检查的缘由,前后勘验、检查的情况是否矛盾。

证明勘验检查不合法是在紧急情况不得已进行,或者客观条件的限制难以严格依法依规进行,或者虽然违法但事后有一定补救;不能解释勘验检查及制作笔录的违法是因为疏忽或出于善意等。应该认为,具备上述两个条件下非法进行的勘验检查制作的笔录从程序正当性来看严重违法,应加以排除。

2. 辨认笔录。辨认笔录的合法性主要取决于辨认过程是否遵循法律规范确定的程序和方法。从司法解释规定的精神来看,对辨认方式和程序有着比较详细和严格的规定,辨认过程违法将导致辨认笔录的排除。根据最高人民法院《刑事诉讼法解释》第105条的规定,辨认过程中存在六种违法行为之一的将导致辨认笔录的排除。[①] 这六种情形的存在对辨认笔录的真实可靠性有着直接影响,应该加以排除。然而,辨认笔录的排除仍存在两个问题需要解决:一是辨认笔录排除的适用范围仍有不足。从侦查实践来看,保证辨认笔录真实可靠性在于辨认过程的必要监督和制约,相关司法解释及其他司法规范性文件应明确规定辨认过程的见证人在场,将缺乏第三人在场进行的辨认而制作的辨认笔录排除于证据之外。二是解决辨认笔录非法事实证明难的问题。在侦查实践中,法律规范规定的六种应排除辨认笔录的非法行为,不一定能在辨认笔录中反映和记录下来,因为辨认笔录难以保证是对辨认过程的真实全面的记录。因而辨认笔录的违法性审查就会产生困难。基于此,在推行见证人在场制度的前提下,还可考虑通过辨认过程采用录音录像、犯罪嫌疑人的辩护律师在场以及检察机关同步法律监督的制度解决这一问题。

3. 侦查实验笔录。根据最高人民法院《刑事诉讼法解释》第106条的规定,对侦查实验笔录应当着重审查实验的过程、方法,以及笔录的制作是否符合有关规定。但并非违反侦查实验的程序、方法以及笔录制作规范的,侦查实

---

① 《刑事诉讼法解释》第105条:辨认笔录具有下列情形之一的,不得作为定案的根据:(一)辨认不是在侦查人员主持下进行的;(二)辨认前使辨认人见到辨认对象的;(三)辨认活动没有个别进行的;(四)辨认对象没有混杂在具有类似特征的其他对象中,或者供辨认的对象数量不符合规定的;(五)辨认中给辨认人明显暗示或者明显有指认嫌疑的;(六)违反有关规定、不能确定辨认笔录真实性的其他情形。

验笔录就应排除。该解释第 107 条规定,侦查实验的条件与事件发生时的条件有明显差异,或者存在影响实验结论科学性的其他情形的,侦查实验笔录不得作为定案的根据。由此可见,根据该解释的规定,侦查实验笔录的排除关键在于对影响侦查实验可靠性和证明价值的条件和情形进行审查,而非以是否违反侦查实验的法律规定作为判断标准。由于侦查实验只是解决侦查需要判断的一些事实情节,属于较典型的技术问题,而一般不涉及犯罪嫌疑人的权利保障问题,这一规定具有一定的合理性。

从当前物证调查活动形成的笔录材料的排除情况来看,总体上有两个突出问题需要注意:第一,物证调查的笔录材料排除的范围明显过窄。有关搜查、查封、扣押、冻结等物证调查所做的笔录,相应的法律规范并无排除的规定。《刑事诉讼法解释》将勘验检查、辨认、侦查实验等笔录纳入排除范围,可以理解为这类笔录属于这类侦查活动的唯一结果,刑事诉讼法将其规定为一类独立证据,其形成和制作过程有严格法律规定,对非法笔录加以排除体现法律规范对这类证据材料的重视。而搜查、查封、扣押等活动本身产生的结果主要在于收集各种实物证据,对其活动过程的记录只是这一活动的附带结果,记录调查活动过程的基本情况,也即对收集实物证据的事实和细节加以证明的作用。对于这类实物证据调查收集中存在的违法行为,刑事诉讼法和相关司法解释均规定在一定条件排除,而这类调查活动的笔录作用主要在于对这一过程合法性的证明,因而不应成为排除的焦点。但正因为这类笔录材料对调查活动的合法性证明至关重要,可能影响实物证据最终的取舍,而且根据刑事诉讼法的规定,这类笔录也可归入与勘验检查等侦查笔录的一类证据之中,仍应对其排除问题作出相应规定,只是排除的标准和条件可以掌握更高。第二,有关物证调查形成的笔录材料的排除应纳入刑事诉讼法的范畴。由上可见,有关勘验检查、辨认和侦查实验等笔录材料的排除主要规定在最高人民法院的司法解释中,刑事诉讼法并无相应规定。由于这类笔录材料排除的法律效力有限,在排除规则的适用上司法者就可能灵活掌握,而且无刑事诉讼法明确规定的情况下,司法解释这一排除的扩张性规定本身也存在合法性问题。故由刑事诉讼法对这类笔录材料排除规则作统一规定是必要的。

第三节 刑事卷证文本形式和内容的基本规范

当代中国刑事审判实质化改革路线强调以口证的方式实现庭审的控辩对抗,这与中国长期以来推行的以运用案卷材料为主的审判方式存在尖锐冲突,冲突是一个此消彼长的过程。从司法运行的规律和当代中国刑事司法简易化、能动性的发展趋势来看,案卷在司法中科学而合理的运用不是一个逐渐减弱的过程,而可能是一个不断增强的过程。正如有学者指出的那样,"从某种角度看,人类的日常活动尤其是司法活动是一个从口头方式走向文字方式,从简单运用文字走向精细运用文字的过程。"[①]如果承认当代中国刑事案卷在审判阶段运行的现实存在及其趋势不可避免的话,对于刑事案卷的运用带给审判的诸多不利影响,最终需要通过刑事案卷制度本身的重塑及相关机制的调节,而非采取对案卷的"休克疗法"或所谓的调和路径加以解决。而这一制度重塑的过程也有利于推动学界对刑事案卷固有偏见的改变。为此,关注刑事案卷本身的制度建设,尤其聚焦于作为这一制度基础的刑事案卷文本规范系统建设,应为当前可能的解决之道。

刑事案卷文本是指构成刑事案卷的证据材料、文书材料和公安司法工作材料的文本。刑事案卷文本的规范包括刑事案卷各类文本材料本身形成和制作的规范以及案卷材料组合为整体卷宗的方式。应该指出,刑事案卷文本中的文书材料和侦查工作材料对案件事实的认定没有决定性影响,只对案件处理程序有用,且文书类材料已有相应完善的法律规定。因而就案卷文本形成和制作的规范而言,在此主要探讨案卷中的卷证材料尤其对定案起关键作用

[①] 左卫民:《中国刑事案卷制度研究——以证据案卷为重心》,《法学研究》2007年第6期。

并有较大调整空间的人证笔录材料的规范。

一、人证笔录材料内容的规范

一般认为,为保证人证材料的真实性和完整性,公安司法机关对他人陈述的记录应忠实于原话,似乎并不存在法律对记录内容和形式进行规范的空间。但人证的记录并不等于对他人口述的复制,自然和原始的记录本身不是绝对的。[①] 对他人的陈述进行适当"整理",有助于增强笔录的证据价值和便于使用者有效利用。从法律上对笔录形成和制作的规范可以采取以下方式:

1. 规范笔录材料的语言表达形式。案卷材料对于案情认定的一个重要外部功能在于,从文字上消解案件信息传递的"地方性知识"。如上所述,在我国司法实践中,基于客观记录原则,许多人证材料记载的内容多为原话的复制,出现较多方言、土语和俗语等非常规性语言,既影响作为官方记录的严肃性和正式性,对案卷材料的使用者尤其上级司法机关对材料的理解也产生困扰。当代中国案卷的运用实际应有消减"地方性知识"(方言、土语及民族语言)对案件信息传递和接受带来阻碍的功能。有学者指出,"文字材料的笔录形式与录音录像不同,无需对陈述内容逐字逐句进行记录,笔录主要记其要旨。笔录内容与陈述人原意有无出入,不在于一个字,而是视整体文字所表达意思是否违背陈述人原意"。[②] 公安司法机关办案忠实于事实真相并不等于忠实于他人的原话,在不影响对案件事实真相及具体情节呈现的条件下,出于笔录用语的规范性考虑,应将方言、土语和俗语等非常规语言从笔录中剔除,以达成人证笔录材料文字使用的基本统一性。

[①] 我国台湾地区法学界认为,文字材料的笔录形式与录音录像不同,无需对陈述内容逐字逐句进行记录,笔录主要记其要旨。笔录内容与陈述人原意有无出入,不在于一个字,而是视整体文字所表达意思是否违背陈述人原意。参见张明伟:《改良式的证据法则与刑事诉讼》,五南图书出版公司2010年版,第389页。

[②] 张明伟:《改良式的证据法则与刑事诉讼》,五南图书出版股份有限公司2010年版,第389页。

2. 笔录结构和内容的适当调整和梳理。在司法实践中,由于陈述者自身的知识文化水平有限和语言本身的随意性和不准确性,而笔录的制作又强调严格遵循原话,导致诸多人证笔录的内容比较凌乱,前后重复、拖沓、矛盾等现象严重,缺乏必要的逻辑性、条理性和连贯性,影响案卷使用者对材料的理解和把握。我国台湾司法实务界对于询问笔录的制作方法曾指出,"询问时应针对犯罪嫌疑人所犯罪名之构成要件事实逐一叙明,并与所调查之证据、相关联事证及可参考之事实等相呼应,但与犯罪经过不相关之事项,避免在笔录中记载"。① 并认为"为澄清受讯问人真实意思,反复诘问后,确定其意思而为记录,则有厘清事实的效果。"②在人证笔录材料制作中,在遵循他人陈述原意的基础上,案卷制作者虽然不必如清代标准化笔录制作所要求的僵化样式,但仍需以普通阅读者能够理解和掌握的表达方式,紧扣犯罪构成要件事实,以及事件发生、变化的时间先后顺序进行自然记录,做到笔录内容不仅全面、细致,而且条理、层次清晰,叙事准确,突出案件信息的重点和难点,从而增强案卷材料的证明价值和使用效率。

3. 将总结性笔录纳入人证笔录的当然组成部分。我国当代司法实践中,侦查机关制作的口供、证言等笔录材料分别也有若干份,但正如本著作以上部分所述,这些笔录材料并未形成真正层次不同、功能有别的体系。以口供笔录为例,由于强调记录的原始性和完整性,这类材料多为重复性或叠加性的材料,虽然经提炼的总结性笔录在一些重大复杂案件中得到一定运用,但在多数案件中,这类笔录材料鲜有出现,总体上,材料之间缺乏应有的层次性和互补性。从发挥言词笔录证明价值最大化的角度讲,在已有的完整性和补充性笔录的基础上,应允许侦查者制作总结性言词笔录。这一笔录形式是对犯罪嫌疑人等口述内容进行的整体梳理,是对案件主要事实的系统化叙述,成文的风格具有层次分明,思路清晰,突出案件的重点和难点等特点,有助于公安司法

---

① 林培仁:《侦讯笔录与移送作业》,元照出版有限公司2014年版,第45页。
② 张明伟:《改良式的证据法则与刑事诉讼》,五南图书出版公司2010年版,第389页。

第六章　我国刑事卷证证据能力及文本的规范

人员及时准确掌握案情,提高办案质量和效率。这一笔录形式可以报告、摘要或者要览等形式呈现。总结性笔录应主要适用于犯罪嫌疑人口供、被害人陈述及其他直接了解案情的证人证言范畴,而其他人证可选择性适用。

二、人证笔录材料形式的规范

笔录材料的形式一般不影响其证据价值,但其形式是否合理关涉诉讼活动的严肃性和规范性,从而影响公安司法机关的应有形象,也间接影响有关机关和个人对笔录的接受、保管和使用。从统一案卷笔录形式的角度看,需从以下几方面完善笔录的形式:

1. 笔录成文的形式。在实践中,笔录成文形式上,有的采用手写体形式,有的采用电脑打印体形式,还有的针对笔录的抬头、时间、地点等固定格式和询问中涉及的法律规定采电脑打印体,询问内容则用手写体。出于方便案卷笔录使用者清晰了解和掌握笔录信息和提高笔录制作效率角度考虑,笔录制作应采打印体形式,尤其制作者的手写体可能影响笔录的整洁度和辨识度的情况下,采用打印体则是必要的。接受案卷材料的司法机关一旦认为笔录材料因笔迹难以辨认或出现可能影响对笔录内容理解的其他情形,应退回侦查机关重新补录材料,或者将该笔录在形式上存在的问题作为否定其证据效力的依据之一。但对于笔录材料中需由询问者、记录者和被询问者签名的部分,则只能由本人亲笔签名,而禁止由电脑录入替代。

2. 笔录内容的格式。笔录内容格式主要是笔录中应涉及哪些信息以及信息如何编排的问题。以犯罪嫌疑人讯问笔录为例,可以列出比较合理的笔录内容编排顺序如下:讯问事由;讯问时间、地点;被讯问人员、讯问人员和记录人员的姓名及其他基本情况;向犯罪嫌疑人宣读刑诉法有关其权利义务等的规定;向犯罪嫌疑人讯问是否有罪;让犯罪嫌疑人陈述有罪的事实或无罪的辩解;讯问人员进行提问等;犯罪嫌疑人核对无误后签名并按手印;讯问人员、记录人员签名等。笔录内容编排需要解决的问题在于保持记录信息的完整性和突出对案件主要事实的记录,把握讯问中宣讲的法律和政策界限等,以利于案卷材料的合理利用,又助于保障犯罪嫌疑人的诉讼权利。

三、整体卷宗形成的方式

卷宗形成的方式是指案卷材料组合和装订形成卷宗的技术方法。虽然这一方式无关案卷材料的证明价值,但案卷组合和装订是否遵循一定方法和顺序,以及案卷材料归类是否合理,则反映了公安司法机关的活动是否具有条理性,是否遵循了诉讼活动的固有规律,对于公安司法机关合理使用案卷材料和对这些材料的审查与补正均有一定影响。因而卷宗形成的方式仍需进行相应规范。

1. 卷宗的分类装订。从诉讼过程形成的案卷类型看,刑事案卷可分为侦查案卷、起诉案卷和审判案卷三类。这三类案卷都由相应的侦查、检察和审判机关制作和装订,其中检察机关应将侦查案卷和起诉案卷分卷装订,将两类案卷移送法院。即便由检察机关自侦的案件,侦查卷与起诉卷也应分离,由检察机关职能部门的相关专职办案人员分别制作和装订,而不应合并为一卷移送法院。法院审判阶段既有检察机关移送的侦查卷和起诉卷,也有自身制作的审判卷,后一案卷也应单独立卷。

从诉讼特定阶段形成的具体案卷类型看,又需根据案卷的属性和功能进行分类制作和装订。侦查卷和起诉卷属于两类大卷,根据案卷材料的性质和价值不同,该两类案卷都应分别以证据卷、文书卷和工作卷的形式进行分类制作和装订,三卷材料之间不应交叉或混装,以保持上述案卷的分类管理和正常使用;由法院制作的审判案卷包括庭审过程的审判笔录、庭外调查的证据卷和审判工作卷等,这三类案卷有的是庭审活动真实有效的记录,需要供当事人查阅和作为上级法院审判的重要依据,当然不能与其他材料合并。而庭外调查形成的证据材料则是与侦查证据卷相互结合在审判中认定事实的重要依据,具有突出的证据价值,也需独立成卷。审判工作卷属于法院内部对案件审查决定和评议的记录材料,一般不属于公开范围,当然不应与其他案卷材料混装。

2. 卷宗封面的格式要求。由于法律对卷宗封面格式未作统一规定,各地公安司法机关做法有较大差别,有的出现信息空白,有的信息不全或遗漏,有的甚至出现信息上的错误,还有的标注顺序不合理等。如果说单一案卷材料的内容涉及公安司法机关的"里子"问题,那么卷宗封面形式实际涉及公安司法机关的"面子"问题。上述这些现象显然影响了案卷材料本身的严肃性和庄重性,从而也影响到公安司法机关的应有形象。对卷宗封面的格式应提出以下两点要求:一是,卷宗封面应包含以下完整信息。立卷者(公安机关、检察机关或法院);卷宗的性质(侦查卷、起诉卷或审判卷;其中审判卷包括一审案卷、二审案卷、死刑复核案卷和再审案卷等);卷宗的事由(因何案件立卷,包括案件名称、被追诉者姓名等);卷宗的类型(证据卷、文书卷或工作卷);卷宗的号码(卷宗编码、卷宗序码、卷宗总码等);立卷时间和地点等。二是,卷宗封面信息顺序的安排。从逻辑关系和人们阅读习惯的角度看,上述先后列出的各类信息总体上应是卷宗封面信息排列的顺序,但对于其中一些信息的排序也可根据案件情况作适当调整。

3. 卷宗的目录制作与材料排序。卷宗的目录涉及卷宗所包含的案卷材料范围以及案卷材料在卷宗中的排列顺序,在一定程度上与使用者接触案卷材料的内容和顺序有关,因而对使用者有关案卷材料乃至整个案情的认识和理解会产生一定影响。由于法律对此并未做出规定,在我国司法实践中,卷宗目录制作以及材料在卷宗中的排序比较随意,对案卷使用者有效利用案卷材料和对案情的清晰认识带来不便。卷宗目录的规范化首先需对纳入目录范围的案卷材料加以规制。就证据卷而言,只要纳入卷宗范围的材料原则上应在卷宗目录中加以体现,但相当部分案件的卷证材料较多,将所有材料在目录中加以标注也不现实,即便按刑诉法规定的八类证据制作目录也较为繁杂,目录的范围需要体现一定的简洁性和条理性。为此,可按材料归类的标准,将材料归为书证、人证和其他证据等类型在目录中标注,并罗列出其中若干较典型的具体卷证材料,而其他材料以等的形式不在目录中标注。但如果卷宗材料本身有限,可径直在卷宗目录中加以具体标注。

卷宗目录的顺序则是卷宗目录规范的重点。同样以证据卷为例,需要解决两方面的问题:一方面,书证、人证及其他证据材料等在目录中如何排序。在实践中,由于人证材料多数为直接证据或与案情关联性较强的证据,因而大多与案发经过说明、嫌疑人归案说明等材料一并排于首位,而书证及其他证据则不太讲究排序。这种排序与承办人从人证到物证(书证)的办案思路相契合,而与学界倡导的由物证到人证的客观全面的案情认识规律相违背,可能导致承办人对案件认识的先入为主和预断。所以,出于卷宗目录制作的合理性考虑,可以法律形式规定卷宗中目录和具体案卷材料的排序,原则上按照先书证、其他证据材料后人证的顺序排列,而卷宗使用者在阅卷前可以先阅览侦查案卷的侦结报告、起诉书等反映案件整体情况的材料,以弥补按上述顺序阅览证据卷可能对案情认识和证据把握产生的不足。

另一方面,每一类证据中具体材料如何在目录和卷宗中排序。在实践中,是按照证据材料的重要程度或证明价值大小,还是按照形成和制作这些证据材料的时间先后进行排序并不统一。从反映办案或侦查的进程及承办人对案情认识由浅入深的固有规律来看,卷宗目录及具体案卷材料按照获取或形成案卷材料的时间先后排序较为合理,有助于承办人对证据材料和案情全面、稳固的掌握,也便于对前后证据材料的比较、检验和补充,从而形成对证据完整链条的认识,避免对证据材料认识的先入为主和对一些证据材料的忽视。当然,按时间先后对材料进行排序只是一个基本原则,对于不同人证材料的排序仍需考虑材料的性质和对使用者的影响因素做出合理安排。

结　语

　　由于英美法系运用口证的刑事审判所体现的程序正当性、被告人权益有效保障及控辩平等价值所产生的巨大影响力,我国学界对运用卷证的刑事审判方式普遍存在固有的排斥倾向。党的十八届四中全会提出的推进以审判为中心的诉讼制度改革方略,则被视为从政策导向上削弱乃至排斥刑事卷证在审判中运用的重要标志。但不可否认的是,对卷证在审判中运用所揭示的种种弊端,主要还是审判对卷证的过度依赖和司法者本身职业化、专业化程度的滞后以及对卷证本身缺乏规制所产生的现实问题。因而对刑事卷证整体上的否定显然并不公允,也难以真正理解中央有关推进以审判为中心的诉讼制度改革的基本精神。

　　刑事卷证在我国司法中究竟可否运用的问题,实际上有两个基本的事实依据做出了回答。一方面,刑事卷证是被标签化了的中国司法固有特征。无论是中国司法传统使然,还是早期对前苏联刑事司法方式的借鉴,我国刑事司法早已将案卷材料的运用贯穿于整个诉讼过程,刑事司法早已贴上了卷证化的标签。刑事卷证运用的这一现状反映的是中国司法的现实需要。从表面上看,法官长期形成的书面审理习惯及其综合素质驾驭口证审判的不适应性,书面审判方式所需人、财、物力等公器资源与现实有限司法资源的相适应性是我国运用卷证的现实基础,而法官庭前阅卷和庭审用卷客观上有利于庭审的顺利推进和提高审判效率又是法官操作卷证的动力。这些均是我国司法普遍运用卷证的现实需要。

从更深层面来看,司法体制性和结构性的现实条件可能又是影响乃至决定我国刑事卷证普遍运用的根本性因素。就公检法组织体制而言,由公检法三机关同质性的机构特点、共同的诉讼目标和利益,以及各自诉讼活动方式的单向性和一体化决定了三机关实际是一个具有稳固性的司法共同体。它们在诉讼中有着相同的价值取向、观念和情感,其行为自然能为对方所认同和接受,这里当然包括处于审判阶段的法院对前期侦查和起诉机关活动收集和制作的案卷材料的认同和接受。而我国刑事司法组织体制和活动方式的行政化又为审判的卷证化运作提供了基础。此外,我国职权主义结构之下,裁判者有着更大的证据调查空间,不仅在庭审中可采分段式的证据调查方式,而且也可在庭前,甚至可以在庭后进行这样的调查。按照达马斯卡的观点,这种分段式或零散型案件审理的方法对裁判者接触的证据范围和总量就不会有严格要求,从而为裁判者在庭前和庭后阅览和使用由官方所固定的证据材料提供了便利条件。[①] 所以,当代中国司法体制的同质性结构及受其影响的行政化的运行方式和诉讼结构,正是刑事卷证运用赖以存在的根本性条件。

另一方面,作为卷证载体的文字自身内外属性所决定卷证证明价值对裁判者产生的心理和事实上的影响,进而卷证运用在审判的外部形式上所体现的审判技术风格和特质更不能被忽视。刑事卷证的这一本体属性往往被负面的书面审方式的弊端所淹没。从上述分析看,刑事卷证的运用与审判的技术性存在内在联系,刑事卷证的合理运用能够为审判提供技术方法和手段,增强审判的技术含量。从大陆法系实践来看,刑事卷证运用所产生的技术审判效果除了有助于增强审判结果的有效性和可靠性外,也因卷证的合理运用使得庭前准备和庭审能够有序推进,既提高了审判效率、降低了审判成本,又由于

---

① See Mirjan R. Damask, *Evidence Law Adrift*, New Haven: Yale University Press, 1997, pp. 61-62.

卷证适度和合理的运用而与口证形成有效互补,对庭审的公正价值及被告人权利保障反而有促进作用。在当代中国刑事审判中,尽管刑事卷证被依赖,但卷证运用所体现的审判技术含量仍有一定表现:庭前和庭审对卷证的阅览和引用,客观上使审判在可控和有序的条件下运行,提高了审判效率,节约了司法成本。案件的实体处理尤其案件事实的认定和法律适用总体上的可靠性和规范性程度仍是较高的。

总之,从制度理性及现实主义立场上看,当代中国刑事审判中的卷证问题,实际上不是卷证能否运用的问题,而是如何运用(运用方法和标准)以及运用中如何进行规制的问题。中央有关推进以审判为中心的诉讼制度改革及其他司法改革举措,不是对我国刑事审判运用卷证的根本排斥和否定,相反,为我国刑事卷证在审判中运用的制度改革奠定了基础。

第一,以审判为中心的诉讼制度改革,为刑事卷证回归理性和适度运用的制度建设提供了条件。以审判为中心的诉讼制度改革,旨在阻断侦查活动对审判活动的固有联系,保障刑事审判应有的独立地位和价值。这一目标的实现需要在审判阶段坚持直接言词原则,引入口证的审判方式,尤其在庭审中以法官对事实和人证、物证的直接调查作为裁判依据,而避免或减少庭审单独对卷证的调查和确认以及裁判对卷证的直接引用,实现学界所强调的事实调查在法庭、证据认定在法庭和裁判作出在法庭的目标。因而这项诉讼制度的改革通过口证的运用和直接言词原则的推行,实际上能够有效削弱或减少卷证在刑事审判中的运用,改变刑事审判依赖卷证或过度运用卷证的传统,但同时对刑事卷证在审判阶段运用又不加以根本性否定或排斥。以审判为中心的诉讼制度改革强调庭审的主导作用,所要防范的是刑事卷证作为庭审调查和裁判的直接依据,但并不禁止法官庭前或庭后阅览和参考卷证,反而通过案卷材料移送制度加以确认。这对于庭审的顺利推进,保证庭审口证的有效运用,实现庭审的独立价值是有益的。所以,当前我国推进的以审判为中心的诉讼制度改革是对长期以来实践中过度依赖卷证的刑事审判的矫正,并非是对卷证运用的绝对排斥,对于刑事卷证合理和适度运行机制的建立,以实现真正意义上的技术审判要求提供了一种契机。

　　第二,我国司法机构内部组织体制的改革,为运用卷证的技术审判有效运行提供了保障。如上所述,裁判者非专业性和非职业化的倾向是我国运用卷证的技术审判产生异化的一个重要原因,当下全国范围内推动的司法组织体制改革,则有助于为这一技术审判方式的有效运行提供组织体制上的保障。根据十八届三中、四中全会有关司法体制改革精神,涉及法院的组织体制改革包括如下内容:一是法官员额制改革。所谓法官员额制,是指法院在编制内根据办案工作量、辖区人口、经济发展等因素确定的法官职数限额制度。它是对法官主体性、关键性制度安排,通过提高法官的任职门槛和职级待遇,把优秀的法官和有效的司法资源吸引到办案岗位。二是法官分类管理制。即将法院工作人员分为审判法官、法官助理和司法行政人员三类,对法官实行有别于普通公务员的管理制度。同时,健全法官的职业保障制度,提高法官的待遇,延迟优秀法官的退休年龄。三是法官的任用制改革。除了进一步完善法律职业准入制度,健全国家统一法律职业资格考试制度等外,着重建立从律师、法学专家中招录法官制度和从基层或下级法院中逐级筛选法官的制度。上述若干司法改革举措,目的都在于提高法官队伍的业务素质和专业水平,实现法官队伍的正规化、专业化和职业化,保证司法组织机构运行的独立性和应有的职业主体地位。在复杂的现实司法环境下,这些举措与我国审判中运用卷证对法官提出的较高职业化和专业化的要求是相适应的,当然也为推动运用卷证的技术审判有效运行提供了组织保障。

　　第三,落实以审判为中心的诉讼制度改革,关键在于建立可控且合理的卷证制度。从与刑事审判相关联的角度看,建立可控和合理的刑事卷证制度既有利于推动技术审判的正常运行,也有助于审判中心地位的确立。就刑事卷证的实体性制度(或规则)而言,需要建立刑事卷证的证据能力规则和证明力规则。我国不适于推行英美法系的传闻证据排除规则,这已是我国立法和实

结　语

践的共识,但出于卷证庭外和庭上运用合理性和可控性的需要,又应对卷证的证据能力做出一定规范,以此解决卷证移送、阅览和提交法庭的资格。本书详细阐述卷证的证据能力可以从卷证制作的形式条件(卷证制作人资格、卷证制作程序和卷证书面格式等),卷证形成和制作的相对可靠性、正当性的合法性条件。同时建立庭审中一定的卷证证明力规则,以规范乃至限制卷证在庭上的实际运用及作为裁判的依据。就刑事卷证的程序性制约机制而言,鉴于长期以来对检察机关移送的卷证材料缺乏相应程序性制约和整理机制,这类卷证材料可以不受限制的为法官阅览和在庭上使用,导致对庭审的公正性和审判中心地位产生负面影响,因而有必要借鉴大陆法系国家对卷证材料采取的庭前程序性控制手段。诸如庭前审查法官与庭审法官分离机制,庭前或庭外司法卷宗的形成机制以及庭审合议庭成员阅览案卷的限制机制等都可在我国适当加以建立和完善,确保刑事卷证的实际运用限定在可控和合理的范围之内。从而回归卷证运用的技术审判应有的界限和标准,并契合当下我国推进的以审判为中心的诉讼制度改革的需要。

参考文献

一、译著

[1] [美]爱德华·萨丕尔:《语言论》,陆卓元译,商务印书馆 2007 年版。

[2] [美]贝勒斯:《法律的原则》,张文显等译,中国大百科全书出版社 1996 年版。

[3] [美]布龙菲尔德:《语言论》,袁家骅等译,商务印书馆 2008 年版。

[4] [美]戴维·J.博登海默:《公正的审判:美国历史上刑事被告的权利》,杨明成、赖静译,商务印书馆 2009 年版。

[5] [美]道格拉斯·诺思:《制度、制度变迁与经济绩效》,刘守英译,上海三联书店 1994 年版。

[6] [美]弗洛伊德·菲尼、[德]约阿希姆·赫尔曼、[中]岳礼玲:《一个案例两种制度——美德刑事司法比较》,郭志媛译(英文部分),中国法制出版社 2006 年版。

[7] [美]郝大维、安乐哲:《先贤的民主》,何刚强译,江苏人民出版社 2004 年版。

[8] [美]加里斯摩:《记忆力》,王尉译,南海出版公司 2007 年版。

[9] [美]克雷格·布拉德利:《刑事诉讼革命的失败》,郑旭译,北京大学出版社 2009 年版。

[10] [美]劳伦斯·M.弗里德曼:《法律制度——从社会科学角度观察》,李琼英、林欣译,中国政法大学出版社 2004 年版。

[11] [美]米尔吉安·R.达马斯卡:《比较法视野中的证据制度》,吴宏耀、魏晓娜等译,中国人民公安大学出版社 2006 年版。

[12] [美]米尔建·R.达马斯卡:《漂移的证据法》,李学军等译,中国政法大学出版社 2003 年版。

[13][美]米尔伊安·R.达玛什卡:《司法和国家权力的多种面孔——比较视野中的法律程序》,郑戈译,中国政法大学出版社2004年版。

[14][美]威廉·詹姆士:《实用主义》,陈羽纶等译,商务印书馆1997年版。

[15][美]韦恩·贝尼特等:《犯罪侦查》,但彦铮等译,群众出版社2000年版。

[16][美]约翰·M.康利、威廉·M.欧巴尔:《法律、语言与权力》,程朝阳译,法律出版社2007年版。

[17][美]约翰·W.斯特龙主编:《麦考密克论证据》,汤维建等译,中国政法大学出版社2004年版。

[18][美]詹姆斯·R.汤姆等:《中国政治》,顾速、董方译,江苏人民出版社2004年版。

[19][法]贝尔纳·布洛克、[法]乔治·勒瓦索、[法]卡斯东·斯特法尼:《法国刑事诉讼法精义》(下),罗结珍译,中国政法大学出版社1999年版。

[20][法]贝尔纳·布洛克:《法国刑事诉讼法》,罗洁珍译,中国政法大学出版社2009年版。

[21][法]皮埃尔·布迪厄、[美]华康德:《实践与反思》,李猛、李康译,中央编译出版社2004年版。

[22][法]米歇尔·福柯:《知识考古学》,谢强、马月译,三联书店2003年版。

[23][法]勒内·达维:《英国法与法国法——一种实质性的比较》,潘华仿等译,清华大学出版社2002年版。

[24][法]勒内·达维德:《当代主要法律体系》,漆竹生译,上海译文出版社1984年版。

[25][法]米歇尔·德·塞托:《日常生活实践 1. 实践的艺术》,方琳琳等译,南京大学出版社2015年版。

[26][法]米歇尔·托贝:《法律哲学——一种现实主义的理论》,张平等译,中国政法大学出版社2012年版。

[27][英]J.W.塞西尔·特纳:《肯尼刑法原理》,王国庆等译,华夏出版社1989年版。

[28][英]安东尼·吉登斯:《现代性的后果》,田禾译,译林出版社2000年版。

[29][英]杰奎琳·霍奇森:《法国刑事司法——侦查与起诉的比较研究》,张小玲、汪海燕译,中国政法大学出版社2012年版。

[30][英]罗素:《人类的知识》,张金言译,商务印书馆2008年版。

[31][英]迈克尔·欧克肖特:《政治中的理性主义》,张汝伦译,上海译文出版社

2004年版。

[32][英]约翰·斯普莱克:《英国刑事诉讼程序》,徐美君、杨立涛译,中国人民大学出版社2006年版。

[33][德]弗雷德里克·巴特:《斯瓦特巴人的政治过程》,黄建生译,上海人民出版社2005年版。

[34][德]马丁·海德格尔:《在通向语言的途中》,孙周兴译,商务印书馆2005年版。

[35][德]汉斯·格奥尔格加达默尔:《哲学解释学》,夏镇平、宋建平译,上海译文出版社2004年版。

[36][德]克劳思·罗科信:《刑事诉讼法》,吴丽琪译,法律出版社2003年版。

[37][德]马克斯·韦伯:《韦伯作品集Ⅲ:支配社会学》,康乐、简惠美译,广西师范大学出版社2004年版。

[38][德]托马斯·魏根特:《德国刑事诉讼程序》,岳礼玲、温小洁译,中国政法大学出版社2004年版。

[39][日]田口守一:《刑事诉讼法》,刘迪等译,法律出版社2000年版。

[40][日]田中成名:《法的三类型模式》,季卫东译,《中外法学》1989年第4期。

[41][日]土本武司:《日本刑事诉讼法要义》,董璠兴、宋英辉译,五南图书出版公司1997年版。

[42][日]佐藤庆幸:《官僚制社会学》,朴玉等译,生活读书新知三联书店2009年版。

[43][瑞士]费尔迪南·德·索绪尔:《普通语言学教程》,高铭凯译,商务印书馆2008年版。

[44][瑞士]皮亚杰:《结构主义》,倪连生、王琳译,商务印书馆2009年版。

[45][意]切萨雷·贝卡利亚:《论犯罪与刑罚》,黄风译,北京大学出版社2008年版。

[46]《美国联邦刑事诉讼规则和证据规则》,卞建林译,中国政法大学出版社1996年版。

二、中文著作

[1]陈光中:《外国刑事诉讼程序比较研究》,法律出版社1988年版。

[2]陈光中主编:《中华人民共和国刑事诉讼法再修改专家建议稿与论证》,中国法制出版社2006年版。

[3]陈光中主编:《中华人民共和国刑事证据法专家拟制稿(条文、释义与论证)》,中国法制出版社2004年版。

[4]陈如超:《刑事法官的证据调查权研究》,中国人民公安大学出版社2011年版。

[5]陈瑞华:《刑事审判原理论》,北京大学出版社2003年版。

[6]陈瑞华:《刑事诉讼的中国模式》,法律出版社2008年版。

[7]陈瑞华:《刑事证据法》,北京大学出版社2018年版。

[8]陈瑞华:《司法体制改革导论》,法律出版社2018年版。

[9]陈卫东:《反思与建构:刑事证据的中国问题研究》,中国人民大学出版社2015年版。

[10]陈卫东:《中国刑事诉讼权能的变革与发展》,中国人民大学出版社2022年版。

[11]陈卫东:《刑事诉讼法资料汇编》,法律出版社2005年版。

[12]陈卫东主编:《〈人民检察院刑事诉讼规则(试行)〉析评》,中国民主法制出版社2013年版。

[13]陈卫东主编:《模范刑事诉讼法典》,中国人民大学出版社2005年版。

[14]陈卫东主编:《刑事审前程序研究》,中国人民大学出版社2004年版。

[15]费孝通:《乡土中国 生育制度》,北京大学出版社1998年版。

[16]何家弘、南英:《刑事证据制度改革研究》,法律出版社2003年版。

[17]黄东熊:《刑事证据法则之新发展》,学林文化事业有限公司2003年版。

[18]季卫东等:《中国的司法改革》,法律出版社2016年版。

[19]冀祥德主编:《最新刑事诉讼法释评》,中国政法大学出版社2012年版。

[20]李心鉴:《刑事诉讼构造论》,中国政法大学出版社1992年版。

[21]梁漱溟:《中国文化要义》,上海世纪出版集团2003年版。

[22]梁玉霞:《刑事诉讼主张及其证明理论》,法律出版社2007年版。

[23]林岗:《口述与案头》,北京大学出版社2011年版。

[24]林培仁:《侦讯笔录与移送作业》,元照出版有限公司2014年版。

[25]林钰雄:《严格证明与刑事证据》,法律出版社2008年版。

[26]刘根菊等:《刑事诉讼程序改革之多维视角》,中国人民公安大学出版社2006年版。

[27]刘计划:《中国控辩式庭审方式研究》,中国方正出版社2005年版。

[28]柳福华、柏敏:《法官职业化运作与展望》,人民法院出版社2005年版。

[29]龙宗智、杨建广:《刑事诉讼法》,高等教育出版社2007年版。

[30]龙宗智:《相对合理主义》,中国政法大学出版社1999年版。

[31]龙宗智:《刑事庭审制度研究》,中国政法大学出版社2001年版。

[32]龙宗智:《证据法的理念、制度与方法》,法律出版社2008年版。

[33]吕叔湘:《语文常谈》,三联书店2008年版。

[34]马贵翔:《刑事司法程序正义论》,中国检察出版社2002年版。

[35]牟宗三:《周易哲学演讲录》,华东师范大学出版社2004年版。

[36]宋冰编:《读本:美国与德国的司法制度及司法程序》,中国政法大学出版社1999年版。

[37]苏力:《送法下乡:中国基层司法制度研究》,中国政法大学出版社2000年版。

[38]苏力:《也许正在发生——转型中国的法学》,法律出版社2004年版。

[39]孙谦主编:《人民检察院刑事诉讼规则试行理解与适用》,中国检察出版社2012年版。

[40]孙长永:《探索正当程序——比较刑事诉讼法专论》,中国法制出版社2005年版。

[41]孙长永:《侦查程序与人权》,中国方正出版社2000年版。

[42]万毅:《程序如何正义:中国刑事诉讼制度改革纲要》,中国人民公安大学出版社2004年版。

[43]王秀华:《技术社会角色引论》,中国社会科学出版社2005年版。

[44]吴道富:《司法改革语境下的法院、法官和法案》,法律出版社2016年版。

[45]吴巡龙:《新刑事诉讼制度与证据法则》,新学林出版股份有限公司2005年版。

[46]徐静村:《中国刑事诉讼法(第二修正案)学者拟制稿及立法理由》,法律出版社2005年版。

[47]余素青:《法庭言语研究》,北京大学出版社2010年版。

[48]张明伟:《改良式的证据法则与刑事诉讼》,五南图书出版公司2010年版。

[49]张培田:《法与司法的演进及改革考论》,中国政法大学出版社2002年版。

[50]张兆松:《刑事司法公正的制度选择》,法律出版社2008年版。

[51]张智辉:《刑事非法证据排除规则研究》,北京大学出版社2006年版。

[52]赵旭东:《法律与文化——法律人类学研究与中国经验》,北京大学出版社2011年版。

[53]左卫民、周长军:《刑事诉讼的理念》,法律出版社1999年版。

[54]左卫民:《刑事诉讼的中国图景》,三联书店2010年版。

[55]左卫民等:《合议制度研究》,法律出版社2001年版。

三、论文

[1]卞建林、谢澍:《"以审判为中心":域外经验与本土建构》,载《思想战线》2016年第4期。

[2]卞建林、陈子楠:《庭前会议制度在司法实践中的问题及对策》,载《法律适用》2015年第10期。

[3]卞建林、褚宁:《刑事诉讼法修改背景下一审程序的完善》,载《法律适用》2012年第9期。

[4]初殿清:《美国传闻规则的新发展》,载张军、陈卫东主编:《域外刑事诉讼专题概览》,人民法院出版社2012年版。

[5]蔡杰、刘晶:《形式卷宗移送制度的轮回性改革之反思》,载《法学评论》2014年第1期。

[6]陈光中、步洋洋:《审判中心与相关诉讼制度改革初探》,载《政法论坛》2015年第2期。

[7]陈如超、孙秀伟:《论中国刑事法官的证据评价模式》,载《湖南社会科学》2012年第1期。

[8]陈瑞华:《案卷笔录中心主义——对中国刑事审判方式的重新考察》,载《法学研究》2006年第4期。

[9]陈瑞华:《新间接审理主义"庭审中心主义改革"的主要障碍》,载《中外法学》2016年第4期。

[10]陈瑞华:《案卷移送制度的演变与反思》,载《政法论坛》2012年第5期。

[11]陈瑞华:《评〈刑事诉讼法修正案(草案)〉对审判程序的改革方案》,载《法学》2011年第11期。

[12]陈瑞华:《审判中心主义改革的理论反思》,载《苏州大学学报》(哲学社会科学版)2017年第1期。

[13]陈卫东、韩红兴:《慎防起诉状一本主义下的陷阱——以日本法为例的考察》,载《河北法学》2007年第9期。

[14]陈卫东、郝银钟:《我国公诉方式的结构性缺陷及其矫正》,载《法学研究》2000年第4期。

[15]陈卫东、刘计划、程雷:《德国刑事司法制度的现在与未来》,载《人民检察》2004年第11期。

［16］陈卫东：《以审判为中心：当代中国刑事司法改革的基点》，载《法学家》2016年第4期。

［17］陈学权：《论刑事庭前审查程序》，载《法治论丛》2003年第2期。

［18］单子洪：《案卷中心主义"治愈论"——以刑事证据规则的完善和正确适用为切入》，载《犯罪研究》2015年第5期。

［19］董玉庭、于逸生：《司法语境下的法律人思维》，载《中国社会科学》2008年第5期。

［20］樊崇义、张中：《论以审判为中心的诉讼制度改革》，载《中州学刊》2015年第1期。

［21］樊崇义：《解读"以审判为中心"的诉讼制度改革》，载《中国司法》2015年第2期。

［22］樊传明：《审判中心论的话语体系分歧及其解决》，载《法学研究》2017年第5期。

［23］樊纲：《两种改革成本与两种改革方式》，载《经济研究》1993年第1期。

［24］耿卫华：《论庭审形式化向庭审实质化的转变——以直接言辞原则的确立和贯彻为视角》，载《新西部》2014年第20期。

［25］顾培东：《人民法院内部审判运行机制的构建》，载《法学研究》2011年第4期。

［26］顾兆禄：《回到索绪尔：论语言的本质及语言与文字的关系——与潘文国先生商榷》，载《南京大学学报》第2期。

［27］郭华：《我国案卷移送制度功能的重新审视》，载《政法论坛》2013年第3期。

［28］郭树银、杨继波：《"档案"一词考略》，载《图书情报知识》1984年第4期。

［29］郭松：《庭前公诉案卷移送制度改革新论——以庭审实质化为中心的讨论》，载《福建公安高等专科学校学报》2007年第4期。

［30］郭天武、陈雪珍：《刑事庭审实质化及其实现路径》，载《社会科学研究》2017年第1期。

［31］何家弘：《刑事庭审虚化的实证研究》，载《法学家》2011年第6期。

［32］胡云腾、喻海松：《刑事一审普通程序修改解读》，载《法律适用》2012年第9期。

［33］黄东熊：《当事人主义的神话与美国刑事诉讼程序的改革》，载《台北大学法学论丛》第52期。

［34］黄明、曾娜：《我国刑事证据移送方式之改革》，载《学习月刊》2008年第2期。

［35］黄太云：《刑事诉讼法修改释义》，载《人民检察》2012年第8期。

［36］季卫东：《司法体制改革的关键》，载《东方法学》2014年第5期。

［37］蒋鹏飞、刘少军：《"相对合理"的卷宗中心主义改革》，载《湖南公安高等专科学校学报》2002年第12期。

［38］李昌林：《美国联邦刑事诉讼规则》（上），载徐静村主编：《刑事诉讼前沿研究》（第二卷），中国检察出版社2004年版。

［39］李昌林：《英格兰刑事诉讼中的诉因制度》，载陈兴良主编：《公法》（第5卷），法律出版社2004年版。

［40］李奋飞：《从"复印件主义"走向"起诉状一本主义"——对我国刑事公诉方式改革的一种思考》，载《国家检察官学院学报》2003年第2期。

［41］李缓：《我国刑事卷宗移送的立法变化评析》，载《唐山学院学报》2013年第5期。

［42］李毅：《刑事卷证对庭审实质化的消解与应对》，载《甘肃政法学院学报》2016年第5期。

［43］李毅：《刑事审判对卷证的依赖析议》，载《理论导刊》2017年第9期。

［44］廖正豪、廖其伟：《从"精密司法"之精神看大陆刑事诉讼法的再修改》，载《华冈法粹》2008年第41期。

［45］林东茂：《客观归责理论》，载《北方法学》2009年第5期。

［46］林劲松：《论刑事程序合法性的证明》，载《中国刑事法杂志》2015年第4期。

［47］林劲松：《我国侦查案卷制度反思》，载《中国刑事法杂志》2009年第4期。

［48］刘根菊：《刑事审判方式改革与案卷材料的移送》，载《中国法学》1997年第3期。

［49］刘磊：《"起诉书一本主义"之省思》，载《环球法律评论》2007年第2期。

［50］刘译矾：《论对公诉方案卷笔录的法律限制——审判中心主义改革视野下的考察》，载《政法论坛》2017年第6期。

［51］龙宗智：《"以审判为中心"的改革及其限度》，载《中外法学》2015年第4期。

［52］龙宗智：《监察体制改革中的职务犯罪调查制度完善》，载《政治与法律》2018年第1期。

［53］龙宗智：《论建立一审庭审为中心的事实认定机制》，载《中国法学》2012年第2期。

［54］龙宗智：《审判管理：功效、局限及其界限把握》，载《法学研究》2011年第4期。

[55]龙宗智:《书面证言及其运用》,载《中国法学》2008年第4期。

[56]龙宗智:《我国非法口供排除的痛苦规则及相关问题》,载《政法论坛》2013年第5期。

[57]龙宗智:《刑事诉讼庭前审查程序研究》,载《法学研究》1999年第3期。

[58]门金玲:《控方卷宗笔录运行之审思》,载《政法论坛》2010年第5期。

[59]牟军:《刑事卷证:以文字为起点的证据分析》,载《法学论坛》2016年第6期。

[60]牟军:《认真对待刑事案卷》,载《南京大学法律评论》2017年第1期。

[61]牟军:《刑事案卷:文本的规范与程序的控制》,载《西南民族大学学报》2017年第3期。

[62]牟军:《刑事卷证与技术审判》,载《北方法学》2016年第4期。

[63]彭勃:《日本刑事诉讼法的理念与现实》,载《日本刑事诉讼法通论》,中国政法大学出版社2002年版。

[64]仇晓敏:《我国刑事公诉案件移送方式的弊端与选择》,载《中国刑事法杂志》2006年第5期。

[65]仇晓敏:《刑事公诉方式:复印件移送主义、起诉状一本主义抑或全案移送主义》,载《中国地质大学学报》(社会科学版)2007年第3期。

[66]申为宽:《案卷移送、审前预断与公正审判的关系》,载《广西政法干部管理学院学报》2012年第6期。

[67]施鹏鹏:《为职权主义辩护》,载《中国法学》2014年第2期。

[68]宋英辉、陈永生:《刑事案件庭前审查及准备程序研究》,载《政法论坛》2002年第2期。

[69]孙远:《全卷移送背景下控方卷宗笔录在审判阶段的使用》,载《法学研究》2016年第6期。

[70]孙远:《卷宗移送制度反思之改革》,载《政法论坛》2009年第1期。

[71]唐治祥:《意大利刑事卷证移送制度及其启示》,载《法商研究》2010年第2期。

[72]唐治祥、曾中平:《比较法视野下的刑事卷证移送过程与类型》,载《广西社会科学》2012年第4期。

[73]汪海燕:《论刑事庭审实质化》,载《中国社会科学》2015年第2期。

[74]汪海燕:《刑事审判制度改革实证研究》,载《中国刑事法杂志》2018年第6期。

[75]汪建成:《刑事审判程序的重大变革及其展开》,载《法学家》2012年第3期。

[76]王路真:《庭前会议的实际运作情况和改革前瞻》,载《法律适用》2013年第6期。

[77]王曙光:《转轨经济的路径选择:渐进式变迁与激进主义》,载《马克思主义与现实》2002年第6期。

[78]王跃生:《不同改革方式下的改革成本与收益的再讨论》,载《经济研究》1997年第3期。

[79]徐亚文、邓达奇:《政法:中国现代法律传统的隐性维度》,载《河北大学学报》(哲学社会科学版)2011年第2期。

[80]许兰亭、孙莉:《新〈律师法〉辩护权问题探讨》,载《中国司法》2008年第5期。

[81]姚莉:《论人民检察院卷证材料的移送范围》,载《中国刑事法杂志》1998年第5期。

[82]易延友:《证人出庭与刑事被告人对质权的保障》,载《中国社会科学》2010年第2期。

[83]张鸿飞:《刑事卷宗制度浅论》,载《检察实践》2002年第6期。

[84]张吉喜:《论以审判为中心的诉讼制度》,载《法律科学》2015年第3期。

[85]张际枫:《比较视野下的全卷移送》,载石少侠等主编:《刑事诉讼法修改与检察工作——第八届国家高级检察官论坛论文集》,中国检察出版社2012年版。

[86]张建伟:《审判中心主义的实质内涵与实现途径》,载《中外法学》2015年第4期。

[87]张青:《人民法院案件质量指标体系及其功能之异化》,载《甘肃政法学院学报》2017年第1期。

[88]张卫平:《论我国法院体制的非行政化》,载《法商研究》2000年第3期。

[89]赵豪迈:《现代档案管理模式下的"案卷"作用》,载《档案学通讯》2002年第2期。

[90]钟朝阳:《"以审判为中心"新解及司法改革路径的调整》,载《中国人民公安大学学报》(社会科学版)2018年第1期。

[91]钟凤玲:《美国刑事诉讼流程》,载《法学丛刊》第194期。

[92]周欣:《论刑事庭前审查程序功能定位——兼评刑事诉讼法修正案(草案)第171、180条》,载《中国人民公安大学学报(社会科学版)》2011年第6期。

[93]庄起善:《俄罗斯12年经济体制转轨的分析与思考》,载《复旦学报》(社会科学版)2004年第4期。

[94]左卫民:《迈向实践:反思当代中国刑事诉讼知识体系》,载《中外法学》2011年第2期。

[95]左卫民:《审判如何成为中心:误区与正道》,载《法学》2016年第6期。

[96]左卫民:《职权主义:一种谱系性的"知识考古"》,载《比较法研究》2009年第2期。

[97]左卫民:《中国刑事案卷制度研究:以证据案卷为重心》,载《法学研究》2007年第6期。

[98][美]帕克:《刑事诉讼的两种模式》,梁根林译,载[美]虞平、郭志媛:《争鸣与思辨:刑事诉讼模式经典论文选译》,北京大学出版社2013年版。

[99][美]史蒂芬·C.赛门:《欧洲刑事司法改革的趋势》,初殿清译,载陈光中等主编:《比较与借鉴:从各国经验看中国刑事诉讼法改革路径》,中国政法大学出版社2007年版。

[100][德]乔基姆·赫尔曼:《中国刑事审判方式的改革》,载樊崇义主编:《诉讼法学新探》,中国法制出版社2000年版。

[101][日]唐泽靖彦:《从口供到成文记录:以清代案件为例》,尤陈俊译,载[美]黄宗智、尤陈俊主编:《从诉讼档案出发:中国的法律、社会与文化》,法律出版社2009年版。

四、报纸

[1]靳昊:《我国法官员额制改革试点工作基本完成》,载《光明日报》2017年1月14日第3版。

[2]李林、郝丽婷:《做官,还是做法官?》,载《中国青年报》2014年7月4日第3版。

[3]李新枝:《恢复案卷移送主义不会影响裁判公正》,载《检察日报》2005年10月1日第3版。

[4]刘根菊、宋志军:《恢复"卷宗移送主义"是一种倒退——与李新枝同志商榷》,载《检察日报》2006年2月16日第3版。

[5]仇晓敏:《证据开示制度不是复印件移送主义的破解之道》,载《法制日报》2006年4月13日第9版。

[6]万毅:《非法证据争议:学者法理破题》,载《检察日报》2011年8月17日第5版。

[7]万毅:《检察官的身份之谜》,载《检察日报》2015年8月4日第3版。

[8]吴宏耀、王耀承:《出现反复不一定就是倒退——关于"是否恢复卷宗移送主义"的一点意见》,载《检察日报》2006年3月13日第3版。

五、规范性文件

[1]《中共中央关于全面推进依法治国若干重大问题的决定》,2014年10月20日至23日中国共产党第十八届中央委员会第四次全体会议审议通过。

[2]全国人民代表大会:《中华人民共和国刑事诉讼法(1996)》,1996年3月17日。

[3]全国人民代表大会常务委员会:《中华人民共和国律师法(2007)》,2007年10月28日。

[4]全国人民代表大会常务委员会:《中华人民共和国刑事诉讼法(2012)》,中华人民共和国主席令第五十五号,2012年3月14日。

[5]全国人民代表大会常务委员会:《中华人民共和国刑事诉讼法(2018)》,中华人民共和国主席令第十号,2018年10月26日。

[6]全国人民代表大会常务委员会:《中华人民共和国人民陪审员法》,中华人民共和国主席令第四号,2018年4月27日。

[7]中华人民共和国公安部:《公安机关办理刑事案件程序规定》,公安部令127号,2012年12月13日。

[8]最高人民法院,最高人民检察院,公安部,国家安全部,司法部,全国人民代表大会常务委员会:《最高人民法院最高人民检察院公安部国家安全部司法部全国人民代表大会常务委员会法制工作委员会关于实施刑事诉讼法若干问题的规定》,2012年12月26日。

[9]最高人民法院、国家档案局:《人民法院诉讼档案管理办法》,〔84〕法办字第5号,1984年1月4日。

[10]最高人民法院、最高人民检察院、公安部、国家安全部、司法部:《关于办理刑事案件严格排除非法证据若干问题的规定》,法发〔2017〕15号,2017年6月20日。

[11]最高人民法院:《关于全面推进以审判为中心的刑事诉讼制度改革的实施意见》,法发〔2017〕5号,2017年2月17日。

[12]最高人民法院:《最高人民法院关于执行〈中华人民共和国刑事诉讼法〉若干问题的解释》,法释〔1998〕23号,1998年9月2日。

[13]最高人民法院:《最高人民法院关于适用〈中华人民共和国刑事诉讼法〉的解释》,法释〔2012〕21号,2012年12月20日。

[14]最高人民法院:《最高人民法院关于适用〈中华人民共和国刑事诉讼法〉的解释》,法释〔2021〕1号,2021年1月26日。

[15]最高人民法院、最高人民检察院、公安部、国家安全部、司法部:《关于办理刑事案件严格排除非法证据若干问题的规定》,法发〔2017〕15号,2017年6月20日。

[16]最高人民法院:《关于建立健全防范刑事冤假错案工作机制的意见》,法发〔2013〕11号,2013年10月9日。

[17]最高人民法院:《人民法院办理刑事案件第一审普通程序法庭调查规程(试行)》,法发〔2017〕31号,2017年11月27日。

[18]最高人民法院:《人民法院办理刑事案件排除非法证据规程(试行)》,法发〔2017〕31号,2017年11月27日。

[19]最高人民检察院:《人民检察院实施〈中华人民共和国刑事诉讼法〉规则(试行)》,高检发释字〔1997〕1号,1997年1月30日。

[20]最高人民检察院:《人民检察院刑事诉讼规则》,高检发释字〔1999〕1号,1999年1月18日。

[21]最高人民检察院:《人民检察院刑事诉讼规则(试行)》,高检发释字〔2012〕2号,2012年11月22日。

[22]最高人民检察院:《人民检察院刑事诉讼规则》,高检发释字〔2019〕4号,2019年12月30日。

[23]最高人民检察院:《关于人民检察院立案侦查司法工作人员相关职务犯罪案件若干问题的规定》,高检发研字〔2018〕28号,2018年11月24日。

[24]公安部:《公安机关办理刑事案件程序规定》,公安部令第127号,2012年12月13日。

[25]公安部:《公安机关办理刑事案件程序规定》,公安部令第159号,2020年7月20日。

六、外文资料

[1] Bron Mckillop, *Anatomy of a French Murder Case*, 45 Am.J.Comp.L, 1997.

[2] Bron Mckillop, *Police Court Justice in France: Investigations and Hearings in Ten Cases in the Tribunal de Police*, 24 Sydney L.Rev, 2002.

[3] Bron Mckillop, *Readings and Hearings in French Criminal Justice: Five Cases in Tribunal Correctionnel*, 46 AM.J.COM.L, 1998.

[4] Bron Mckillop, *Review of Convictions after Jury Trials: The New French Jury Court of*

Appeal,28 Sydney L.Rev,2006.

[5]D.Shane Read,*Winning at Trial*,*National Institute for Trial Advocacy*,2007.

[6]Frank W. Miller, Robert O. Dawson, George E. Dix, Raymond I. Parnas, *Cases and Materials on Criminal Justice Administration*,4th ed.,The Foundation PressInc,1991.

[7]Israel,Kamisar & Lafave,*Criminal Procedure and the Constitution*,*Leading Supreme Court Cases and Introductory Text*,1991 ed.,West Publishing Co,1991.

[8] Scott, James C. *Comparative POlitical Corruption*. Englewood Cliffs, Prentice Hall,1972.

[9]C.Mitcham ed.,*Philosophy and Technology*,The Free Press,1983.

[10]Mirjan R.Damask,*Evidence Law Adrift*,47. (New Haven: Yale University Press,1997)

[11]Bron Mckillop,*Readings and Headings in French Criminal Justice*; Five Cases in the Tribunal Correctionnel,46Am.J.Comp.L.757(1998).